高职高专人力资源管理专业系列规划教材

# 人力资源规划

孙 悦 张雅莉◉主编

（第3版）

電子工業出版社
Publishing House of Electronics Industry
北京 · BEIJING

## 内 容 简 介

本书以人力资源规划的内容、编制和职能为主线，此次修订，在保持第2版主体结构不变的前提下，对人力资源规划概论、企业组织结构设计、人力资源规划的环境、人力资源预测、人力资源规划的编制与实施、人力资源战略规划等内容，删繁就简、突出重点、弃旧更新、丰富完善。对每章后的习题题型进行了统一的调整设置，一律改为名词解释、选择题、判断题、简答题和案例题，使其更加符合学生课后复习和巩固的需要。

本书既可作为高职高专人力资源管理专业的教材，又可作为人力资源培训机构的培训用书，还可以供社会各界从事人力资源管理工作的人员参考阅读。



**图书在版编目（CIP）数据**

人力资源规划 / 孙悦，张雅莉主编. —3版. —北京：电子工业出版社，2018.4
高职高专人力资源管理专业系列规划教材
ISBN 978-7-121-33416-0

Ⅰ. ①人… Ⅱ. ①孙… ②张… Ⅲ. ①人力资源管理－高等职业教育－教材 Ⅳ. ①F243

中国版本图书馆CIP数据核字（2017）第330970号

策划编辑：姜淑晶
责任编辑：张 京
印 刷：涿州市般润文化传播有限公司
装 订：涿州市般润文化传播有限公司
出版发行：电子工业出版社
北京市海淀区万寿路173信箱 邮编 100036
开 本：787×1 092 1/16 印张：12.5 字数：326千字
版 次：2006年5月第1版
2018年4月第3版
印 次：2025年7月第16次印刷
定 价：38.00元

凡所购买电子工业出版社图书有缺损问题，请向购买书店调换。若书店售缺，请与本社发行部联系，联系及邮购电话：（010）88254888，88258888。

质量投诉请发邮件至 zlts@phei.com.cn，盗版侵权举报请发邮件至 dbqq@phei.com.cn。

本书咨询联系方式：（010）88254199，sjb@phei.com.cn。

# 高职高专人力资源管理专业系列规划教材（第3版）编委会

# 总　序

经过多年教学实践的检验，高职高专人力资源管理专业系列规划教材得到了使用该教材的高职高专院校的普遍认可，也受到了广大师生的好评。但是随着社会的发展、改革的深化、科技的进步和国内外人力资源管理专业学科建设的日益完善与创新，尤其是近年来国家颁布实施了一系列相关的新的法律法规，这些客观形势的变化，迫切要求对本套教材进行全方位的修订、更新升级、丰富完善，以满足和适应当前及今后教学的需要。

此次修订，在保持第 2 版主体结构和基本内容不变的前提下，紧密围绕高职高专人力资源管理专业教学实际需要和零距离上岗这两大主题，有更新，有增加，有精简，有创新，更加重视实践教学环节，加强学生的岗位技能训练，使学生能够更快地适应人力资源管理职业岗位的要求。

修订后的第 3 版教材仍然保留了第 2 版的显著特点。

（1）目标定位准确。本套教材以强化高职高专院校学生实践能力和职业技能为目标，力求实现学生从学校到工作岗位的“零距离”过渡。

（2）内容与时俱进。本套教材的内容融入了人力资源管理理论研究与实践应用的最新成果和国家最新颁布的方针、政策、法律法规。

（3）体例新颖活泼。本套教材在保持第 2 版的主体结构和基本内容不变的基础上，删繁就简，突出重点，弃旧更新，丰富完善。对每章后的习题题型进行了统一的调整设置，一律改为名词解释、选择题、判断题、简答题和案例题，使其更加符合学生课后复习和巩固的需要。

本套教材以培养具备人力资源管理及管理学、经济学方面的基本理论和基本知识，熟悉人力资源管理相关法规和政策，具有良好人际沟通能力和组织协调能力，能够在企事业单位和政府机关及其他各种组织中从事人力资源管理和相关研究的专门人才为目标，突出抓好把国内外人力资源管理最新理论、方法同我国人力资源管理实践的结合，侧重于将理论运用于实践这一过程的培养，强化学生对操作技能与方法的掌握，真正做到学以致用，运用自如。

本套教材包括：《人力资源管理基础》（第 3 版）、《人力资源规划》（第 3 版）、《员工薪酬福利管理》（第 3 版）、《劳动关系管理》（第 3 版）、《人员素质与能力测评》（第 3 版）、《绩效考评》（第 3 版）、《人员招聘与配置》（第 3 版）、《人力资源培训与开发（第 3 版）》、《人力资源管理实用文案》（第 3 版）。

本套教材是高职高专学生走向社会、实现零距离上岗的教科书，同时适合作为社会力量办学机构与人才培训机构的培训用书，还可供社会各界从事人力资源管理工作的人员参考阅读。

在修订过程中，编者借鉴和吸收了国内外专家学者的最新科研成果，同时参阅了大量相关书籍和资料，在此谨向原作者表示深深的谢意！

由于编者水平有限，加之时间仓促，书中疏漏之处在所难免，恳请专家、同行和广大读者批评指正，以便下次再版时修订完善。

唐　静

高职高专人力资源管理专业

系列规划教材（第 3 版）编委会主任

# 前　　言

本书是高职高专人力资源管理专业系列规划教材之一，是在第2版的基础上修订而成的。原教材经过三年多教学实践的检验，得到了使用该教材的高职高专院校的普遍认可，也受到了广大师生的好评。近年来，随着改革的进一步深化，一些法律法规废止的同时，许多新的法律法规实施，再加上人力资源管理机构和部门的调整，这些客观形势的变化迫切要求对本书内容进行修订与更新，以适应当前及今后教学的需要。

此次修订，在保持第2版主体结构不变的前提下，对人力资源规划概论、企业组织结构设计、人力资源规划的环境、人力资源预测、人力资源规划的编制与实施、人力资源战略规划等内容，删繁就简、突出重点、弃旧更新、丰富完善。对每章后的习题题型进行了统一的调整设置，一律改为名词解释、选择题、判断题、简答题和案例题，使其更加符合学生课后复习和巩固的需要。

本书由孙悦（沈阳大学）、张雅莉（沈阳大学）担任主编。写作分工是：孙悦编写第1、2、5章；张雅莉编写第3、4、6章。孙悦、张雅莉负责统稿，同时对全书进行仔细认真的审定，并对全书的体系架构和内容调整提出重要的建议。唐静、王林峰、张钊、姜桂红、王芳、谢志刚等老师不辞辛劳，对本书内容的修改、案例的选用、知识链接的增换、习题的设计与解答、全书文字的整理录入等，做了大量卓有成效的工作。

本书是集体智慧的结晶，是大家共同的劳动成果。在此谨对上述全体人员及其付出的辛苦努力表示衷心的感谢！

在本书的修订过程中，我们拜读了国内外许多专家、学者的著作，并借鉴了其中部分内容，在此谨向他们表示深深的感谢和敬意！

受时间和水平所限，书中难免会有错误和纰漏，敬请专家和读者不吝指正。

编　者

# 目　　录

# 第1章

# 人力资源规划概论

## 本章重点掌握

人力资源规划的定义、目的和意义；企业战略与人力资源规划；人力资源规划的原则与目标；人力资源规划的种类和内容；人力资源规划的程序和典型步骤。

## 学习导航

第1章

1.1 人力资源规划概述
1.1.1 人力资源规划的定义
1.1.2 人力资源规划的目的和意义
1.1.3 人力资源规划的必要性、地位与效益
1.1.4 人力资源规划与组织计划的关系

1.2 企业战略与人力资源规划
1.2.1 企业使命与愿景
1.2.2 企业战略与人力资源战略

1.3 人力资源规划的原则与目标
1.3.1 人力资源规划的原则
1.3.2 人力资源规划的目标

1.4 人力资源规划的种类和内容
1.4.1 人力资源规划的种类
1.4.2 人力资源规划的内容

1.5 人力资源规划的程序和典型步骤
1.5.1 人力资源规划的程序
1.5.2 人力资源规划的典型步骤

# 1.1 人力资源规划概述

引导案例 1-1

## 人力资源是企业第一资源

Q 公司在经历了前几年的高速扩张后，于 2018 年年初放缓了发展的脚步，因为总经理感受到高速扩张带来了两个令人头痛的问题：一是高速扩张带来的管理人才紧缺，管理机制出了一些问题；二是企业的方向问题，经过几年的发展，企业已经发展壮大了，资金已经不再是制约公司发展的关键问题，但未来的投资领域在哪里？尤其在经济全球化的今天，公司将面临很多的投资机遇，发展决策成了难点和迫切需要解决的问题。于是，总经理调整了公司的战略，决定 2019 年以完善公司内部管理为基础、优化企业的人力资源为关键，并且专门找了一家咨询公司对公司进行诊断和咨询，整理出了公司的战略发展计划。

愿景：致力于成为高效、优质、服务良好的公司，建立以管理和先进的研发技术为核心竞争力的光通信产品供应商。

使命：享受沟通的快乐战略：① 整合企业价值体系，创建具有 Q 公司特色的企业文化；② 以优良的办公和内部环境吸引人，建设高绩效的管理团队，合理配置人力资源；③ 以客户服务为中心，建立优质的服务体系；④ 建设高效的运作流程，使公司高效运作；⑤ 实行全员质量管理；⑥ 加强与外界的技术交流，提高技术研发能力，创造优质产品；⑦ 以社会责任为己任，尽公司所能参加慈善事业和其他公益活动，树立公司的良好形象。

战略目标（人力资源部分）：① 人员规划：2018 年 1 980 人、2019 年 2 200 人、2020 年 2 500 人、2021 年 2 800 人、2022 年 3 000 人；② 人员素质结构比例：2009 年博士 1%、硕士 5%、本科 10%、大专 40%、中专（包括技校和高中）30%、其他 14%；③ 人员总体结构比例：管理人员 12%、技术人员 20%、生产人员 50%、生产幕僚 8%、其他 10%；④ 员工培训：管理干部全年不低于 80 小时，技术、管理人员全年不低于 60 小时，一般员工全年不低于 30 小时；⑤ 员工流动率不低于 3%，不高于 8%；⑥ 工资调整幅度：结合公司经营情况及上一年的目标完成情况，公司总体工资按 2%的比例上浮。

**思考题**：假如 Q 公司聘请你做人力资源部经理，依照公司的整体战略和目标，你应该如何设计人力资源部的战略及运作模式？

（资料来源：中国 MBA 论坛）

## 1.1.1 人力资源规划的定义

人力资源规划是指企业科学地预测、分析自己在环境中变化的人力资源的供给和需求状况，制定必要的政策和措施，以确保自身在需要的时间和需要的岗位上获得各种需要的人才（包括数量和质量两个方面），并使企业和个体得到长期的利益。

人力资源规划有广义和狭义之分。广义的人力资源规划，是指根据企业的发展战略、目标及内外环境的变化，预测未来的任务和环境对企业的要求，为完成这些任务和满足这些要求而提供人力资源的过程。它包括预测企业未来的人力资源供求状况、制订行动计划及控制和评估计划等过程。狭义的人力资源规划，是指具体地提供人力资源的行动计划，如人员招聘计划、人员使用计划、退休计划等。由此可见，狭义的人力资源规划是广义的人力资源规划的一部分。现代企业的人力资源规划指的是广义的人力资源规划。

人力资源规划的定义包括以下几层含义。

（1）说明一个企业的环境是变化的。企业制定人力资源规划的主要原因是环境的不断变化。企业外部的政治、经济、法律、技术、文化等一系列环境因素一直处于动态的变化中，相应地就会引起企业内部的战略目标不断地变化，从而导致人力资源供求随之变化。人力资源规划就是要对这些动态的变化进行科学的预测和分析，以确保企业在近期、中期和长期对人力资源的需求得到满足。

（2）一个企业应制定必要的有关人力资源的政策和措施，以确保企业对人力资源需求的如期实现。政策要正确、明晰，如对涉及内部人员的调动补缺、晋升或降职，外部招聘、培训及奖惩等都要有切实可行的保证措施。

（3）人力资源规划要使企业和个体都得到长期的利益。这是指企业的人力资源规划还要创造良好的条件，充分发挥企业中每个人的主动性和创造性，从而提高工作效率、企业的效益，使企业的目标得以实现。与此同时，也要切实关心企业中每个人的物质、精神和业务发展等方面的需求，帮助其在实现企业目标的同时实现个人目标。

（4）制定人力资源规划的目的是实现企业的战略目标，保证企业长期持续的发展。在现代社会中，人力资源是企业最宝贵的资源，拥有数量充足和素质良好的人力资源是企业取得成功的关键。人力资源规划就是对企业的人力资源管理进行统筹安排，从而为企业的发展提供人力保证。

（5）搞清企业现有的人力资源状况是制定人力资源规划的基础。为实现企业的战略目标，首先要立足于开发和利用现有的人力资源。因此，企业要从人力资源的数量、质量和结构等各个方面出发，对人力资源现状进行盘点，并运用科学的方法，找出现有人力资源与企业发展的差距，为人力资源规划的制定提供依据。

（6）制定必要的人力资源政策和措施是人力资源规划的主要环节。人力资源规划的制定实质上就是在人力资源供求预测的基础上制定相应的政策和措施，以实现人力资源的供求平衡，确保企业对人力资源需求的顺利实现。

## 1.1.2 人力资源规划的目的和意义

人力资源规划具有先导性和战略性的特点，在实施企业目标和规划的过程中，它能不断调整人力资源管理的政策和措施，并指导其活动。企业工作岗位分析、劳动定额定员等人力资源主管的基础工作是人力资源规划的重要前提，而人力资源规划又对人员的招聘和选拔，福利、报酬及人力资源的教育和培训，企业内部人员余缺的调剂等各种人力资源管理活动的目标与实施步骤，做出了具体而详尽的安排。

### 1. 人力资源规划的目的

（1）减少由于人员方面的原因给企业带来的损失，及时调整人力资源的不平衡状况，提高企业人力资源的利用率。

（2）为员工进行自我设计、决定自我发展目标提供必要的条件，以发挥员工的工作积极性，保证良好的工作成效，实现企业整体目标。

（3）对现有的人力资源结构做详细的分析，找出影响人力资源有效运用的瓶颈，使人力资源效能充分发挥，降低人力资源成本在总成本中所占的比重。

（4）建立人力资源管理信息系统，有利于组织与管理工作。

（5）协调不同的人力资源管理计划。

### 2. 人力资源规划的意义

（1）有利于企业制定长远的战略目标和发展规划。一个企业的高层管理者在制定战略目标和发展规划及选择方案时，总要考虑企业自身的各种资源，尤其是人力资源的状况。例如，当海尔集团决定推行国际化战略时，高层决策人员首先考虑到其人才储备情况及所需人才的供给状况。人力资源规划要以企业的战略目标、发展规划和整体布局为依据；反过来，人力资源规划又有利于战略目标和发展规划的制定，并可以促进战略目标和发展规划的顺利实现。

（2）确保企业在生存发展过程中对人力资源的需求。在当今社会中，所有企业均面临着一个不断变化的动态环境，如市场需求迅速变化、生产技术不断更新等，因而企业生产规模和经营领域就需要随之变化，相应地，企业对人力资源在数量、质量和结构上的需求也必然发生变化。企业如果不对其未来发展阶段的人力资源需求进行预测，提前做好准备，就会不可避免地出现符合企业需要的人力资源的短缺，而且在某些时候这种短缺是很难通过临时招聘和短期培训来弥补的。一方面，人力资源规划对目前人力资源现状予以分析，以了解人事动态；另一方面，人力资源规划对未来人力资源需求做出预测，以便对企业人力资源的增减进行通盘考虑，再据此制订人员增补与培训计划。

（3）有利于人力资源管理活动的有序化。人力资源规划是企业人力资源管理的基础，它由总体规划和各分类执行计划构成，为管理活动，如确定人员的需求量、供给量、调整职务和任务、培训等提供了可靠的信息和依据，以保证管理活动的有序化。

（4）使企业有效地控制人工成本。人力资源规划有助于检查和预算出人力资源计划的实施成本及其带来的效益；也可以对现有人力资源结构做一些分析，并找出影响人力资源有效运用的瓶颈，使人力资源效能充分发挥，降低人力资源成本在总成本中所占的比重。

企业的人工成本中最大的支出是工资，而工资总额在很大程度上取决于企业中的人员分布状况。当企业处于发展初期时，低层职位的人员多，人工成本相对较低。随着企业的发展，人员的职位上升，工资的成本增加。在没有人力资源规划的情况下，未来的人工成本是未知的，难免会出现成本上升、效益下降的趋势。因此，依靠人力资源规划预测未来企业发展，有计划地调整人员分布状况，把人工成本控制在合理支付范围内是十分重要的。

**相关链接**

> 人工成本是指企业为生产产品或提供服务投入的人力资源和管理这些人力资源所消耗的成本（费用）。

（5）有助于满足员工需求和调动其积极性。人力资源规划展示了企业内部未来的发展机会，使员工充分了解自己的哪些需求可以得到满足及满足的程度。如果员工明确了哪些机会可以实现个人目标，就会努力追求，在工作中发挥出积极性、主动性、创造性；否则，在前途和利益未知的情况下，员工就会表现出干劲不足，甚至有能力的员工还会另谋高就以实现自我价值。如果有能力的员工流失过多，就会削弱企业实力，降低员工士气，从而会进一步加速员工流失，使企业的发展陷入恶性循环。人力资源规划可以帮助员工改进个人的工作技巧，尽量发挥员工的能力和潜能，满足个人的成就感。同时，还可以准确地评估每个员工可能达到的工作能力程度，避免冗员。

（6）为企业的人力资源管理决策提供依据和指导。人力资源管理决策对企业管理的影响是非常大的，而且持续的时间长，调整也困难。为了避免人力资源管理决策的失误，准确的信息是至关重要的。例如，一个企业在未来某一时间缺乏具有某种经验的员工，而这种经验的培养又不能在短时间内实现，那么应该如何处理这一问题呢？如果从外部招聘，有可能找不到合适的人选，或者成本太高。如果企业自己培养，就需要提前进行培训，同时还要考虑培训过程中人员流失的可能性等问题。显然，在没有确切信息的情况下，人力资源管理决策是难以客观的，而且可能意识不到某些问题的存在。因此，应该制定人力资源规划，为人力资源管理决策提供相关而准确的信息，保证人力资源管理活动沿着正确的轨道进行。

## 1.1.3　人力资源规划的必要性、地位与效益

企业的生存和发展离不开企业的总体规划，而企业制定总体规划的目的是使其内部的各

种资源（人、财、物）彼此协调并实现供求平衡。人力资源作为最重要的且具有创造力的资源，使其成为企业总体规划中的重点和中心。

### 1. 人力资源规划的必要性

（1）企业面临的外部环境处于不断变化的状态，这给企业的决策带来了很大的不确定性。而且，其中某些环境因素的变化对企业的人力资源供求状况产生了直接影响。例如，任何一项新技术的采用都会使企业的劳动生产率大幅度提高，一方面会减少对普通人力资源的需求，另一方面会增加对适应新技术的人员的需求。因此，为了适应变化的环境，克服不确定性可能给企业经营带来的消极影响，人力资源部门必须制定人力资源规划并对其数量、质量和结构进行相应的调整。

（2）企业内部的人力资源也处于不断变化的状态。例如，退休、辞职、解雇等会导致人员数量的减少，以致经常会出现职位空缺的现象。此时，对规模较大的企业来说，由于分工较细，专业化程度较高，新员工的适应期较长，并且企业的规模越大，可能出现职位空缺的数量越大。因此，要做到及时补充符合标准的人员，就必须制定人力资源规划。

（3）改变现有的人力资源结构的不合理性。人力资源结构包括年龄结构、素质结构、知识结构等。在一般情况下，企业中的员工年龄通常是其经验的标志，即年龄越大，经验越多；年龄越小，经验越少。如果一个企业中年长的员工和年轻的员工较多，中间年龄段的员工较少，那么等到年长的员工退休后，便会出现经验丰富人员缺乏的现象。因此，企业就需要通过人力资源规划对这种两头大、中间小的不合理年龄结构进行调整。

（4）人力资源管理活动是多方面的，包括招聘、培训、绩效考核、激励等。如果企业没有人力资源规划，不同的人就会从各自的角度对企业的人力资源管理进行评价，那么人力资源管理活动就无法相互配合，无法构成一个相互联系的有机整体，也就无法很好地为企业的整体目标服务。所以，企业应该通过人力资源规划把各项人力资源管理活动协调起来，并把其与整个企业联系起来，使它们成为企业的一个有机组成部分。

### 2. 人力资源规划的地位

在企业的人力资源管理活动中，人力资源规划不仅具有先导性和战略性，而且在实施企业总体发展战略规划和目标的过程中，还能不断调整人力资源管理的政策和措施，指导人力资源管理活动。因此，人力资源规划又具有动态性，成为企业人力资源管理活动的纽带。

工作岗位分析、劳动定额定员、员工素质测评、人力资源信息系统等企业人力资源管理的基础工作是人力资源规划的重要前提；而人力资源规划又对企业人员的招聘、选拔、考评、调动、升降、薪酬、福利和保险，对员工的教育、培训和开发及企业人员余缺调剂等各种人力资源管理活动的目标、步骤与方法做出了具体而详尽的安排。图 1-1 充分显示了人力资源规划在企业人力资源管理活动中的重要地位。

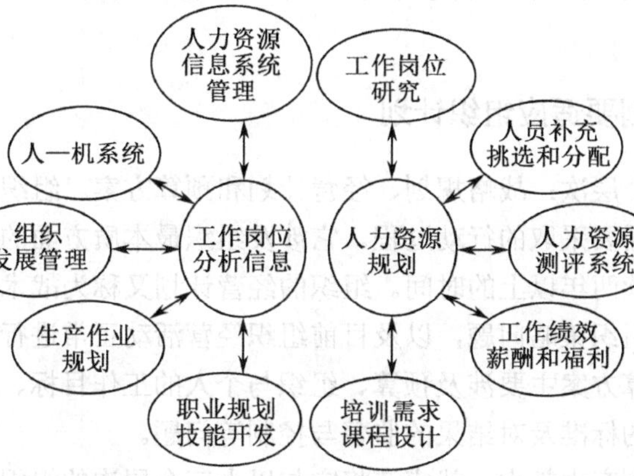


图 1-1　人力资源规划在企业人力资源管理活动中的重要地位

### 3. 人力资源规划的效益

人力资源规划就是企业的人力资源供给和需求的平衡过程。这个过程是主动的和科学的，因而可以避免某些盲目性和减少浪费。人力资源规划的效益体现在以下七个方面。

（1）任何企业的最高层在制定组织目标、任务和计划时总要考虑人力资源供给与需求的情况。人力资源规划的制定有助于企业目标、任务和计划的制订与实施。

（2）引起技术及其他工作流程的变革。

（3）提高竞争优势，如最大限度地削减经费。

（4）辅助其他人力资源政策的实施，如招聘、培训和发展等。

（5）改变员工队伍结构，如数量、质量、年龄结构等。

（6）按计划检查人力资源各项政策与方案的实施效果。

（7）适应国家法律和政府主管机关颁布的各项法律法规。

## 1.1.4　人力资源规划与组织计划的关系

人力资源规划要真正有效，还应该考虑组织计划，并受组织计划的制约。人力资源规划与组织计划的关系包括以下两个方面。

### 1. 人力资源规划是组织计划的组成部分

组织计划一般由营销规划、生产规划、技术规划、人力资源规划、资源规划、财务规划等组成。组织计划不是各职能规划的简单集合，而是在各职能规划的具体目标协调一致的基础上，对各项职能规划的综合平衡。其中，组织的其他职能规划往往制约着人力资源规划，而人力资源规划又服务并服从于其他职能规划。因此，人力资源规划只有和其他职能规划在内容和实践上相互衔接、协调一致、共同构成组织计划的支撑体系，才能使组织取得长足的发展。

### 2. 人力资源规划要适应组织计划

组织计划分为三个层次：战略规划、经营计划和预算方案。组织的战略规划是确立目标和决定为实现目标所需要采取的行动过程。它涉及组织最本质方面的基本决策，对组织具有长期影响，一般会持续两年以上的时间。组织的经营计划又称为战术规划，主要涉及战略规划方案所需的资源和组织策略问题，以及目前组织经营活动正常进行的具体问题。经营计划影响的范围较小。预算方案主要涉及预算、组织与个人的工作目标、项目计划与时间安排、资源分配和完成规划的标准及对结果的监督与控制等问题。

要使人力资源规划产生效力，就应该将它与以上三个层次的组织计划联系起来，因而人力资源规划也相应地分为三个层次：人力资源战略规划、人力资源战术规划和行动方案。人力资源战略规划涉及分析组织外部因素，研究未来组织对人力资源的需求和组织内部人力资源供给，调整人力资源规划等方面。其重点在分析问题，而不进行详细预测。人力资源战术规划涉及详细预测未来组织的人力资源需求量、组织内部和外部的人力资源供给量等方面。行动方案是根据预测的结果制定的具体行动方案，包括人员审核、招聘、辞退、晋升与调动、培训与发展、工资与福利、组织变革、劳动关系等。三个层次的组织计划与人力资源规划的关系如图 1-2 所示。

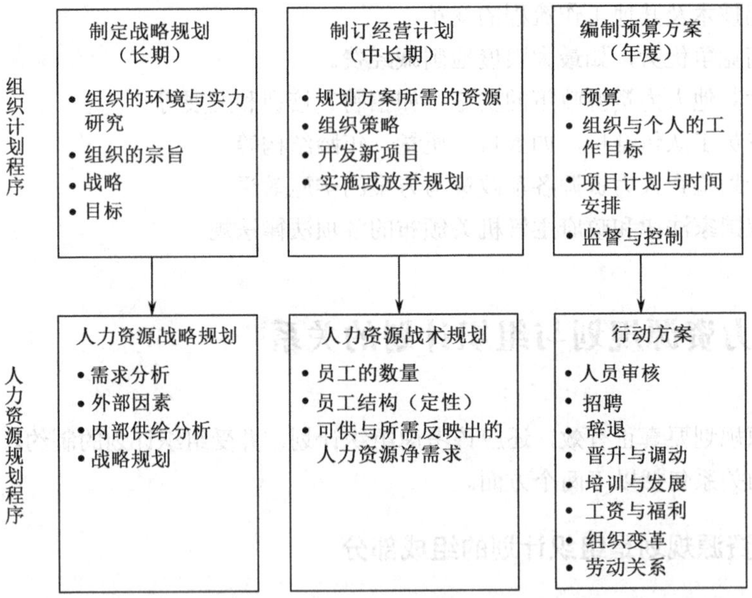


图 1-2　三个层次的组织计划与人力资源规划的关系

# 1.2 企业战略与人力资源规划

**引导案例 1-2**

远宏电器公司由最初总资产几百万元发展成为总资产 200 多亿元的大型电器公司。

但最近远宏电器公司遇到了比较麻烦的问题。该公司在技术改造和扩大生产时面临着人员短缺特别是熟练工人短缺的问题。在过去，当需要熟练工人时，公司总是很容易地在人才市场招聘到所需要的员工。这些招聘进来的员工只需经过简单的培训就能上岗，有的甚至可以直接上岗，公司根本不用考虑熟练工人短缺问题。但现在不同了，公司从国外引进了世界上最先进的生产设备，而且生产的产品品种也比以前更多，这些变化要求生产工人需要掌握更为先进的技术。由于这套生产设备是国内唯一的设备，所以从人才市场上招聘的员工很难在短期内符合公司的需要。同样，公司也经常出现管理人员短缺问题。由于公司处于迅速发展阶段，为了满足不断扩大的生产需求，公司从基层提拔员工充当管理人员，但新提拔的员工很少能胜任新的工作岗位。当公司从外面招聘管理人员时，又发现这些管理人员难以在短期内了解公司的情况，适应公司的环境。于是公司总经理要求人力资源部经理写出一个计划，以满足公司发展时对人力资源的需要。该人力资源部经理是从原来的技术处提拔上来的，对人力资源管理也是刚刚接触。

思考题：该公司人力资源部经理应如何制订计划？

## 1.2.1 企业使命与愿景

任何企业的可持续成长与发展都有赖于两方面的依据：一是企业可持续发展的理念依据，即企业的使命与愿景；二是企业可持续发展的客观依据，即企业的市场与客户。

### 1. 企业使命

企业使命是企业存在的理由和价值，即为谁创造价值及创造什么样的价值。企业要获得可持续性的发展，必须在其所在的产业社会生态环境中找到自身存在和发展的理由与价值，即要明确企业能够为其供应商、客户等一系列的利益相关群体（见图 1-3）创造什么样的价值。企业使命考虑的重点是当前的经营活动，包括当前的业务和所服务的客户的需求。

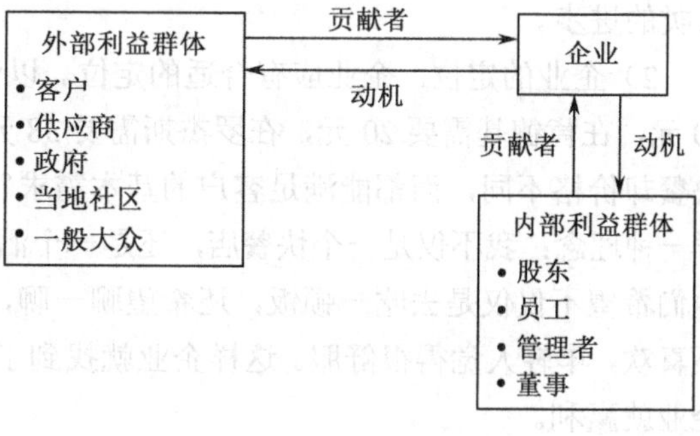


图 1-3 企业的利益相关群体

表1-1列出了从不同角度来界定企业使命的范例。

表1-1　从不同角度界定企业使命的范例

| 角　　度 | 范　　例 |
|---|---|
| 产品 | 苹果公司提出的PC进入家庭，福特公司提出的轿车进入家庭 |
| 客户需求 | 索尼公司从客户需求的角度，提出“你需要的电子产品是由数码来界定的” |
| 市场范围 | 麦当劳界定的国际化的、全球化的范围，实现一种全球化的标准战略，从而使它的成本降低，以实现低成本的优势 |
| 科技含量 | 民营企业考虑高新技术，利用高新技术促进新的项目，提高科技含量；而部分国有企业则注重改进原有产品 |
| 分销渠道 | 宝洁的分销渠道，通用电气的刀片 |
| 企业的特殊（核心）能力 | 在商场的竞争中由于所表现的竞争力不同，从而产生了不同的结果 |

表1-2列出了两个企业不同使命的比较。波士顿在中国的咨询公司，其使命是通过向客户提供咨询，使其创造和保持竞争优势，最终提高它的业绩；其实质是协助客户创造，而不是直接地和客户一起创造。索尼公司则恰恰相反。

表1-2　两个企业使命的比较

| 企 业 名 称 | 使　　命 |
|---|---|
| 波士顿咨询公司 | 协助客户创造并保持竞争优势，以提高客户的业绩 |
| 索尼公司 | 为包括股东、客户、员工乃至商业伙伴在内的所有人提供创造和实现他们美好梦想的机会 |

（1）企业使命的内容。

1）明确的目标。企业使命应该有明确的目标。例如，迪斯尼公司——使人们过得快活；索尼公司——体验发展技术造福大众的快乐；惠普公司——为人类的幸福和发展做出技术贡献；耐克公司——体验竞争、获胜和击败对手的感觉；沃尔玛公司——给普通百姓提供机会，使他们能与富人一样买到同样的东西；IBM公司——无论是一小步，还是一大步，都要带动人类的进步。

2）企业的定位。企业应有合适的定位。以快餐业为例，买一份套餐，在麦当劳需要不到20元，在肯德基需要20元，在罗杰斯需要38元，在星期五可能就稍微高一点。为什么同是快餐却价格不同，而都能满足客户的基本需求？因为它服务于不同的层面。有的快餐店有这样一种理念：我不仅是一个快餐店，还是一个酒吧。例如，在北京市海淀区，大学生比较多，他们希望不仅仅是去吃一顿饭，还希望聊一聊，这就需要快餐店有一种酒吧的感觉。老年人不喜欢，年轻人觉得很舒服。这样企业就找到了一个很好的定位，使客户留在那里不断消费，企业就赢利。

3）企业的理念。企业的文化和价值观要与客户或其他的利益相关群体达到某种吻合。

美国在管理上采用文本主义，把每件事都写出条文来，面面俱到；我国一般采用留一定空间、实行中庸的管理。企业各有各的特色，但是一定要清楚，这套管理方法会带来什么样的效果。

4）企业的公众形象。例如，一些企业注重绿化的问题、环境的问题。这不仅仅是环境保护，更是一种环境管理理念。企业在全面质量管理上应该包括环境问题。特别是在加入 WTO 后，绿色壁垒在贸易中也变得越来越重要。出口的罐头产品、玩具、服装都面临环保的问题。

5）沟通。企业的高层管理人员、中层管理人员要学会沟通，学会表达自己的理念，与利益相关群体进行真正的沟通，得到其支持，这样才能更好地发展。

（2）企业使命的重要性。

1）要保证目标一致。企业有不同的利益相关群体，倘若彼此的目标和利益都不一致，就会出现背离的问题，就缺乏凝聚力和向心力，使企业的发展受到阻碍，企业的整体目标就难以实现。

2）为将资源配置得更好打好基础。在企业中，资源无非就是人、财、物及技术等。只有把企业现有的资源或希望得到的资源拿过来合理地使用与配置，才能够保证企业使命的实现。

3）调解利益相关群体间的分歧。股东也好，员工也好，都可能和企业管理人员有冲突，而且其相互之间也会有冲突。使命的提出让大家往一个方向发展，就会逐渐地减少分歧，使其在理念上趋于一致。

4）协调管理者间的不同观点。管理者出身于不同的社会阶层，有着不同的教育背景，对事物的认识也是不同的。通过确定企业使命，使其更好地理解要做什么，这一点很重要。

5）为目标和战略打下基础。要使企业更好地发展，就要制定企业使命，为实现目标和战略打下基础。

## 2. 企业愿景

（1）企业愿景的含义。企业愿景具有领域性和层次性两方面的含义。领域性含义表现在企业自身、企业环境、管理及行动这三个方面，即企业自身存在的意义及使命，企业与其所处社会及利害关系者之间的关系，企业员工的行动准则或实务指南等事项，如图 1-4 所示。

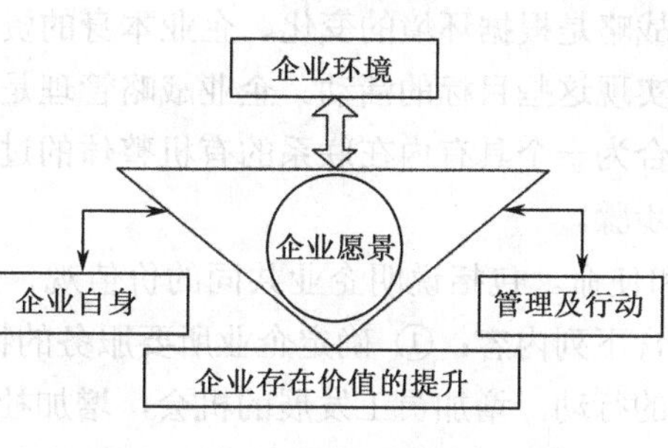


图 1-4　企业愿景的领域性含义

企业愿景的层次性含义表现在，上层是企业针对社会或世界，中层是企业经营领域和目的，下层是员工的行动准则或实务指南，如图1-5所示。

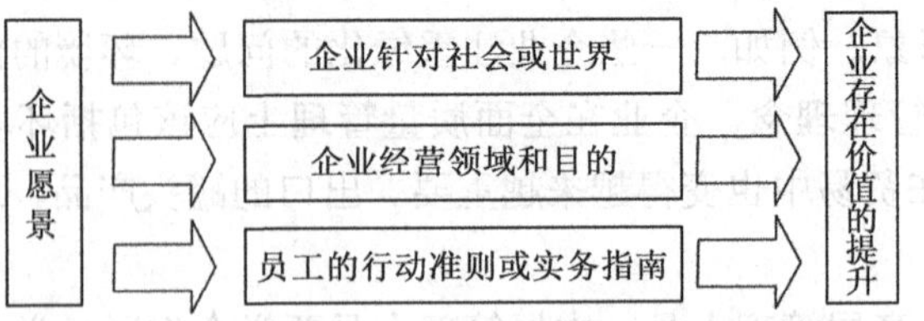


图1-5　企业愿景的层次性含义

企业愿景的本质是将其存在的价值提升到极限。传统观念认为，企业的存在价值是企业作为实现人类社会幸福的手段与工具，是在促进全社会幸福和寻找新的财富来源的过程中创造出来的。

（2）企业愿景的构成因素。

1）目的性、具体性、挑战性。目的性是指各种经营计划要以企业愿景为基础，充分利用和确保给客户提供价值的核心力量。具体性是指计划的内容不但要正确反映现实，而且要从5W1H（Who，When，Where，What，Why和How）原则出发，成为以后执行计划的指导。挑战性是指企业愿景中包含着组织成员的热切期望，只有经过相当大的努力才能达到的具有挑战性的水准。

2）效果性、效率性。效果性是指按照企业愿景的方向，不违背地推进。效率性是指在实行愿景的过程中，要以有效使用组织必要资源的最好方法进行。

3）适当性、信赖性、严格性。适当性是指根据企业愿景正确评价重要项目。信赖性是指以客观和一贯性的基准进行评价，让所有员工都明白评价结果。严格性是指依据评价结果进行处理，赏罚分明。

## 1.2.2　企业战略与人力资源战略

### 1. 企业战略的有关概念

（1）企业战略。企业战略是根据环境的变化、企业本身的资源和实力确定企业的目标和方向，并采取一定的行动实现这些目标的活动。企业战略管理是一个过程，是将企业的主要目标、政策和行为依次整合为一个具有内在联系的有机整体的过程。企业战略管理的过程至少可以划分为五个基本的步骤。

1）定义企业的宗旨和使命。包括说明企业共同的价值观、企业为什么要存在等内容。企业的宗旨和使命一般包含下列内容：① 确定企业所要服务的特定的利益相关群体；② 确定满足这些利益相关群体的行动，增加员工发展的机会，增加社会的就业机会等。

2）考察企业经营的外部环境。它是指对影响企业实现其宗旨的技术、经济、政治及社会力量进行系统分析。

3）评价企业的优势和劣势。分析的重点在于企业内部资源相对于竞争对手而言，具有哪些明显的优势，同时受到哪些关键因素的制约。

4）确定企业的发展战略和目标。在对影响企业的外部环境和内部资源进行分析后，下一步就要确定企业战略。

5）制定企业战略行动方案。应该在产业结构、人力资源、财务、营销等职能方面做出相应的改进，采取切实可行的政策和方案，以实现企业的战略目标。当企业的最高管理层在制定企业战略行动方案，并对员工招聘、选拔、发展和奖励等有关事项进行思考时，就为企业的人力资源战略与规划奠定了基础。

（2）企业经营战略。企业经营战略是指企业根据激烈的环境变化、严峻的挑战和竞争，为谋求生存和不断发展而做出的总体性、长远性的谋划和方略。

1）企业经营战略的四项内容。① 分析企业周围的经营环境，考虑企业应采取的对策。围绕企业的市场、客户和同行业竞争者等外部环境，以及企业经营资源等内部环境的变化，采取相应的对策。② 选择新的领域，促进事业发展。为了企业长期发展，不拘泥于现状，应探索企业可能发展的新的领域，确定产品、市场范围，探讨它们与企业现有领域的关系。③ 如何在选择的领域内保持竞争上的优势。探讨如何在选择的领域内、在与其他企业的竞争中保持持续的竞争优势。④ 有效分配经营资源。将企业有限的人力、物力、财力等重要资源，合理地配置给各项事业。

2）企业经营战略的三个层次。① 企业全局性战略。拥有很多事业部的多元化企业不仅要考虑各项事业的战略，还必须从企业全局出发，决定其大的发展方向，如探索怎样经营企业、事业工作量、如何有效分配企业的资源等。② 事业战略。相比企业战略，事业战略的市场目的性更强，竞争对手更明确，因此，事业战略可具体地分析市场，找出满足需求的方案和战胜竞争对手的方法。③ 各职能部门战略。它是将事业战略进一步落实到各职能部门，如研发部、人力资源部、财务部、经理部、生产部、市场部等各职能部门。当然，这三方面的战略还必须具有前后一贯性、适用性的特点。

3）企业经营战略的重要性。企业是股东的企业，为了实现股东的最大价值，就要针对环境的变化确定其经营方向，使企业长期发展和生存下去。

所谓经营，是指根据企业的资源状况和所处的市场环境对企业长期发展进行战略性规划和部署，制定企业的愿景目标和战略层的活动。就如在航海过程中，经营起着航海图的作用，是决定企业经营思想的指南。如果战略决策错误，实施战略阶段的工作也不会正确。也就是说，如果经营战略违背了客户的需求，不能创造竞争优势，那么以此为依据而实施的制造、销售等活动也都不能取得成效，将会阻碍企业的发展。

## 2. 企业战略与人力资源规划

企业战略可以分为三部分：企业目的、企业长期目标、企业短期目标，如图1-6所示。

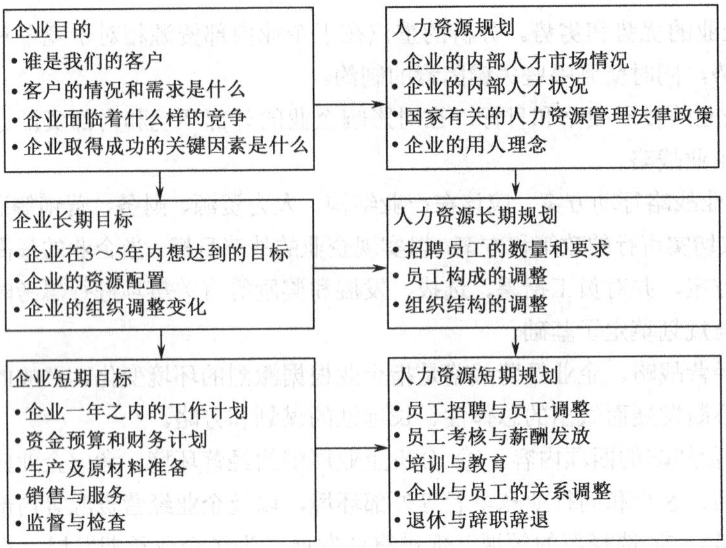


图 1-6 企业战略与人力资源规划

（1）企业目的。它是指确定谁是企业的客户，他们的情况和需求是什么，企业正面临着什么样的竞争，企业在这场竞争中取得成功的关键因素是什么。无论什么组织，其内部的全部活动都是为了能在它周围的环境中生存而进行的。只有尽最大努力去满足客户的需要，用最佳的方式去解决客户的问题，才能圆满实现企业的战略目标。在这期间，人力资源规划的主要任务是根据企业战略，分析企业人员需求的外部因素和内部因素。

（2）企业长期目标。它是指通过经营活动明确企业想得到什么、企业的每个战略步骤及企业想取得什么样的成就。它是随着企业经营的性质而变化的，通常 3～5 年变化一次。制定企业长期目标是一个相当复杂的任务，首先要明确企业在 3～5 年之后想达到何种地位，取得何种成就，然后才能做计划、做决策、进行投资等。提前 3～5 年的预见要考虑企业内外部的诸多因素。在这期间，人力资源规划的主要任务是预测人员的具体需求，保证组织中的每个人都朝着一个共同的目标努力工作。

（3）企业短期目标。它是企业长期目标的细化，是指企业在将来的某个具体时刻达到的某个具体业务状态。它为企业提供一个合理安排各项资源的前提，确保企业朝着正确的目标前进。在这期间，人力资源规划的主要任务就是保证每项工作的人员供应。

### 3. 企业人力资源战略决策

（1）企业人力资源战略的地位、目标。企业人力资源战略是根据总体战略的要求，为适应企业生存和发展的需要，对企业人力资源进行开发，提高员工队伍整体素质，从中发现和培养出一批优秀人才进行的长远性谋划和方略。

1）人力资源战略的地位。人力资源战略在企业战略体系中处于关键地位，是企业总体战略的重点之一。人力资源战略的成败直接关系到其他战略的成败。

2）人力资源战略的目标。人力资源战略的目标是：满足企业不同时期对各种人力资源的总需求，优化人力资源结构；满足各部门对人才的需求。

（2）可供选择的人力资源战略。

1）企业人力资源开发战略。它主要包括以下内容。① 引进人才战略。从国内外引进企业所需人才，满足生产经营需要。② 借用人才战略。企业通过各种正当有效的途径，从有关单位暂借所需人才。这主要适用于中小型企业。③ 招聘人才战略。企业通过在社会上公开招聘，竞争择优，录用人才。它具有公开性、广泛性、竞争性的特点。④ 自主培养人才战略。根据企业发展规划，对各种需要的人才，采用自主办学、多种形式培养的战略。它具有针对性、实用性强，有利于员工队伍的稳定的特点。企业要有较强的师资队伍和设施完善的培训中心。⑤ 定向培养人才战略。企业选送有培养前途的人员到有关院校进行学历或学位教育，解决企业发展所需专门人才的问题。它也称为定向培养战略，具有能使人才知识更新、有利于企业持续发展、能发挥高校教学优势的特点。企业领导要积极支持，企业有能力进行智力投资，学员学成后能大胆使用。⑥ 鼓励自学成才战略。企业领导充分调动自学人员的积极性，引导他们选择企业所需专业，创造条件使其完成学业。它具有投入少、收效大、经济效益好的特点，实施的关键是领导支持，合理解决工学矛盾。

2）企业人才结构优化战略。它是指企业各方面人才应当有恰当的比例和合理的结构，客观上存在着比例和结构的优化问题，主要包括以下内容。① 企业人才学科结构优化战略。它是指企业要求配备多种学科的人才并各占一个恰当的比例，形成合理的人才学科结构。② 企业人才职能结构优化战略。它是指企业各职能部门应配备各种专业管理人才，并使其相互匹配，形成合理结构的战略。③ 企业人才智能结构优化战略。智能是指运用知识分析问题、解决问题的能力。企业领导班子要具有较突出的智能，实现智能上优势互补，使整个领导班子智能结构合理，我们称之为人才智能结构优化战略。④ 企业人才能级结构优化战略。能级结构指人才的专业职称结构，即高级职称人才、中级职称人才、初级职称人才各占一定比例。企业人才能级结构优化战略就是指各个等级的职称人才比例合理化，向金字塔形结构优化。⑤ 企业人才年龄结构优化战略。它是指形成老（45岁以上高级职称人员）、中（30～45岁中级职称人员）、青（20～30岁初级职称人员）合理比例的技术管理队伍，即45岁以上高级职称人员引路，中年人为骨干，青年人冲锋陷阵，使企业兴旺发达，人才辈出。

3）使用人才战略。它主要包括以下内容。① 任人唯贤战略。它是指在人才选拔和使用上坚持德才兼备原则，坚持正确的政治方向，坚持全心全意为人民服务。要把那些能力超群、成绩卓著、刻苦钻研技术和业务的人，提拔到关键岗位上去。在干部任用上，要做到“能者上，平者让，庸者下”。让人才在多种岗位轮换工作，以便全面掌握生产经营过程，成为生产技术或经营管理上的多面手，随时能够胜任高层次领导工作需要。② 台阶提升使用战略。它是指在人才提拔上，先担任低级领导岗位，再担任中级领导岗位，最后担任高级领导岗位。在每个层次岗位上做出成绩后，再继续提拔。③ 职务、资格双轨使用战略。它是指准备提拔担任某种职务的人才，通过考核或考试，取得某一职务任职资格，经过一段时期的考察，根据实际工作需要，再正式任命其担任某种职务的战略。④ 权力委让使用战略。它是指上一级领导把本职范围内的某些工作及其相应的权力，委让给下一级领导，使之承担更重的工作，得到更大的锻炼，发挥更大作用的一种使用战略。⑤ 破格使用战略。它是指对企业中出类拔萃并做出杰出贡献的中青年人才，实施越级提拔，放到更高层次加以重用的战略。

以上各种人力资源战略，在实施时要注意其特点和适用条件。

（3）企业人力资源战略决策。企业应在综合分析以下因素后再比较，做出满意的决策。

1）国家有关劳动制度的改革和政策。这是人力资源决策的前提。当前劳动人事制度改革，主要体现在用工制度上，由国家用工主体向企业用工主体转变。正在逐步破除干部制度上的“铁交椅”、工资制度上的“铁工资”、用工制度上的“铁饭碗”，实行企业与员工双向选择，企业自主用工，员工自主择业。这样就形成了合理的流动机制，为企业选择人力资源战略创造了基本条件。

2）劳动力市场和人才市场发育状况。这是人力资源决策的又一限制条件。劳动力市场和人才市场发育完善，企业全部或大部分人力资源可从市场招聘；劳动力市场和人才市场发育程度低，只能考虑借用人才战略或自主培养人才战略。

3）企业人力资源开发能力。这是人力资源决策的内部限制条件。有设施完善的培训中心和师资条件，可选择自主培养人才战略；设施不足，师资力量不强，可考虑招聘战略或借用人才战略及自学成才战略。

4）企业人力资源开发投资水平。企业进行人力资源战略决策，必须有相应的资金做保障。投资多，为招聘人才战略奠定了雄厚的基础；若资金不足，则只能选择自学成才战略，也可扩大自主培训和委托培训。

5）社会保障制度的建立情况。这是人才结构优化战略实施的前提。人才结构优化战略取决于待业保险制度、退休养老保险制度、医疗保险制度的建立和完善情况。只有做到“老有所养”，企业的人才结构才能做到“吐故纳新”，社会生活才能稳定，人才交流制度才能正常实行。

# 1.3　人力资源规划的原则与目标

## 1.3.1　人力资源规划的原则

### 1. 目标性原则

编制人力资源规划最主要的原则是服从企业整体经济效益提高的需要，因此，人力资源效益、人才效益、全员劳动生产率、人均利润等指标应构成企业人力资源规划目标的核心。

### 2. 系统性原则

要把人力资源规划作为一个子系统，放到企业总体发展规划，甚至整个国民经济和社会发展的大系统中来考虑；同时，把企业人力资源规划作为整体，将企业内不同层次、不同部门的人力资源规划作为其子系统统一考虑、统一规划。

### 3. 适应性原则

人力资源规划的方向、目标、内容、规模与速度，要适应国家经济、政治的需要，特别要注意适应市场经济体制和现代企业制度深化改革及适应企业自身发展特点的需要。而这是以人才的类型、才智、专业、素质、年龄、观念结构等诸多方面的广泛性为基础的。

### 4. 协调性原则

人力资源规划是整个企业发展规划的组成部分，在其编制与执行过程中，自始至终要同其他因素，尤其是密切关联因素相平衡、协调，要处理好五个关系：整体和局部的关系、当前和长远的关系、需要和可能的关系、数量和质量的关系、速度和效益的关系。

### 5. 科学预测原则

编制人力资源规划必须以科学的人力资源预测为基础。这个预测包含两个方面：一是企业未来的事业发展预测；二是以这种发展为前提的人才需求预测，这两个方面是统一的。不以预测为基础的人力资源规划必然是盲目的，以此来指导实践，必将造成事业荒废或人才浪费的严重后果。

### 6. 动态性原则

在企业发展战略设计中一定要把预期搞好，对未来的预期一定要搞清楚。这里所讲的预期，是指对企业未来的发展环境及企业内部本身的一些变革，要有科学的预见性。

### 7. 开放性原则

企业在制定发展战略的过程中，要消除一种不好的倾向，即考虑问题的思路比较狭窄，在各个方面考虑得不是那么开放，我们称之为狭窄性。狭窄性不仅会影响企业的产业发展战略和市场发展战略，也会影响产权制度，所以必须坚持开放性原则。

### 8. 共同发展原则

人力资源管理不仅为企业服务，而且要促进员工发展。两者的发展是互相依托、互相促进的关系。优秀的人力资源规划一定是能够使企业和员工得到长期利益的规划，一定是能够使企业和员工共同发展的规划。

### 1.3.2 人力资源规划的目标

人力资源规划的目标是确保企业在适当的时间和不同的岗位上获得适当的人选（包括数量、质量、层次和结构）。一方面，要满足变化的企业对人力资源的需求；另一方面，要最大限度地开发利用企业内部现有人员的潜力，使员工的需要得到充分满足。具体来讲，人力资源规划的目标包括以下四个方面的内容。

1. 配合企业发展的需要

任何企业都在不断地追求生存与发展，而生存与发展的主要因素是人力资源的获得与运用，也就是如何适时、适量及适度地使企业获得运用所需的各类人力资源。由于现代科学技术日新月异，社会环境变化多端，如何针对这些多变的因素，配合企业发展目标，对人力资源进行科学的规划甚为重要。

2. 规划人力资源发展

人力资源发展包括人力资源预测、人员增补及人员培训，这三者紧密联系，不可分割。人力资源规划一方面对目前人力资源现状予以分析，以了解人事动态；另一方面对未来人力资源需求做一些预测，以便对企业人力资源的增减进行通盘考虑，再据此制定人员增补与培训的计划。所以，人力资源规划是人力资源发展的基础。

3. 促使人力资源的合理运用

研究发现，在相当多的企业中，一些人的工作负荷过重，而另一些人则工作过于轻松；一些人由于能力有限而无法完成工作，另一些人则感到能力有余，未能充分发挥。只有很少的企业其人力资源的配置完全符合理想的状况。人力资源规划可改善人力资源分配的不平衡状况，进而谋求合理化，以使人力资源能配合企业的发展需要。

4. 用人成本合理化

影响企业用人成本的因素很多，如业务、技术革新、机器设备、组织工作制度、工作人员的能力等。人力资源规划可对现有的人力资源结构做一些分析，并找出影响人力资源有效运用的瓶颈，使人力资源效能充分发挥，其成本所占的比重趋于合理。

## 1.4 人力资源规划的种类和内容

### 1.4.1 人力资源规划的种类

目前，许多国家的企业都把人力资源规划作为企业整体战略规划的一部分，或者单独地制定明确的人力资源规划，以作为对企业整体战略规划的补充。单独的人力资源规划类似于生产、市场、研究与开发等职能部门的职能性战略规划，都是对企业整体战略规划的补充和完善。无论采用哪种形式，人力资源规划都要与企业整体战略规划的编制联系起来。

人力资源规划有各种不同的分类方法。下面从规划时间、规划用途和规划范围三个方面来介绍。

### 1. 按规划时间分类

按照规划时间的长短，可以将人力资源规划分为长期规划、中期规划和短期规划三种。

（1）长期规划。长期规划一般指 3 年以上具有战略意义的规划，它为企业的人力资源发展指明了方向、目标和基本政策。长期规划的制定需要对企业内外部环境的变化做出有效的预测，才能对企业的发展具有指导性作用。目前，已有越来越多的企业为自己编制了长期规划，如日本松下电器公司甚至已经制定了公司 500 年的发展规划。但是，长期规划没有中、短期规划那么具体，在实施过程中会因环境变化而有权变性的变动，它指导中、短期规划的制定和实施，又靠中、短期规划的实施来实现。

（2）中期规划。中期规划一般指 1～3 年的计划，其目标、任务的明确与清晰程度介于长期与短期两种规划之间，主要根据战略来制定战术。

（3）短期规划。短期规划一般指 6 个月至 1 年的计划，这种计划要求任务明确、具体，措施落实。

人力资源部门在制定规划时，还应考虑规划期的长短。是制定短期规划还是长期规划，取决于企业面临的不确定性的大小。1987 年，布莱克和马西斯提出了不确定性大小的影响因素及其规划期长短之间的配合关系，如表 1-3 所示。

**表 1-3　不确定性与规划期的长短的关系**

| 短期规划：不确定 / 不稳定 | 长期规划：确定 / 稳定 |
|---|---|
| 很多新竞争者 | 强大的竞争地位 |
| 社会经济条件迅速变化 | 社会、政治和技术方面的变化是渐进的 |
| 不稳定的产品或服务需求 | 强大的管理信息系统 |
| 变化的政治和法律环境 | 稳定的产品或服务需求 |
| 企业规模比较小 | 管理水平先进 |
| 管理水平落后（危机管理） | |

### 2. 按规划用途分类

按照规划用途，可以将人力资源规划分为战略层规划、战术层规划和操作层规划。

（1）战略层规划。它是与企业长期战略相适应的人力资源规划。其内容是关于未来企业人力资源的大体需求和供给、人力资源的结构，以及预测有关的人力资源政策和策略。它的作用是决定企业的基本目标及基本政策。战略层规划一般由企业的人力资源部门制定，它对战术层规划和操作层规划有指导作用。由于规划时间幅度大，预测的准确性比较有限，战略层人力资源规划对细节的要求较低。

（2）战术层规划。它是将战略层规划中的目标和政策转变为确定的目标和政策，并且规定达到各种目标的时间。它是在战略层规划的指导下制定的，时间期限较短，预测的准确率较高，对社会经济变化趋势的把握较准确，因此战术层规划可以制定得细一些，以增强对管理规划的指导作用。战术层规划一般以年度为单位拟订。

（3）操作层规划。它是对一系列操作实务的规划。其内容包括人员审核、招聘、辞退、晋升与调动、组织变革、培训与发展、工资与福利、劳动关系等操作的具体行动方案，对细节要求最高。

### 3. 按规划范围分类

按照规划范围，可以将人力资源规划分为总体规划、部门规划和项目规划。

（1）总体规划。总体规划一般是指具有多个目标和多方面内容的计划。就其涉及对象来说，它关联到整个组织的人力资源管理活动，包括企业的人员招聘、人员培训、人员考核、人员激励等。这些活动都有各自的内容，但又互相联系，互相影响，互相制约，要使这些活动形成一个有机的整体，就必须对它们进行总体规划。总体规划在整个规划中具有重要的作用。

（2）部门规划。部门规划一般是指各业务部门的人力资源管理活动计划。它包括各种职能部门制定的职能计划，如技术部门的人员补充计划、销售部门的培训计划等。部门规划是在总体规划的基础上制定的，它的内容专一性强，是总体规划中的一个子计划。

（3）项目规划。项目规划一般是指某项具体任务的规划。它是针对人力资源管理活动的特定课题做出决策的规划。项目规划与部门规划不同，部门规划只包括单个部门的业务，而项目规划则是为某种特定任务而制定的。

## 1.4.2 人力资源规划的内容

人力资源规划的内容包括两个层次，即总体规划及各项业务计划。

### 1. 人力资源总体规划

（1）人力资源总体规划的组成。人力资源总体规划是指有关计划期内人力资源开发利用的总目标、政策、实施步骤及预算的安排，一般包括岗位职务规划、人员补充规划、人力资源开发规划、人员分配规划等方面。

1）岗位职务规划。它主要研究定员定编问题，是依据企业的近期和远期目标、劳动生产率、技术设备工艺要求等状况来明确相应的组织机构、岗位职务标准，并进行定员定编，确定人力资源的数量规模。

2）人员补充规划。它是指在中长期内能使岗位职务空缺从质量和数量上得到合理补充的计划。它具体规定了各级各类人员所需要的资历、培训、年龄等要求。

3）人力资源开发规划。它是指依据企业发展的需要，确定各种措施和途径，为企业物色、引进和造就当前及未来所需要的各级各类合格劳动力和优秀管理人员。

4）人员分配规划。它是指依据企业各级组织机构、岗位职务的专业分工来配置所需的人员，包括工人工种分配、干部职务调配及工作调动等内容。

（2）制定与实施人力资源总体规划的主要工作内容。

1）收集信息。主要包括：① 外部环境信息，主要包括宏观经济形势和行业经济形势、技术、竞争、人才和劳动力市场、人口和社会发展趋势、政府管制情况；② 企业内部信息，主要包括战略、业务计划、人力资源现状、辞职率和员工的流动性。

2）人力资源需求预测。主要包括：① 短期预测和长期预测；② 总量预测和各个岗位需求预测。

3）人力资源供给预测。主要包括：① 内部供给预测；② 外部供给预测。

4）所需要的项目规划与实施。主要包括：① 增加或减少劳动力规模；② 改变技术组合；③ 开展管理职位的接续计划；④ 实施员工职业生涯计划。

5）人力资源规划过程的反馈。主要包括：① 规划是否精确；② 实施的项目是否达到要求。

### 2. 各项业务计划

人力资源总体规划所属的具体业务计划包括人员补充计划、人员分配计划、人员接替和提升计划、教育培训计划、工资激励计划、劳动关系计划、退休解聘计划等。这些业务计划是总体规划的展开和具体化，每项业务计划都由目标、任务、政策、步骤及预算等部分构成。其目的就是要保证人力资源总体规划目标的实现（见表 1-4）。

**表 1-4　人力资源规划各项业务计划一览表**

| 计划类别 | 目　　标 | 政　　策 | 步　　骤 | 预　　算 |
|---|---|---|---|---|
| 人员补充计划 | 类型、数量、层次，对人员素质结构及绩效的改善等 | 人员素质标准、人员来源范围、起点待遇 | 拟定补充标准，广告吸引、面试、笔试、录用、教育、上岗 | 招聘挑选费用 |
| 人员分配计划 | 部门编制，人员结构优化及绩效改善，人力资源职位匹配，职务轮换幅度 | 任职条件，职位轮换范围及时间 | 略 | 按使用规模、差别及人员状况决定的工资、福利预算 |
| 人员接替和提升计划 | 后备人员数量保持，改善人才结构及提高绩效目标 | 全面竞争，择优晋升，选拔标准，提升比例，未提升人员的安置 | 略 | 职务变动引起的工资变动 |

续表

| 计划类别 | 目标 | 政策 | 步骤 | 预算 |
|---|---|---|---|---|
| 教育培训计划 | 素质及绩效改善，培训数量类型，提供新人力，转变态度及作风 | 培训时间的保证，培训效果的保证（如待遇、考核、使用） | 略 | 教育培训总投入产出，脱产培训损失 |
| 工资激励计划 | 人才流失减少，士气水平提高，绩效改进 | 工资政策，激励政策，激励重点 | 略 | 增加工资奖金额预算 |
| 劳动关系计划 | 降低非期望离职率，干群关系改进、减少投诉和不满 | 参与管理，加强沟通 | 略 | 法律诉讼费 |
| 退休解聘计划 | 编制，劳务成本降低及生产率提高 | 退休政策及解聘程序 | 略 | 安置费、人员重置费 |

# 1.5 人力资源规划的程序和典型步骤

## 1.5.1 人力资源规划的程序

人力资源规划的程序大体上可以分为以下五个阶段。

### 1. 弄清企业的战略决策及经营环境

这是人力资源规划的前提。不同的产品组合、生产技术、生产规模、经营决策对人员会提出不同的要求。而人口、交通、文化教育、法律、择业期望等则构成了企业外部人力供给的各种制约因素。

影响企业经营管理的因素很多，如产品结构、市场占有率、生产和销售方式、技术装备的先进程度及企业经营环境（包括社会的政治、经济、法律环境等因素），是企业制定规划的硬约束，任何企业的人力资源规划都必须考虑这些因素。

### 2. 盘点企业现有人力资源的状况

盘点企业现有人力资源的状况，这是制定人力资源规划的基础工作。

核查企业现有人力资源就是通过盘点现有人员的数量、质量、结构及人员分布情况，为将来制定人力资源规划做准备。它要求企业建立完善的人力资源管理信息系统，即借助现代管理手段和设备，详细记录企业员工各方面的资料，包括员工的自然情况、录用资料、工资、工作执行情况、职务和离职记录、工作态度和绩效表现。

### 3. 预测企业人力资源需求

预测是人力资源规划中技术性较强的关键工作。其作用是掌握计划期各类人力资源的余缺情况，并以此为依据安排人力资源开发、管理计划。

预测企业人力资源需求可以与人力资源核查同时进行，它主要是根据企业战略规划和内外条件，选择预测技术，然后对人力资源需求结构和数量进行预测。了解企业对各类人力资源的需求情况，以及可以满足上述需求的内部和外部的人力资源的供给情况，并对其中的缺点进行分析，是一项技术性较强的工作，其准确程度直接决定了规划的效果和成败，它是整个人力资源规划中最困难同时也是最关键的工作。

### 4. 制定人力资源开发管理的总体规划及各项业务计划

这是编制人力资源规划过程中比较具体细致的工作。它要求人力资源主管根据人力资源供求预测，提出人力资源管理的各项要求，以便有关部门照此执行。

根据供求关系及人员净需求量，制定出相应的规划和政策，以确保企业发展在各时间点上人力资源供给和需求的平衡。其中包括晋升规划、补充规划、培训发展规划、员工职业生涯规划等。人力资源供求达到协调平衡是人力资源规划活动的落脚点和归宿。人力资源供求预测是为这一活动服务的。

### 5. 监督、分析和评价人力资源规划的执行过程

通过监督、分析和评价，找出规划的不足，给予适当调整，以确保人力资源规划的实施及企业整体目标的实现。

人力资源规划不是一成不变的，它是一个动态的开放系统，对其过程及结果必须进行监督、评估，并重视信息反馈，不断调整，使其更加切合实际，更好地促进企业目标的实现。人力资源规划的审核和评估工作，应在明确审核必要性的基础上，制定相应的标准。同时，在对人力资源规划进行审核与评估的过程中，还要注意保证企业选用正确的方法。

## 1.5.2 人力资源规划的典型步骤

由于各企业的具体情况不同，所以制定人力资源规划的步骤也不尽相同。下面是制定人力资源规划的典型步骤。

### 1. 制订职务编制计划

根据组织发展规划和工作方案，结合职务分析的内容，制订职务编制计划。职务编制计划

将阐述组织结构、职务设置、职务描述和职务资格要求等内容。制订职务编制计划的目的是描述未来的组织职能规模和模式。

### 2. 制订人员配置计划

根据组织发展规划，结合人力资源现状，制订人员配置计划。人员配置计划阐述了单位每个职位的人员数量、人员的职务变动、职务空缺数量的补充办法等。

### 3. 预测人员需求

根据职务编制计划和人员配置计划，采用适当的预测方法，进行人员需求预测。在预测人员需求中，应阐明需求的职务名称、人员数量、希望到岗时间等。同时，还要形成一个标明员工数量、招聘成本、技能要求、工作类别及为完成组织目标所需的管理人员数量和层次的分列表。

### 4. 确定人员供给计划

人员供给计划是人员需求的对策性计划。人员供给计划的编制，要在对本单位现有人力资源进行盘存的情况下，结合员工变动的规律，阐述人员供给的方式，包括人员的内部流动方法、外部流动政策、人员的获取途径和具体方法等。

### 5. 制订培训计划

为了使员工适应形势发展的需要，有必要对员工进行培训，包括新员工的上岗培训和老员工的继续教育，以及各种专业培训等。培训计划涉及培训政策、培训需求、培训内容、培训形式与培训考核等内容。

### 6. 制订人力资源管理政策调整计划

人力资源管理政策调整计划是对组织发展和人力资源管理之间关系的主动协调，目的是确保其主动地适应形势发展的需要。计划中应明确计划期内人力资源政策的调整原因、调整步骤和调整范围等。其中包括招聘政策、绩效考核政策、薪酬与福利政策、激励政策、职业生涯规划政策和员工管理政策等。

### 7. 编制人力资源费用预算

编制人力资源费用预算主要包括招聘费用、培训费用、福利费用、调配费用、奖励费用及与人力资源开发利用有关费用的预算。

### 8. 关键任务的风险分析及对策

任何单位在人力资源管理中都可能遇到风险，如招聘失败、新政策引起员工不满，这些都可能影响公司的正常运行。风险分析就是通过风险识别、风险估计、风险驾驭和风险监控等一系列活动来防范风险的发生。

人力资源规划编制完毕后，应先与各部门负责人沟通，根据沟通的结果进行反馈。最后提交给公司决策层审议通过。

## 本章习题

### 一、名词解释

1. 人力资源规划　2. 人力资源战略层规划　3. 岗位职务规划　4. 企业使命
5. 企业愿景

### 二、选择题

1. 人力资源结构包括年龄结构、素质结构、（　　）等。

A. 知识结构　　B. 工资结构
C. 家庭结构　　D. 企业结构

2. 按照规划用途，可以将人力资源规划分为战略层规划、战术层规划和（　　）。

A. 操作层规划　　B. 企业层规划
C. 车间层规划　　D. 员工层规划

3. 人力资源总体规划一般包括（　　）。

A. 岗位职务规划　　B. 人员补充规划
C. 人力资源开发规划　　D. 人员分配规划

4. 人力资源规划的目标，包括以下哪几项？（　　）

A. 配合企业发展的需要　　B. 规划人力资源发展
C. 促使人力资源的合理运用　　D. 用人成本合理化

5. 组织计划共分为三个层次：战略规划、经营计划和预算方案。因而人力资源规划也相应分为三个层次：（　　）。

A. 人力资源战略规划　　B. 人力资源战术规划
C. 行动方案　　D. 规划的评估与反馈

### 三、判断题

1. 广义的人力资源规划是指具体的提供人力资源的行动计划，如人员招聘计划、人员使用计划、退休计划等。（　　）

2. 制定人力资源规划的目的是实现企业的战略目标，保证企业长期持续的发展。（　　）

3. 企业愿景的本质就是将其存在的价值提升到极限。（　　）

4. 搞清企业现有的人力资源状况是制定人力资源规划的基础。（ ）

5. 人力资源规划是一成不变的，它是一个静态的封闭系统。（ ）

## 四、简答题

1. 简述人力资源规划的目的、意义。
2. 简述企业可供选择的人力资源战略。
3. 简述人力资源规划的原则。
4. 简述人力资源规划的程序。
5. 简述人力资源规划的典型步骤。

## 五、案例题

**【案情】**

近年来苏澳公司常为人员空缺所困惑，特别是经理层人员的空缺常使得公司陷入被动的局面。苏澳公司最近进行了公司人力资源规划：首先，由4名人力资源部的管理人员负责收集和分析目前公司对生产部、市场与销售部、财务部、人力资源部4个职能部门管理人员的需求情况及劳动力市场的供给情况；其次，预测各职能部门可能出现的关键职位空缺数量。

上述结果用来作为制定人力资源规划的基础，同时也作为直线管理人员制定行动方案的基础。但是在这4个职能部门里，制定和实施行动方案的过程（如决定技术培训方案、实行工作轮换等）是比较复杂的，因为这一过程会涉及不同的部门，需要各部门通力合作。职能部门制定和实施行动方案过程的复杂性给人力资源部门进行人力资源规划也增添了难度，这是因为有些因素（如职能部门间合作的可能性与程度）是不可预测的，它们将直接影响到预测结果的准确性。

苏澳公司的4名人力资源管理人员克服种种困难，对经理层管理人员的职位空缺做出了较准确的预测，制定了详细的人力资源规划，使得该层次上人员空缺减少了50%，跨地区的人员调动也大大减少。另外，从内部选拔工作任职者人选的时间也减少了50%，并且保证了人选的质量，合格人员的漏选率大大降低，使人员配备过程得到了改进。人力资源规划还使得公司的招聘、培训、员工职业生涯计划与发展等各项业务得到了改进，节约了人力成本。

苏澳公司取得上述进步，不仅仅得益于人力资源规划的制定，还得益于公司对人力资源规划的实施与评价。在每个季度，高层管理人员都会同人力资源咨询专家共同对上述4名人力资源管理人员的工作进行检查评价。这一过程按照标准方式进行，即这4名人力资源管理人员均要在以下14个方面做出书面报告：各职能部门现有人员、人员状况、主要职位空缺及候选人、其他职位空缺及候选人、多余人员的数量、自然减员、人员调入、人员调出、内部变动率、招聘人数、劳动力其他来源、工作中的问题与难点、组织问题及其他方面（如预算情况、职业生涯考察、方针政策的贯彻执行等）。同时，他们必须指出上述 14 个方面与预测（规划）的差距，并讨论可能的纠正措施。通过检查，一般能够对下季度在各职能部门应采取的措施达成一致意见。

在此轮检查结束后，这 4 名人力资源管理人员开始对他们分管的职能部门进行检查。在此过程中，直线经理重新检查重点工作，并根据需要与人力资源管理人员共同制定行动方案。当直线经理与人力资源管理人员意见发生分歧时，往往可通过协商解决。行动方案上报上级主管审批。

【问题】

1. 苏澳公司人力资源规划的成功之处是什么？
2. 如果你是苏澳公司负责人，会如何实施人力资源规划？

扫二维码阅读更多案例

# 第 2 章

# 企业组织结构设计

## 本章重点掌握

组织结构设计的基本含义、具体内容和原则；组织结构的内容和类型；组织结构定岗定编。

## 学习导航

第 2 章

2.1　企业组织结构设计概述
- 2.1.1　组织结构设计的基本含义
- 2.1.2　组织结构设计的步骤、原则和基本要求
- 2.1.3　影响组织结构设计的因素
- 2.1.4　组织结构设计的程序

2.2　常见的组织结构设计
- 2.2.1　组织结构的内容
- 2.2.2　组织结构的类型
- 2.2.3　组织结构图的制作

2.3　组织结构定岗定编
- 2.3.1　组织结构定岗定编的意义、原则、标准和方法
- 2.3.2　岗位分析的操作程序和方法
- 2.3.3　岗位说明书和工作规范的编写

## 2.1 企业组织结构设计概述

**引导案例 2-1**

### 风驰公司的组织结构

风驰公司是一家专门制造观测仪器、光学仪器和其他各种具有高精确度仪器的公司。有些仪器用大量生产的方法制造，采用标准成本制度；其他一些产品则是在接到订单后才进行生产，而且数量有限，这些产品不采用标准成本制度。该公司的组织系统与当前各企业的组织系统相似。为了便于介绍，此处已将一些不重要的部分删去。该公司组织结构如图 2-1 所示。

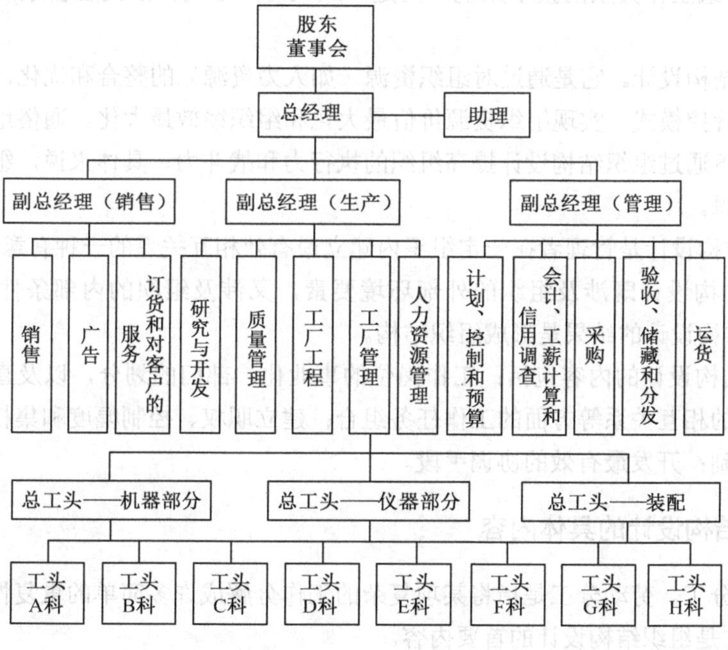


图 2-1 风驰公司的组织结构

**思考题：**试分析该公司组织结构的优缺点。

### 2.1.1 组织结构设计的基本含义

#### 1. 组织结构设计的有关概念

（1）组织。它是动态的组织活动过程和静态的社会实体的统一。具体地说，这一含义包含以下四个方面。

1）动态的组织活动过程。它是指维持与变革组织结构，以完成组织目标的过程。通过组织机构的建立与变革，将生产经营活动的各个要素、各个环节，从时间上、空间上科学地组织起来，使每个成员都能接受领导、协调行动，从而产生新的、大于个人和小集体功能简单加总的整体职能。

2）相对静态的社会实体。它是指组织结构，即反映人、职位、任务及它们之间的特定关系的网络。这一网络可以把分工的范围、程度、相互之间的协调配合关系、各自的任务和职责等用部门和层次的方式确定下来，成为组织的框架体系。

3）实现既定目标的手段。

4）既是一组工作关系的技术系统，又是一组人与人之间关系的社会系统，是两个系统的统一。

（2）组织结构设计。它是通过对组织资源（如人力资源）的整合和优化，确立企业某一阶段最合理的管控模式，实现组织资源价值最大化和组织绩效最大化。通俗地说，就是在人员有限的状况下通过组织结构设计提高组织的执行力和战斗力。具体来说，组织结构设计包含以下几层意思。

1）组织结构设计是管理者在一定组织内建立最有效相互关系的一种有意识的过程。

2）组织结构设计既涉及组织的外部环境要素，又涉及组织的内部条件要素。

3）组织结构设计的结果是形成组织结构。

4）组织结构设计的内容包括：工作岗位的事业化、部门的划分，以及直线指挥系统与职能参谋系统的相互关系等方面的工作任务组合；建立职权、控制幅度和集权分权等人与人相互影响的机制；开发最有效的协调手段。

#### 2. 组织结构设计的具体内容

（1）劳动分工。劳动分工是指将某项复杂的工作分解成许多简单的重复性劳动（称为功能专业化）。它是组织结构设计的首要内容。

1）随着技术发展和产品复杂性的提高，现在已经很少有人能独立完成一件复杂细致的工作。

2）个人知识积累量的差别，造成了人们能力上的不同。如果不进行劳动分工，组织中需要高技术的人员过多，将会产生掌握全能技术人员的严重短缺。另外，如果组织中每个人都从头到尾地完成整个工作，则必然既从事技术性工作，又从事非技术性工作。其结果是，从总体上看员工在工作中使用的技术低于他们的实际技术水平，造成资源的浪费。

3）进行简单的重复性劳动可以提高员工的工作技巧，并大大减少由于改变操作而造成的时间浪费。

4）劳动分工促进了工具和设备的专门化，这些都使工作效率得以提高。

（2）部门化。部门化是指将专业人员归类形成组织内相对独立的部门，它是对分割后的活动进行协调的方式。部门化主要有四种类型：功能部门化、产品或服务部门化、用户部门化和地区部门化。

1）功能部门化。功能部门化按组织活动的功能划分部门。例如，组织可以按其功能组成生产部、营销部、财务部、工程部和行政部等（见图 2-2）。功能部门化使组织成员只从事某一功能活动，从而提高处理复杂问题的能力。

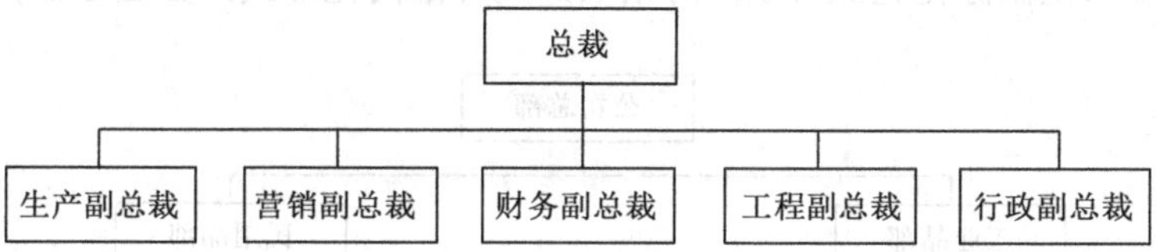


图 2-2　功能部门化组织结构

2）产品或服务部门化。产品或服务部门化即根据组织的产出类型划分部门。例如，通用汽车公司将部门划分为大型车部、小型车部和电子器件部（见图 2-3）。产品或服务部门化可以使同一部门中的人员更好地协调活动，提高部门的总体效率。

图 2-3　产品或服务部门化组织结构

3）用户部门化。用户部门化即按组织所服务的对象划分部门。用户部门化可以较快地积累有关用户的广泛知识，并对用户的要求做出迅速反应。例如，多数银行将部门划分为民用部、商业部、农业部（见图 2-4）。

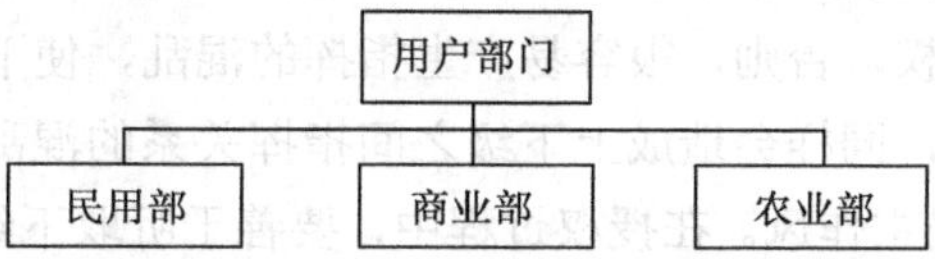


图 2-4　用户部门化组织结构

4）地区部门化。地区部门化即根据组织成员主要业务发生地区划分部门。例如，组织可以将其推销力量按地区分组（见图2-5）。地区部门化使信息沟通渠道缩短，因而有利于进行直接交流。

图2-5　地区部门化组织结构

另外，许多大型国际化企业可以同时采取好几种部门化形式，如图2-6所示。

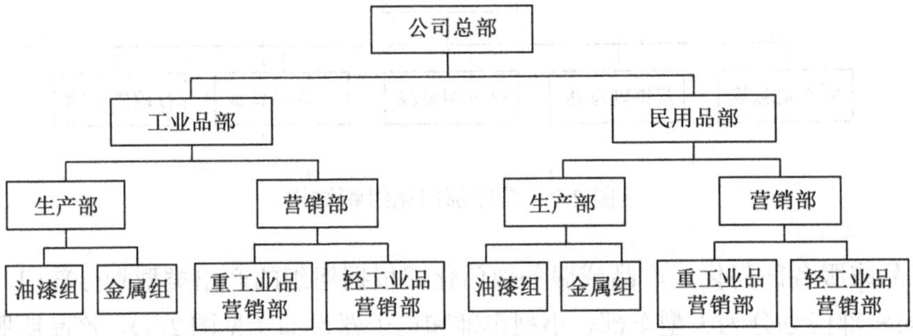


图2-6　集中部门化的混合

（3）授权。授权是指确定组织中各类人员需承担的完成任务的责任范围，并赋予其使用组织资源所必需的权力。授权发生于组织中两个相互连接的管理层次之间，责任和权力都是由上级授予的。授权时应注意以下几个方面。

1）责任和权力必须明确和相互适应。权责不明确容易产生无政府状态，组织中会出现摩擦和不必要的对话、会议。权责不适应也是十分有害的，有权无责或权大责小容易产生不负责任的瞎指挥和滥用权力；有责无权或责大权小将打击下级的工作热情。因此，当上级在给下级委派职责的同时，应授予相应的权力，防止责权分离现象的出现。

2）应避免双重隶属关系的授权。在纵向管理系统中，上下级之间应形成单线性的指挥链，反映上下级的权限、责任及联系渠道。在授权过程中任何一个下级只能有一个上级，不能受到两个上级的直接授权，否则，很容易产生指挥的混乱，使下级陷入困境。同时，也不允许上级越级授权，否则，同样会造成上下级之间指挥关系的混乱。

3）要培养授权者的民主作风。在授权过程中，要善于听取下级意见，要信任下级，大胆放手让下级在授权范围内创造性地开展活动。在存在风险的条件下，允许下级犯错误并勇于为其承担责任。

（4）管理幅度和管理层次。管理幅度是指一位管理人员所能有效地直接领导和控制的下级人员数。管理层次是指组织内纵向管理系统所划分的等级数。一般情况下，管理幅度和管理层次成反比关系。扩大管理幅度，有可能减少管理层次；缩小管理幅度，就有可能增加管理层次（见图 2-7）。越往上层，决策性和组织性的工作越多，需要更多的调查研究和分析思考，因而管理幅度应小些；越往下层，执行性和日常性工作越多，因而管理幅度可以大些。

管理幅度受许多因素的影响，有领导者方面的因素，如领导者的知识、能力、经验等；也有被领导者方面的因素，如被领导者的素质、业务熟练程度和工作强度等；还有管理业务方面的因素，如复杂程度、所承担任务的绩效要求、工作环境及信息沟通方式等。因此，在决定管理幅度时，必须对上述各方面因素予以综合考虑。

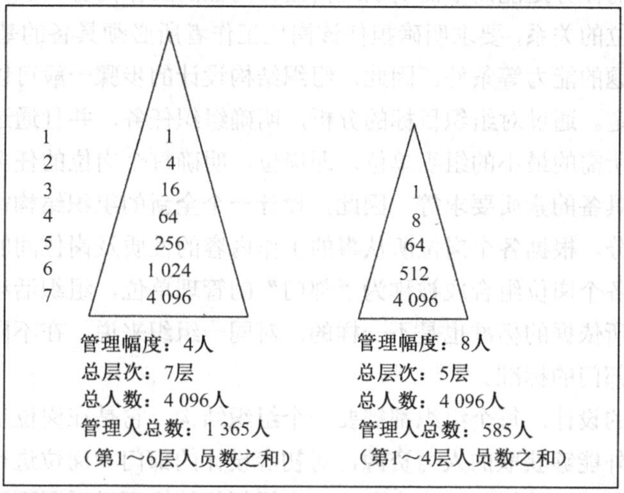


图 2-7　管理幅度与管理层次的关系

确定管理层次时应考虑下列因素。

1）训练。凡受过良好训练的员工，不但所需的监督较少，而且可减少他与主管接触的次数。低层人员的工作分工较细，所需智能较易训练，因而低层主管监督人数可较多。

2）计划。良好的计划使工作人员各知其目标与任务，可节省主管监督指挥的时间，可减少组织层次。

3）授权。适当的授权可减少主管的监督时间及精力，使管辖人数增加，减少组织所需的层次。

4）变动。企业变动较少，其政策较为固定，各阶层监督的人数可较多，组织层次可较少。

5）目标。目标明确，可以减少主管人员指导工作及纠正偏差的时间，促成层次的简化。

6）意见交流。意见的有效交流，可使上下距离缩短，减少组织层次。

7）接触方式。主管同员工接触方式的改善，也可使层次减少。

早期的管理组织结构中，通常管理幅度较窄而管理层次较多（高层结构）。其优点是分工明确，便于实施严格控制，上下级关系容易协调，缺点是管理费用较高，信息沟通较困难，不利于发挥下级人员的积极性。随着管理组织不断革新和发展，采用管理幅度较宽、管理层次较少的结构（扁平结构）的企业越来越多，其优点是管理费用较低，信息沟通方便，有利于发挥下级的积极性，缺点是不易实施严格控制，下属组织人员的相互协调较困难。

## 2.1.2 组织结构设计的步骤、原则和基本要求

### 1. 组织结构设计的步骤

组织结构设计的任务是能简单而明确地指出各岗位的工作内容、职责与权力，以及与组织中其他部门和岗位的关系，要求明确担任该岗位工作者所必须具备的基本素质、技术知识、工作经验、处理问题的能力等条件。因此，组织结构设计的步骤一般可以分为以下四个。

（1）岗位的确定。通过对组织目标的分析，明确组织任务，并且通过对任务的分解和综合，确定完成任务所需的最小的组织单位，即岗位。明确每个岗位的任务范围、岗位承担者的职责、权力及应具备的素质要求等。因此，设计一个全新的组织结构需要从下而上进行。

（2）部门的划分。根据各个岗位所从事的工作内容的性质及岗位间的相互关系，依照一定的原则，可以将各个岗位组合成被称为“部门”的管理单位。组织活动的特点、环境和条件不同，划分部门所依据的标准也是不一样的。对同一组织来说，在不同时期的背景中，也可能不断调整划分部门的标准。

（3）组织结构的设计。每个组织都需要一个组织结构，它是在岗位形成和部门设计的基础上，根据组织内外能够获取的人力资源，对初步设计的部门和岗位进行调整，并平衡各部门、各岗位的工作量，以使组织结构合理。一个组织的结构可以采用不同的形式清楚地加以表达，这些组织形式可以按模式进行选择。

（4）文件的形成。文件是采用合适的表达方法对组织结构所做的书面表达。主要类型有组织结构图、岗位责任书、岗位人员分配图及显示岗位和部门在完成总任务方面所占份额的职能图。

### 2. 组织结构设计的原则

组织所处的环境、采用的技术、制定的战略、发展的规模不同，所需的职务和部门及其相互关系也不同，但任何组织在进行结构设计时，都需遵守一些共同的原则。组织结构设计应该遵循的原则可归纳为以下几点。

（1）系统整体原则。系统整体原则是由组织的本质决定的。组织作为一个开放系统，随着科学技术和商品经济的迅速发展，与外界联系越来越广泛、频繁。因此，要按系统开放原则，深入研究政治环境、经济环境、资源环境、社会环境、技术环境等对组织的影响，设计出开放型的组织系统，提高对环境的适应能力和应变能力。

集体之所以比个人力量大，就在于个体经过相互联系而结合成为一个整体。因此，运用系统原理来研究各要素之间的联系，确保组织整体目标的实现，是设计组织结构时必须遵循

的基本原则。这一原则主要体现在以下几个方面。

1）结构完整。组织如同一部机器，只有结构完整才能产生必要的功能。

2）要素齐全。管理组织没有要素或要素不全不能构成系统，但并不是要素越多越好。组织系统一般包括以下要素。① 人员。这是首要的起主导作用的要素。② 岗位和职务。即明确系统中每个人所处的位置及相应的职务，形成不同层次的职务结构。③ 权力和责任。即规定每一岗位和职务所拥有的权力和承担的责任，以达到指挥、协调和控制的目的。防止由于结构重叠、职责不明和副职过多而降低管理效能。④ 信息。组织系统内的联系主要靠信息联系，能否保持信息畅通无阻是设计组织结构时应考虑的重要因素。以上这些要素，彼此之间是紧密联系、相互影响的。组织结构设计时要统筹考虑，做到事事有人管，人人有事干。

3）目标明确。目标是一切管理活动的出发点和落脚点。应按目标要求进行组织结构设计，即根据目标建立或调整组织结构，按各部门各岗位职务的职能要求确定管理人员的工作量及其应具备的素质，然后选出符合前述要求的人员。这样就把企业目标与每个员工连成了整体网络，能较好地防止因人设事、人浮于事和不称职现象。企业在进行组织结构设计和调整时，只有对本企业的战略目标及其特点进行深入的了解和分析，才能正确选择企业组织结构的类型。

（2）统一指挥原则。统一指挥原则是组织管理的一个基本原则。它虽然源于军事组织，但对现代管理组织也具有普遍指导意义。统一指挥原则是建立在明确的权力系统上的。权力系统依靠上下级之间的联系所形成的指挥链而形成。指挥链即指令信息和信息反馈的传递通道。为确保统一指挥，应当注意以下几点。

1）指挥链不能中断。管理组织的指挥链如同人的血液循环系统，靠它来统一全体人员的思想和行动，为实现共同的管理目标而努力。中断了指挥链，就会造成指令无法贯彻，信息无法反馈，整个组织陷于瘫痪无政府状态。

2）切忌多头领导。设计组织结构时必须考虑总体协调，以保证统一指挥，即命令的统一性与有效性。多头领导必然政出多门，容易出现矛盾，使下级疲于应付甚至无所适从，严重影响工作效率。

3）不能越级指挥。为了保证指挥链的完整，在通常情况下，上级对下级的指挥应逐级进行。设计组织结构时，要明确各层结构不同人员的职责权限。各级做各级该做的事，这样才能有效地发挥组织效应。

（3）权责对应原则。权责对应原则也是组织管理的一项极为重要的原则，但实际上在组织中，权责分离的现象是屡见不鲜的，如有权无责、有责无权，权大责小、责大权小等。理论研究和实践经验都证明，权责不对应对管理组织的效能损害极大。有权无责（或权大责小）容易产生瞎指挥、滥用权力的官僚主义；有责无权（或责大权小）会严重挫伤工作人员的积极性。两者都会使组织失去活力。权责对应主要靠科学的组织结构设计，要深入研究管理体制和组织结构，建立起一套完整的岗位职务和相应的组织法规体系。在组织运行过程中，要解决好授权问题，在布置任务时，应当把责任、权力及提供的条件一并说清，防止责权分离而破坏系统的效能。

（4）有效管理幅度原则。设计组织结构时必须着重考虑组织运行中的有效性，即管理层次与管理幅度的问题。管理幅度是一个比较复杂的问题，影响因素很多，弹性很大。它与主管者个人的性格气质、学识才能、体质精力、管理作风、授权程度及被管理者的素质密切相关。此外，还与职能难易程度、工作地点远近、工作相似程度及新技术应用情况等客观因素有关。因而，管理幅度要根据具体情况而定。管理组织按其层次和幅度的关系，可分为管理层次多、幅度小的高层结构和管理层次少、幅度大的扁平结构。在决定采用哪种结构时，应分析以下因素。

1）工作任务的相似程度。工作任务越相似，管理幅度越可能加大，宜采用扁平结构，减少管理层次；反之，则宜采用高层结构。

2）工作地点远近。管理系统各工作地点较接近，可以加大管理幅度，采用扁平结构；反之，则采用高层结构。

3）下级人员水平。人员整体素质较差，思想水平较低，工作缺乏经验，应缩小管理幅度，加强对下级的直接指导，采用高层结构；若下级工作自觉性高，能力强，可采用扁平结构。

4）工作任务需要协调的程度。管理系统各部门的协调难度大，应减小管理幅度，采用高层结构；反之，则可采用扁平结构。

5）信息沟通的程度。信息沟通贯穿于管理活动的全过程，组织结构功能的大小，在很大程度上取决于它能否获得信息、能否获得足够的信息及能否及时地利用信息。信息沟通良好宜采用扁平结构，随着信息技术的发展，可以大大减少管理层次。

（5）因事设职与因人设职相结合的原则。组织结构设计的根本目的是保证组织目标的实现，是使目标活动的每项内容都落实到具体的岗位和部门，即“事事有人做”，而非“人人有事做”。因此，在组织结构设计中，首先要求考虑工作的特点和需要，要求因事设职，因职用人，而非相反。但这并不意味着在组织结构设计中可以忽视人的因素，忽视人的特点和人的能力。在组织结构设计过程中必须重视人的因素，这是多方面的要求。

1）组织结构设计往往并不是为全新的、迄今为止还不存在的组织设计职务和机构。在那种情况下，我们也许可以不考虑人的特点。但是，在通常情况下，我们遇到的实际上是组织结构的再设计问题。随着环境、任务等某个或某些影响因素的变化，重新设计或调整组织的结构，这时就不能不考虑到现有组织中现有成员的特点，组织结构设计的目的不仅是要保证“事事有人做”，而且要保证“有能力的人有机会去做他们真正胜任的工作”。

2）组织中各部门各岗位的工作最终是要人去完成的，即使是一个全新的组织，也并不总是能在社会上招聘到每个职务所需的理想人员。如同产品的设计，不仅要考虑到产品本身的结构合理，还要考虑到所能运用的材料的质地、性能和强度的限制，组织结构设计也不能不考虑组织内外现有人力资源的特点。

3）任何组织，首先是人的集合，而不是事和物的集合。人之所以参加组织，不仅有满足某种客观需要的要求，而且希望通过工作来提高能力，展现才华，实现自我价值。现代社会中的任何组织，通过其活动向社会提供的不仅是某种特定的产品或服务，而且是具有一定素质的人。可以说，向社会培养各种合格有用的人才是所有社会组织不可推卸的社会责任。为此，组织结构设计必须有利于人的能力的提高，必须有利于人的发展，必须考虑到人的因素。

### 3. 组织结构设计的基本要求

（1）要有利于综合管理。综合管理是指贯穿于企业生产经营活动全过程、全员、全局之中的管理，包括全面经济责任管理、全面计划管理、全面质量管理、全面经济核算管理、全面人力资源管理。这五个全面管理控制着企业的全部活动，既有区别，又不可分割。这里的“综合”是指控制企业总系统。企业组织结构的设计，要注意综合管理，根据性质和目标来设置机构和配备人员，使它在总系统的优化中发挥作用。要实现综合管理必须做到以下两点。

1）从分段管理转向全过程管理。企业生产经营活动是由供应、生产、销售三个阶段不断循环而形成的。在传统管理中，企业习惯于实行分段管理，从而造成各系统、各部门之间连续性差、协调困难、互相脱节、生产经营周期长、经营效益低的结果。为了克服分段管理的弊病，在设计企业组织结构时，必须考虑在全企业中建立集中统一的计划机构、信息反馈机构和指挥调动机构，以便实行全过程的控制和综合管理。

2）从单项管理转向系统管理。企业生产经营活动是由人、财、物三个要素组成的。传统管理习惯于专业管理，强调专业分工与制约，从而产生各自为政、管理上分离、整体运转不灵、适应性差的弊端。为了克服这种弊端，必须从系统观点出发，建立控制总系统的综合管理机构并按照管理职能建立各子系统；规定各部门的责、权、利，使整个企业管理工作形成一个整体。

（2）要有利于经济效益的提高。提高经济效益是企业生产经营活动的最终目标。这里说的经济效益是全效益，其内容包括短期效益与长期效益、企业效益与社会效益、局部效益与整体效益。传统管理习惯以产品为中心的管理，即从产品投入生产到产品入库，作为管理的落脚点，而忽视了两头的管理。为了克服这种弊端，在设计企业组织结构时，必须建立以效益为中心的组织结构，扩大财务管理职能，把实现产品利润的职责贯穿到各个岗位中去，从组织结构上保证企业不断地提高经济效益。

（3）要有利于企业的现代化。企业现代化主要包括管理现代化、技术现代化和人才现代化。要实现企业现代化，必须从经验管理转向现代化管理。因此，在设计企业组织结构时，必须有利于管理方法、管理人员和管理手段的现代化；要设置推行管理现代化的中心机构，负责企业管理现代化工作；在各部门的职责中，要规定推行现代化管理的职责。

## 2.1.3 影响组织结构设计的因素

### 1. 组织要素

在进行组织结构设计之前，首先要全面了解组织要素的构成。对于这一问题，学术界并没有定论。这里介绍有关学者的几种基本观点。

（1）美国学者西拉季的组织四要素。组织行为学家西拉季认为组织要素包括外部环境、战略、技术和组织结构四方面，如图 2-8 所示。

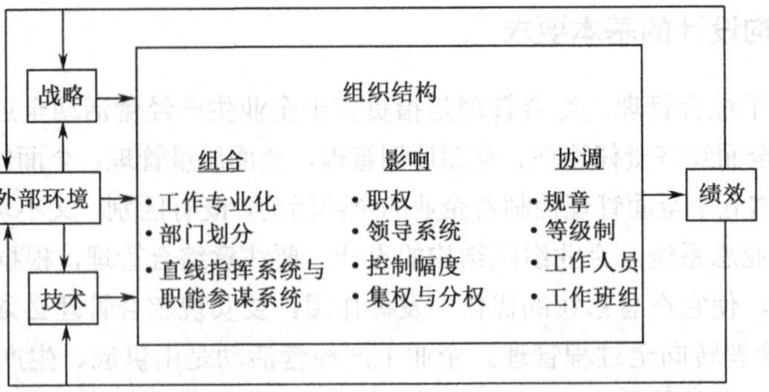


图 2-8　组织的四要素

（2）“7S”理论。韦克、马奇、彼得斯等人把组织要素归纳为 7 个权变因素（因这 7 个因素的英文开头字母都是“S”，所以称作“7S”理论），如图 2-9 所示。

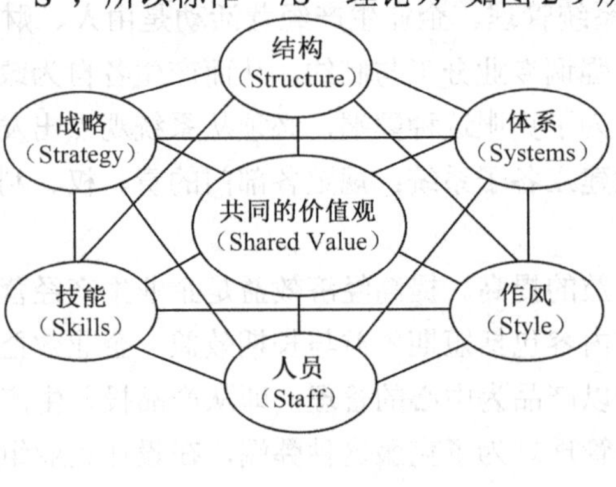


图 2-9　“7S”理论

“7S”理论认为：生产性企业组织的变革并不只是一件关于结构的事，虽然结构是重要的；也不是战略和结构之间相互作用那么简单，虽然战略也是至关重要的。企业组织的有效变化，实际是结构（Structure）、战略（Strategy）、技能（Skills）、人员（Staff）、作风（Style）、体系（Systems）和共同的价值观（Shared Value）之间的关系。

1）战略指企业在竞争中提高其地位的方法。

2）结构指企业的组织机构。

3）体系指如沟通、报酬、招聘、晋升、福利等制度。

4）作风指管理风格。

5）技能指企业的主要特征及能力。

6）人员指人员的类型及其对待他们的方式。

7）共同的价值观指企业文化。

（3）内部要素与外部要素。有的学者把组织要素归纳为内部要素和外部要素两方面。内部要素包括组织精神、战略目标、组织结构、规章制度、物质、技术、设备、资金、人员等。外部要素指组织外部环境中与组织有密切关系的因素，如图 2-10 所示。

### 2. 组织结构设计的关键因素

在进行组织结构设计时，必须考虑 6 个关键因素：工作专门化、部门化、命令链、控制跨度、集权与分权、正规化。

（1）工作专门化。工作专门化是指一个人不是完成一项工作的全部，而是将工作分解成若干步骤，每一步骤由一个人独立去做。其实质是工作活动的一部分，而不是全部活动。

（2）部门化。一旦通过工作专门化完成任务细分之后，就需要按照类别对它们进行分组，以便使共同的工作可以进行协调。工作分类的基础是部门化。

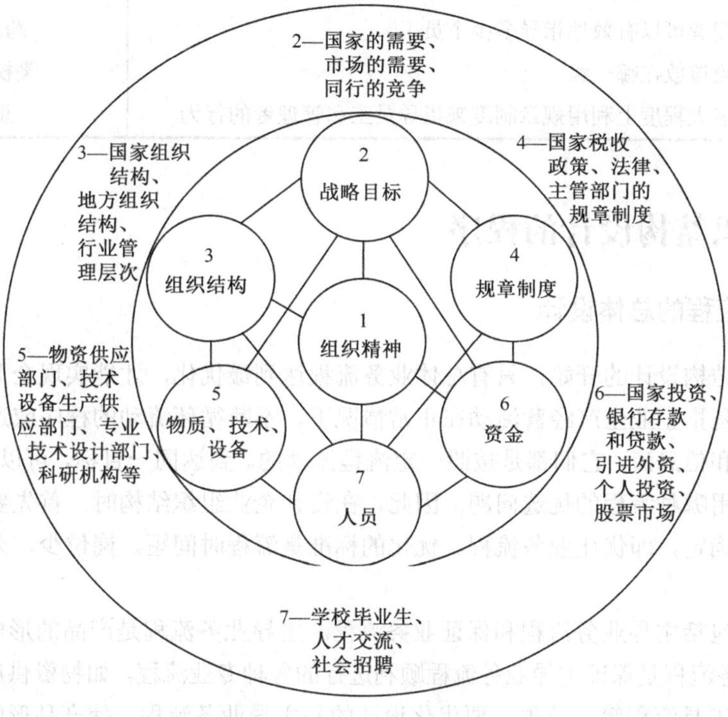


图 2-10 内部要素与外部要素

（3）命令链。命令链是一种不间断的权力路线，从组织最高层扩展到基层，澄清谁向谁报告工作。它能够回答员工提出的这种问题："我有问题时，去找谁？""我对谁负责？"

（4）跨度控制。一个主管可以有效地指导多少个下属？这种有关跨度控制的问题非常重要，因为在很大程度上，它决定着组织要设置多少层次，配备多少管理人员。在其他条件相同时，跨度越宽，组织效率越高。

（5）集权与分权。在有些组织中，高层管理者制定所有的决策，低层管理人员只管执行高层管理者的指示。另一种极端情况是，组织把决策权下放到基层管理人员手中。前者是高度集权式的组织，而后者则是高度分权式的组织。

（6）正规化。正规化是指组织中的工作实行标准化的程度。如果一种工作的正规化程度较高，就意味着做这项工作的人对工作内容、工作时间、工作手段没有多大自主权。

罗宾斯把这6个关键因素分别与在组织结构设计时需要回答的6个问题联系起来（见表2-1）。

表2-1　设计组织结构时需要回答的6个关键问题

| 关 键 问 题 | 答 案 提 供 |
|---|---|
| （1）把任务分解成各自独立的工作应细化到什么程度 | 工作专门化 |
| （2）对工作进行分组的基础是什么 | 部门化 |
| （3）员工个人和工作群体向谁汇报 | 命令链 |
| （4）一位管理者可以有效地指导多少个员工 | 跨度控制 |
| （5）决策权应该放在哪一级 | 集权与分权 |
| （6）应该在多大程度上利用规章制度来指导员工和管理者的行为 | 正规化 |

## 2.1.4　组织结构设计的程序

### 1. 业务流程的总体设计

这是组织结构设计的开始，只有总体业务流程达到最优化，才能实现企业组织高效化。

业务流程是指企业生产经营活动在正常情况下，不断循环流动的程序或过程。企业的活动主要有物流和信息流，它们都是按照一定流程流动的。到达同一目标，可以有不同的流程，这就有一个采用哪种流程的优选问题。因此，在设计企业组织结构时，首先要对流程进行分析对比，择优确定，即优化业务流程。优化的标准是流程时间短，岗位少，人员少，流程费用少。

业务流程包括主导业务流程和保证业务流程。主导业务流程是产品的形成过程，如生产流程；保证业务流程是保证主导业务流程顺利进行的各种专业流程，如物资供应流程、人力资源流程、设备工具流程等。首先，要优化设计的是主导业务流程，使产品形成的全过程周期最短，效益最高；然后，围绕主导业务流程，设计保证业务流程；最后，进行各种业务流程的总体平衡，保证各种业务流程的整体优化。

### 2. 岗位的优化设计

岗位是业务流程的环节，又是组织结构的基本单位。由岗位组成车间、科室，再由车间、科室组成各个子系统，进而由子系统组成全企业的总体结构。岗位的划分要适度，不能太大，也不能太小，既要考虑流程的需要，也要考虑管理的方便。

### 3. 岗位的输入、输出和转换规定

岗位是工作的转换器，就是把输入的业务经过加工，转换为新的业务进行输出。通过输

入和输出就能从时间、空间和数量上把各岗位纵横联系起来，形成一个整体。

### 4. 岗位人员的定质与定量

定质就是确定本岗位需要使用的人员的素质。由于人员的素质不同，工作效率就不同，因而定员人数也就不同。人员素质的要求，主要根据岗位业务内容的要求来确定。要求太高，会造成人员的浪费；要求太低，保证不了正常的业务活动和一定的工作效率。

定量就是确定本岗位需要使用的人员的数量。人员数量的确定要以岗位的工作业务量为依据，同时也要以人员素质为依据。人员素质与人员数量在一定条件下成反比。定量就是在这两个依据平衡的基础上确定的。

### 5. 控制业务流程的组织结构设计

这是指按照流程的连续程度和工作量的大小，来确定岗位形成的各级组织结构。整个业务流程是个复杂的系统，结构是实现这个流程的组织保证，每个部门的职责是负责某段流程并保证其畅通无阻。岗位是保证整个流程实施的基本环节，应该先有优化流程，后有岗位，再组织车间、科室，而不是倒过来。流程是客观规律的反映，因人设机构是造成组织结构设置不合理的关键，必须改革。

### 6. 反馈和修正

将组织结构运行中出现的各种信息反馈到前述各个环节中去，定期或不定期地对原有组织结构设计做出修正，使之不断完善，不断符合新的变化。

以上六个步骤，既有区别，又有联系，必须经过反复的综合平衡、不断修正才能获得最佳效果。

# 2.2　常见的组织结构设计

## 2.2.1　组织结构的内容

### 1. 组织的正式结构

组织的正式结构是两维的——纵向的和横向的。纵向是指从顶端到底端分成若干层次的权力等级链，权力沿着这些层次往下流动。横向是指组织中的业务如何划分为不同的部门。

（1）组织的纵向结构。如果用金字塔描述组织的纵向结构，根据组织权力的变动范围，可以有小的和大的管理跨度。但归纳起来，组织结构不外乎有两类，即传统组织结构和近来颇受青睐的扁平组织结构。

1）传统组织结构。传统的组织结构常是标准的金字塔形。这种结构的特点是：集权于最高层，业务的部门化，指挥的等级链，管理的小跨度，劳动的细致分工，如图2-11所示。

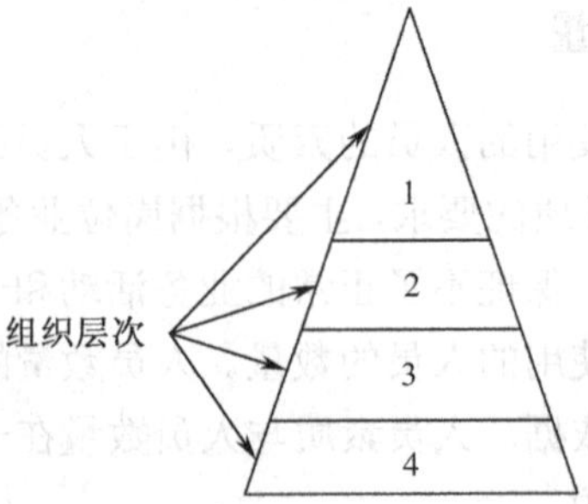


图2-11　传统的组织结构

图2-11中各数字的含义是：① 从顶端到底端的距离远；② 信息传递的路线随着组织规模的扩大而加长；③ 不太考虑人的需要；④ 管理跨度小；⑤ 相对集权。

2）扁平组织结构。现在越来越多的行为管理学的支持者主张应该加大管理跨度，从而形成较为扁平的组织结构，同时，计算机、网络的普及也为扁平组织结构的沟通与控制提供了可能。扁平的组织结构与传统的组织结构相比，表现为压缩层次，扩大管理幅度，重视团队网络，建立快速反应系统等。

不同的组织结构适应不同的企业，不能轻易评价哪种组织结构形式是最佳的。倘若一个企业在单一、比较稳定的环境下经营，技术工艺采用传统方式，应采用按职能设置组织部门和传统的组织结构；倘若企业有多种经营且外部环境复杂多变，企业规模较大，则应尽量保持扁平的组织结构。

（2）组织的横向结构。企业为了便于管理与控制，需要把同类工作归在一起，与其他工作分开。企业工作的横向分化形成了横向组织结构，具体地说就是组织部门的划分。其划分依据不止一个，通常可归纳为六大类：以产品为依据，以客户为依据，以地区或管辖区域为依据，以职能为依据，以工序为依据，以综合为依据。

1）以产品为依据划分组织部门。这种形式明显地适用于已发展为经营多种产品的大型组织。采用此法，企业制造的每个主要产品都可成立一个独立的、半自主的部门或事业部，由一位经理负责。例如，一个企业销售两种不同产品，就可设置两个独立核算的事业部制的利润中心，一个产品设置一个。

它的优点是：① 销售员可以获得较深的产品知识，以便更好地为客户服务；② 可以比较各种产品的完成情况，并向获利产品投入更多的资源；③ 由于每个产品完成的责任委托于专人，责任与利益都便于划清，每个产品部门的负责人都能够很好地将注意力集中在产品的改善和推广上；④ 减少高层决策者的日常琐事，使其得以脱身为企业的战略和长远发展而谋划。

它的缺点是：① 这种形式造成人员和设备的重复配备；② 企业可能拥有一支庞大的营销队伍；③ 管理人员很容易膨胀。

2）以客户为依据划分组织部门。可以按照客户的不同而划分为若干部门。例如，企业中的教育机构可以划分为全日制部、半脱产部和函授部。

它的优点是：可以更加完善地为客户服务，充分考虑客户的需要。

它的缺点是：容易造成企业设备的重复购置及不充分使用。

3）以地区或管辖区域为依据划分部门。如果企业的生产单位地域分布较广，应当按地理因素设置部门。例如，许多企业的营销部门都是根据地域来划分的。

它的优点是：① 便于企业决策层收集信息，进行监督检查；② 可以使每个部门有针对性地展开工作。

它的缺点是：① 各地组织部门各行其是，关注于各自部门的利益，容易忽略企业整体利益；② 一些经营活动出现重复，企业的统一步调有可能被打破。

4）以职能为依据划分组织部门。按职能设置部门，将从事一种活动或几种相关活动的人员组合到一个部门。企业的每种主要职能归为一个部门。例如，保险公司可能有赔偿部门，赔偿部门经理负责处理公司各个地区的所有赔偿要求。

它的优点是：① 使主要职能的计划管理得到改进；② 有助于培养人才，这种专长除了学校的教育以外，个人还要在实践中积累大量的经验；③ 对产品不多的小单位来说，这是将活动归类的简便形式；④ 便于灵活地处理问题。

它的缺点是：① 职能部门之间的协作是件难事，管理者只按自己部门的目标处理问题，会造成部门之间的矛盾与争执；② 使部门经理的工作与责任过重。

5）以工序为依据划分组织部门。这是按照产品制造过程中几个不同的工序或工艺来分设部门。例如，石油类产品企业可以分为上游产品部和下游产品部。

它的优点是：便于有效地利用重型的和贵重的设备，提高工作效率。

它的缺点是：① 不利于培养全面管理人才；② 因为工作是连续的，一旦加强责任制管理，相依的部门往往成为敌视的部门；③ 意外事故的发生会祸及下一个部门，甚至下一班工作。

6）以综合为依据划分组织部门。比较常见的形式是矩阵式组织结构，它是把以职能为依据划分的部门和以产品为依据划分的部门结合起来组成一个矩阵。在工作需要时，可建立产品部门或专项组，其成员都是从职能部门集中而来的，由一名负责人领导。任务完成后，专项组解散，成员回归各自原有岗位。

它的优点是：① 方便解决各部门之间的协调问题；② 可以建立一个专家筹备库，保证专家的灵活使用，可避免设备、人才的重复引进；③ 形式灵活，可以使组织随时调整以适应外界的变化需求，增加组织的弹性；④ 加强组织的灵活反应速度，从不同岗位抽调的各类人员可以形成决策机制，快速做出决策，人员在任务完成后回归各部门内，在费用和成本上取得良好的效果。

它的缺点是：① 有时会干涉统一管理的原则；② 来自不同部门的成员之间可能出现矛盾。

### 2. 组织的内部结构

组织内部结构的形式很多，它因组织管理体制的不同而不同。从系统管理角度研究，组织内部结构是由基层（管理岗位）、中层、高层的纵向与横向的职能部门相互联系而形成的。按照系统工程原理，组织的内部结构应该划分为各个系统，以便进行管理。

（1）综合系统。它是控制总系统的，组织高层总系统的综合控制应该由综合管理室（部）来进行，并由厂长（总经理）直接领导，或者由厂长（总经理）助理兼任领导。它由高级经济人员和高级技术人员组成，是经济与技术的结合体、组织的智囊中心，其应该直接掌握决策、规划、信息中心等部门。

在组织中层可设置总计划调度室、财务管理部、信息中心等部门。它们既可咨询参谋，又有业务指挥权，是总系统控制下的具体执行单位。

（2）供产销系统。它控制着产品使用价值和价值的形成过程，也就是控制着供、产、销全过程，以改变过去供、产、销互相矛盾和脱节的现象。在组织高层中，可设产品供产销部，在中层可设供应科、生产科、销售科、设备科、动能科等。这一系统，业务量大，管理范围广，可增加助手协助这个系统领导，分别对有关科室进行业务指导。

（3）技术开发系统。它具有设计、工艺、试制、检测的功能。组织要想在激烈的市场竞争中立于不败之地，必须高度重视产品开发和技术创新。

（4）质量保证系统。这一系统的中层科室可设置全面质量管理办公室、质量检验科、用户服务科等。质量是组织的生命，因此应将质量单独列为一个独立的子系统。

（5）人力资源管理系统。人力资源是组织最重要的、最具活力的资源。该系统包括薪酬、教育培训等部门。

（6）后勤服务系统。这一系统的中层科室可以设置行政科、生活福利科、卫生保健科、基建科、安全保卫科等，这些都是为生产经营服务的。

#### 3. 组织结构的新模式

在市场经济体制中，变革旧的组织结构，推行新的组织结构模式，实现组织管理高效化势在必行。要改革这种旧的职能体制，一方面，要在原有组织结构模式内进行调整，包括压缩编制，精简合并一些工作任务不饱满的部门，根据需要大力充实那些与市场经营密切相关的部门等；另一方面，也可以根据组织内外部情况尝试一些其他的组织结构模式，如事业部制、矩阵制、多维立体制等。

总之，企业可以根据实际情况选用和改进这些组织结构模式，围绕企业战略目标和自身情况，找到最适合自己的组织结构模式。

### 2.2.2 组织结构的类型

#### 1. 直线制

直线制是企业发展初期一种最简单的组织结构，如图2-12所示。

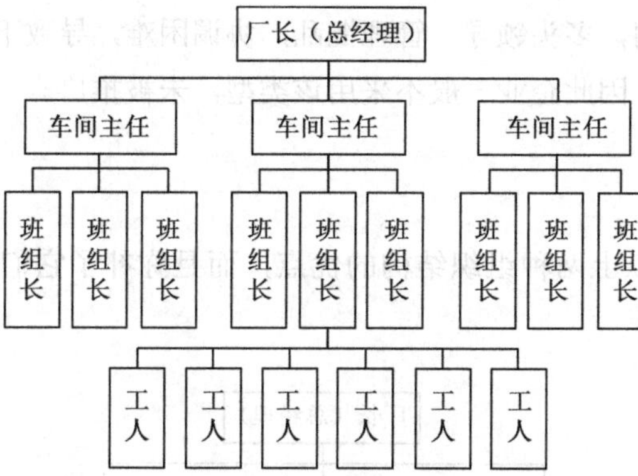


图 2-12　直线制组织结构

（1）特点。领导的职能都由企业各级主管一人执行，上下级权责关系呈一条直线。下属单位只接受一个上级的指令。

（2）优点。结构简化，权力集中，命令统一，决策迅速，责任明确。

（3）缺点。没有职能机构和职能人员充当领导的助手。在规模较大、管理比较复杂的企业中，主管人员难以具备足够的知识和精力来胜任全面的管理，因而不能适应。

这种组织结构形式适合产销单一、工艺简单的小型企业。

## 2. 职能制

职能制组织结构与直线组织结构制恰恰相反。它的组织结构如图 2-13 所示。

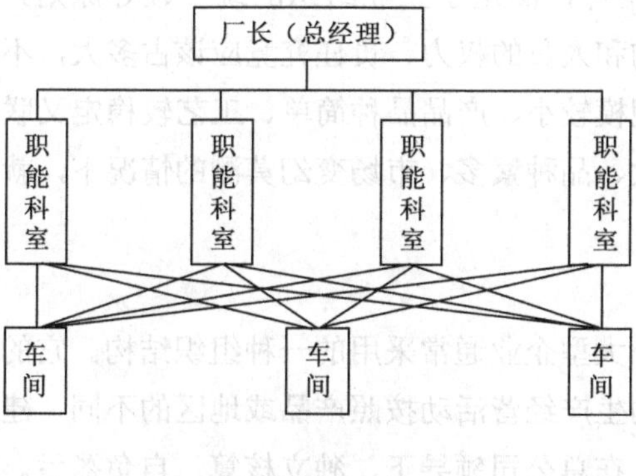


图 2-13　职能制组织结构

（1）特点。企业内部各个管理层次都设职能机构并有许多通晓各种业务的专业人员。各职能机构在自己的业务范围内有权向下级发布命令，下级要服从各职能部门的指挥。

（2）优点。不同的管理职能部门行使不同的管理职权，管理分工细化，从而能大大提高管理的专业化程度，适应日益复杂的管理需要。

（3）缺点。政出多门，多头领导，管理混乱，协调困难，导致下属无所适从；上层领导与基层脱节，信息不畅。因此企业一般不采用该类型，未被推广。

### 3. 直线职能制

直线职能制吸收了以上两种组织结构的优点，而且弥补了它们的缺点，其组织结构如图 2-14 所示。

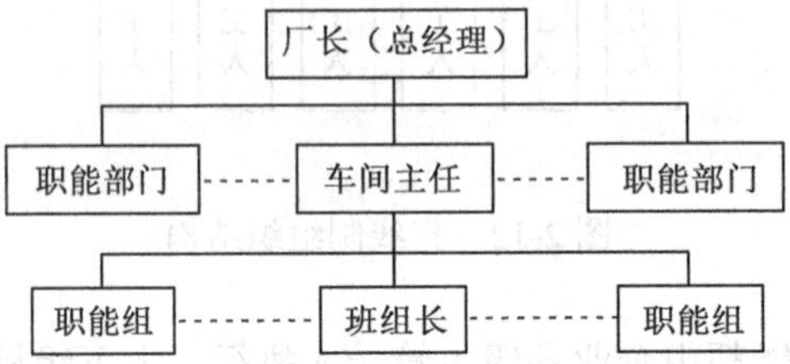


图 2-14　直线职能制组织结构

（1）特点。企业的全部机构和人员可以分为两类：一类是直线机构和人员；另一类是职能机构和人员。直线机构和人员在自己的职责范围内有一定的决策权，对下属有指挥和命令的权力，对自己部门的工作要负全面责任；而职能机构及其人员，则是直线指挥人员的参谋，对直线部门下级没有指挥和命令的权力，只能提供建议和在业务上进行指导。

（2）优点。各级直线领导人员都有相应的职能机构和人员作为参谋和助手，因此能够对本部门进行有效的指挥，以适应现代企业管理工作比较复杂和细致的特点；而且每一级都由直线领导人员统一指挥，满足了企业组织的统一领导原则。

（3）缺点。职能机构和人员的权力、责任究竟应该占多大，不易把握。

直线职能制在企业规模较小、产品品种简单、工艺较稳定又联系紧密的情况下，优点较突出；但在企业规模较大、品种繁多、市场变幻莫测的情况下，就不适应了。

### 4. 事业部制

事业部制是目前国外大型企业通常采用的一种组织结构。它的组织结构如图 2-15 所示。

（1）特点。把企业的生产经营活动按照产品或地区的不同，建立经营事业部。每个经营事业部是一个利润中心，在总公司领导下，独立核算，自负盈亏。

（2）优点。有利于调动各事业部的积极性，其有一定的经营自主权，可以较快地对市场做出反应，适应性和竞争力增强；同一产品或同一地区的产品开发、制造、销售等一条龙业务属于同一主管，便于综合协调，也有利于培训有整体领导能力的高级人才；公司最高管理层可以从日常事务中摆脱出来，集中精力研究重大战略问题。

（3）缺点。各事业部容易产生本位主义和短期行为；资源的相互调剂会与既得利益发生矛盾；人员调动、技术及管理方法的交流会遇到阻力；企业和各事业部都设置职能机构，容易造成机构重叠，费用增加。

事业部制适用于企业规模较大、产品种类较多、各种产品之间的工艺差别较大，而且市场变化也较快、要求适应性强的大型联合企业。

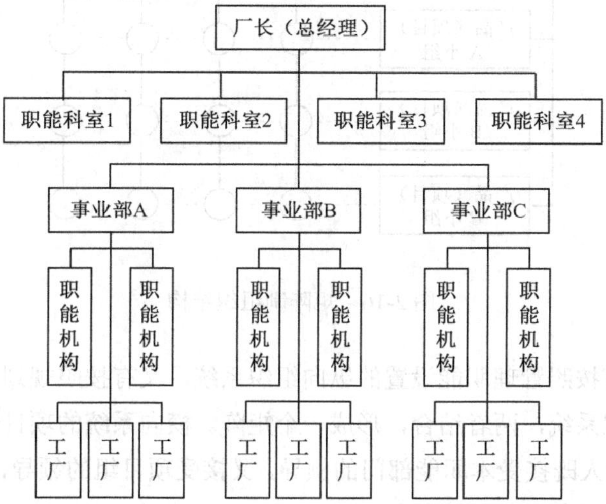


图 2-15　事业部制组织结构

### 5. 模拟分散管理制

模拟分散管理制又叫模拟事业部制，是介于直线职能制与事业部制之间的一种组织结构。

（1）特点。并不是真实地在企业中实行分散管理，而是进行模拟式独立经营、单独核算，以达到改善经营管理的目的。具体做法是，按照某种标准将企业分成许多"组织单位"，其被看成相对独立的"事业部"，拥有较大的自主权和自己的管理机构，相互之间按照内部转移价格进行产品交换并计算利润，进行模拟性的独立核算，以促进经营管理的改善。

（2）优点。简化了核算单位，在一定程度上能够调动各组织单位的积极性。

（3）缺点。各模拟单位的任务较难明确，成绩不易考核。

模拟分散管理制一般适用于生产过程具有连续性的大型企业，如钢铁联合公司、化工公司等。这些企业由于规模过于庞大，不宜采用集权的直线职能制，而其本身生产过程的连续性又使经营活动的整体性很强，也不宜采用分权的事业部制。

### 6. 矩阵制

矩阵制组织结构如图 2-16 所示。

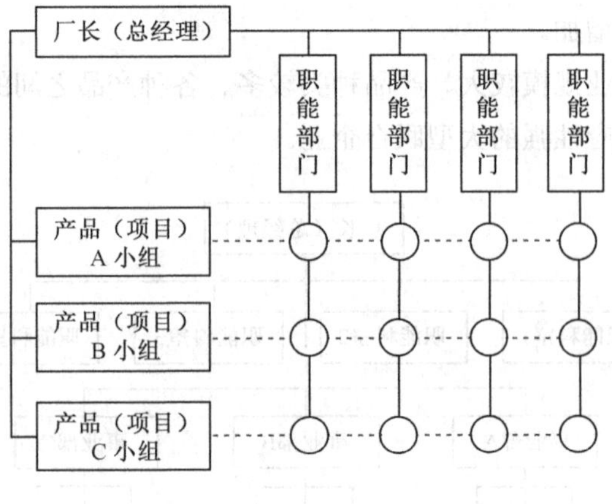


图 2-16　矩阵制组织结构

（1）特点。既有按照管理职能设置的纵向组织系统，又有按照规划目标（产品、工程项目）划分的横向组织系统，两者结合，形成一个矩阵。横向系统的项目组所需工作人员从各职能部门抽调，这些人既接受本职能部门的领导，又接受项目组的领导，一旦某一项目完成，该项目组就撤销，人员仍旧回原职能部门。

（2）优点。加强了各职能部门间的横向联系，便于集中各类专门人才加速完成某一特定项目，有利于提高成员的积极性。在矩阵制组织结构内，每个人都有更多机会学习新的知识和技能，因此有利于个人发展。

（3）缺点。由于实行项目和职能部门双重领导，当两者意见不一致时令人无所适从；工作发生差错时也不容易分清责任；人员是临时抽调的，稳定性差；容易产生临时观念，影响正常工作。

矩阵制适用于设计、研制等创新型工作，如军工、航空航天工业的企业。

### 7. 多维立体制

多维立体制组织结构是在矩阵制组织结构的基础上发展起来的。它的组织结构如图 2-17 所示。

它是系统理论在管理组织中的一种应用，主要包括：① 按产品划分的事业部——产品事业利润中心；② 按职能划分的专业参谋机构——专业成本中心；③ 按地区划分的管理机构——地区利润中心。

通过多维立体结构，可以把产品事业部经理、地区经理和总公司参谋部门这三者较好地统一和协调成管理整体。它适合于特大型的跨国公司。

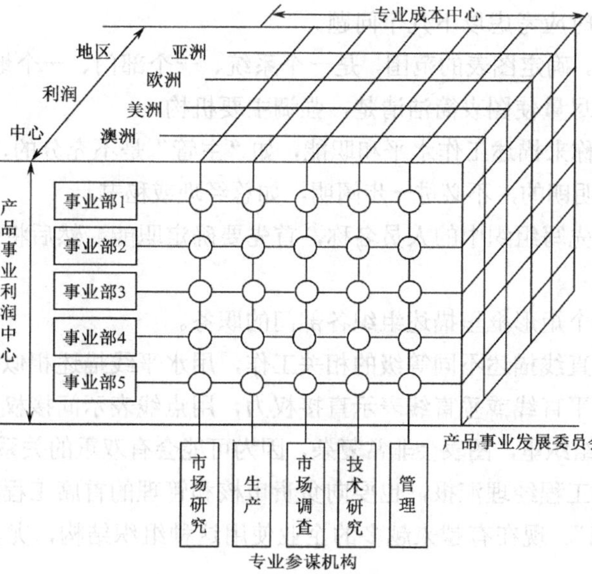


图 2-17　多维立体制组织结构

## 2.2.3　组织结构图的制作

一旦企业中所有的工作都确定后，有必要明确分工，形成职能部门，并描绘出组织结构图。该图描述了企业中各项工作的关系，同时也是管理体制和管理模式的反映，如图 2-18 所示。

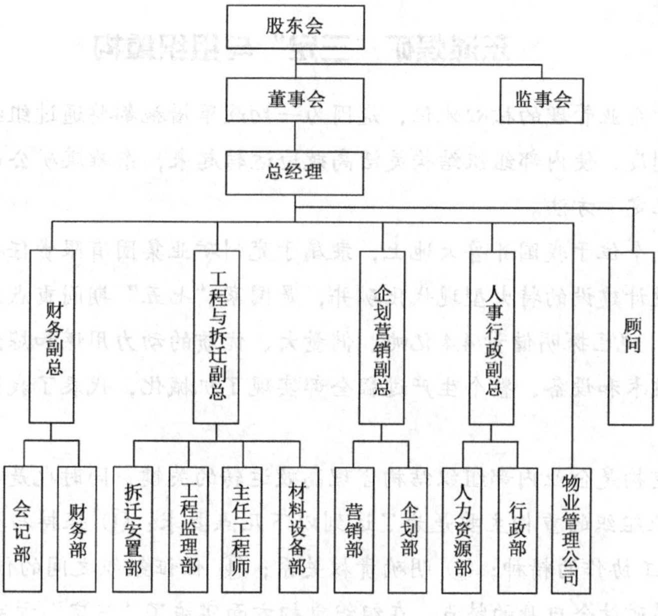


图 2-18　一家典型企业的组织结构

制作组织结构图时应考虑以下几个问题。

（1）图表的主题。确定图表的范围，是一个系统、一个部门、一个地区，还是整个公司。

（2）简洁明了。尽量使图表简洁清楚，强调主要机构。

（3）名称。用职称来描述工作水平和职能，如“主管”是不充分的，要尽可能说明责任，如行政主管；含义较明朗的，不必进一步阐明，如总经理或秘书。

（4）次序。不要先写组织中的人员名称，首先要确定职能，然后将负有相应责任的人名填上去。

（5）职务。在一个矩形框里描述组织各部门的职务。

（6）等级。用垂直线描述不同等级的相关工作，用水平线描述相似等级的工作。

（7）职权。用水平直线或垂直线表示直接权力，用点线表示间接权力。

在一个有活力的组织里，图表会非常复杂，因为可能会有双重的关系存在。例如，一个设计工程师也许既要向工程经理汇报，也要向负责审核和管理的首席工程师汇报，这种类型的组织叫作“矩阵组织”。现在有越来越多的企业使用这种组织结构，尤其在工程施工和高科技行业里。

## 2.3　组织结构定岗定编

**引导案例 2-2**

### 东滩煤矿“三定”与组织重构

组织结构处于企业管理的核心地位，是因为一切改革措施都要通过组织结构贯彻执行。为建立现代企业制度，使内部组织结构灵活高效地运转起来，东滩煤矿公司在组织重构及改革方面实施了“三定”方法。

东滩煤矿是一个位于我国齐鲁大地上，隶属于兖州矿业集团有限责任公司的煤类企业。它拥有我国自行设计建设的特大型现代化矿井，是国家“七五”期间重点建设项目，建设投资总额12.5亿元，现已探明储量4.4亿吨、储量大、优质的动力用煤和炼焦配煤。东滩煤矿采用了当今先进技术和设备，整个生产过程全部实现了机械化，代表了我国煤炭工业的先进水平。

企业组织的重构是企业内部组织结构合理高效运转的关键，同时也是参与外部市场竞争的重要保证。企业组织的重构主要是为了达到以下几点要求：① 保持与企业目标的一致；② 充分地体现分工协作的精神；③ 明确责权关系；④ 保证组织之间的信息传递畅通。

据此，东滩煤矿结合自身的特点，在组织重构方面实施了“三定”方法，即定编、定岗、定员。

（1）定编。按照“精简、统一、效能”的原则，使全矿生产、经营管理机构适应企业生产、经营管理机构的要求。对全矿原基层单位和机关科室机构进行全面审查和复核，通过撤、并、划、转等方式，重新设置适应企业要求的组织机构。这实际上体现了目标一致的思想，将与企业目标不一致、附庸的机构减裁掉，集中精力实现企业的总体目标。

（2）定岗。对全矿所有岗位进行核定，重新确定管理岗位和工人岗位，并明确划分技术工人岗位和非技术工人岗位，编制科学的岗位序列和岗位规范。这一做法充分贯彻了分工协作的思想，即管理者与工作者的分工、技术工人与非技术工人的分工，为进一步实现企业目标奠定了基础。

（3）定员。在定编定岗的基础上，进行岗位负荷写实测评，综合分析，依据总量比例和满负荷工作的原则编制定员方案。

从总的方面来看，“三定”充分地表明了责权关系在组织重构中的重要性，以及只有当组织结构调整好之后，才能保证信息的传递畅通，最终良好地实现企业的目标。

**思考题：**你认为东滩煤矿在组织重构中的成功之处是什么？

## 2.3.1 组织结构定岗定编的意义、原则、标准和方法

### 1. 定岗定编的意义

定岗定编是企业实行科学管理的一个重要条件，具有下述意义。

（1）为企业编制劳动计划和进行劳动力调配提供依据。企业只有根据先进合理的定员标准，才能正确地决定各类人员的需要量和控制比例。对于新建企业，通过定岗定编，可以有计划地、分期分批地按需招收和配备各类人员，防止盲目性。定岗定编的过程也是合理安排劳动力的过程，在出现劳动力余缺时，先进合理的劳动定员为劳动力的调配提供了依据。

（2）为企业充分挖掘劳动潜力、节约使用劳动力提供依据。劳动时间的节省，在企业内部往往通过合理定员来实现。

（3）为企业不断地改善劳动组织、提高劳动生产率提供条件。先进合理的编制定员是以合理的劳动组织为基础的，反过来又会促进企业不断地改善劳动组织，合理地设置组织机构，科学地进行劳动组合，克服机构臃肿、纪律松弛、人浮于事、效率低下的弊病，从而有效地提高劳动生产率。

### 2. 定岗定编应遵循的原则

（1）以实现生产经营目标为中心。企业组织结构设计的目的就是实现生产经营的目标。在这个前提下，定岗定编也要紧紧围绕这个大目标来进行，为这个中心来服务。要先定岗再设编，不能设虚岗，更不能因人设岗。

（2）以精简、高效、节约为目标。这就要求做到以下几点。

1）预测产品方案要科学，因为它是编制定员的基础。切忌为多留人而有意加大生产工作量。

2）应以先进合理的定员标准和劳动定额为依据。

3）提倡兼职。

4）简化业务手续，减少管理层次，精简机构。

（3）同新的劳动分工与协作关系相适应。例如，随着计算机的应用，出现了信息分工，即信息处理与信息使用相分离，客观上要求配置专职的信息处理工作人员，同时相应减少老式的信息工作人员。

（4）应合理安排各类人员的比例。

1）要合理地确定直接生产人员（包括工人、工程技术人员等）和非直接生产人员（包括管理人员、服务人员等）的比例，尽量减少非直接生产人员的比重。

2）要合理地确定基本生产工人（包括参与产品制造过程的工人）与辅助工人的比例，即一线工人与二线工人的比例。在一定的技术装备条件下，扩大一线工人比重是提高劳动生产率的一项重要措施。

3）要合理确定各个工种之间的比例。在一定的产品结构和一定的生产技术条件下，各个工种在人员配备数量上存在着一个最佳比例。按这个比例配备人员，工种之间的劳动能力就会大体平衡，从而减少和消除窝工现象。

### 3. 定编标准和定编方法

定编是指在一定的生产技术组织条件下，采取一定的程序和科学的方法，对确定的岗位进行各类人员的数量及素质配备。

（1）定编标准。

1）定编标准的相关概念。① 定编水平是指企业现行定编在数量上的松紧程度，以及对各类人员控制的幅度。它是定编管理的核心问题。企业定编要保持先进合理的定编水平。所谓先进，是指在条件大体相同的企业间比较，定编人数相对少，各类人员结构适当，劳动生产率高。所谓合理，就是指定编人数切实可行，能保证生产工作正常进行，人人有事做，事事有人做。② 定编标准是企业编制定员的依据，可节省编制定员的时间，促使用人的合理化，同时也是考察企业用人是否先进合理的尺度，是设计部门确定新建或扩建企业定员的依据。

2）定编标准的分类。定编标准按使用范围分为全国通用标准、行业通用标准、企业标准；按综合程度分为单项定编标准（以单台设备、单个岗位、单项工作群体为对象制定的定编标准）和综合定编标准（选择某个具有代表性的，能够综合反映一单位劳动效率的综合指标来制定定编标准）。

3）定编标准的形式。定编标准主要具有两种形式：单位用工标准——包括单位产量用工标准（如吨纱用工标准、万米布用工标准），单台设备用工标准（如单台设备定编）、单班岗位用工标准（如岗位定编）等；服务比例标准——规定了服务者与被服务者的人数配备比例，如食堂工作人员与就餐人员的比例、托幼保健人员与入托儿童的比例等。

4）定编标准的内容。定编标准的内容因行业的不同而不完全相同，一般包括标准的适用范围和使用说明、各类人员划分范围、岗位（工种）的设置及其工作量、生产（工作）的方法与程序、设备的名称与规格、各个岗位和设备的定编人数、各主要生产工作岗位对人员素质的要求。

5）定编的依据。企业计算定编的依据是计划期内规定的总的工作量和各类人员的工作效率。即

定编人数＝计划期内总的工作量/一个员工的工作效率

（2）定编方法。企业在一定时期内应该占用的劳动力资源总数，取决于生产、经营、管理和服务等方面的工作量与各类人员的劳动效率。由于企业人员复杂、工作各异，无法用统一的计量单位综合反映其工作量和劳动效率。因此，必须根据不同的工作性质，采用不同的计算方法，分别确定各类人员定编。常用方法如下。

1）效率定编计算法。它是按劳动定额计算定编的一种方法，适用于一切能够用劳动定额表现生产工作的工种或岗位。其计算公式为：

$$M_1 = \frac{\Sigma(T \cdot Q) + C + B}{t \cdot p \cdot a}$$

式中　$M_1$——效率定编人数；

$T$——单位产品工时定额；

$Q$——产品产量（要求产品方案可靠）；

$C$——计划期废品工时（依工种而异）；

$B$——零星任务工时（在机械工业中$B$占5%～10%）；

$t$——制度工时，指一个工人在一年内制度工作日数与法定工作日长度的乘积，即（365−52×2−11）天×8小时/天=2 000小时；

$p$——工时利用率（制度规定的工时利用程度小于或等于100%）；

$a$——工时定额完成率（一般小于100%）。

此法关键是合理确定 $T$（劳动定额）、$Q$（产品产量）。

2）设备定编计算法。它是根据完成一定的生产任务所必须开动的设备台数和班次，按照单机设备定编计算定编的方法。该方法适用于操作设备作业工种的定编。其计算公式为：

$$M_2 = \frac{\Sigma(n \cdot m \cdot s)}{K}$$

式中　$M_2$——设备定编人数；

$n$——同型设备开动台数（按生产需要）；

$m$——单机定员标准；

$s$——该型设备平均开动班次（按实际需要）；

$K$——出勤率（小于100%，如等于95%）。

此法关键是正确确定 $n$，$s$。至于出勤率是为了考虑替补率 $J$（一般为 5%～8%），要求

$J+K<100\%$。尽量培养一专多能的员工，减少替补率。

3）岗位定编计算法。它是按岗位定编标准、工作班次和岗位数计算定编的方法。该方法适用于大型装置生产、自动流水线生产的工人及某些看守性岗位（如门卫、仓库保管员）的定编。一般在石油、钢铁、家电工厂中常用此法。其计算公式为：

$$M_3 = \frac{\Sigma(m' \cdot s' \cdot n')}{K} \cdot E$$

式中 $M_3$——岗位定编人数；

$m'$——岗位定员标准；

$s'$——班次；

$n'$——同类岗位数；

$K$——出勤率；

$E$——轮休系数（一般为7/5）。

此法的关键是合理确定操作岗位数 $n'$ 和岗位定编标准 $m'$，应在确保安全运行和不使操作者过度疲劳的前提下，尽量扩大监护范围，减少 $n'$ 和 $m'$。

4）比例定编计算法。它是以服务对象的人数为基础，按定编标准比例来计算编制的方法。该方法适用于辅助性生产、服务性工作或教育、卫生等单位的定编，如工具车间、员工医院、托儿所、食堂等。其计算公式为：

$$M_4 = \frac{F}{m_1}$$

式中 $M_4$——比例定编人数；

$F$——服务对象的人数；

$m_1$——定员标准比例（如食堂的 $m_1=20$）。

5）职责定编法。它是按既定的组织机构及其职责范围，以及机构内部的业务分工和岗位职责来确定定编的方法。该方法适用于企业管理人员和工程技术人员的定编。

由于管理工作和技术工作比较复杂，弹性较大，其工作定额也难以量化，故多数情况下无法用数学公式表示。一般而言，可根据其职责和工作量，参照效率定编和岗位定编方法进行估算。为了使定编合理，可以在定编前采用工作抽样或工作日写实方法，对现有工作人员实际担负的管理工作或技术工作及其时间消耗情况进行调查研究，分析其工作量负荷情况，作为定编的依据。待条件具备后，可逐步采用技术测定法、要素分析法、典型比较法等更科学的方法制定科室定编。

（3）影响定编的主要因素。

1）管理层次。

2）机构设置与分工。

3）工作效率。

## 2.3.2　岗位分析的操作程序和方法

### 1. 岗位分析的操作程序

岗位分析是对工作进行全面评价的过程，这个过程可以分为四个阶段：准备阶段、调查阶段、分析阶段和完成阶段。

（1）准备阶段。准备阶段是岗位分析的第一个阶段，主要任务是了解情况，建立关系，组成工作小组。具体工作如下。

1）确定岗位分析信息的用途。首先，要明确岗位分析所获得的信息将用于何种目的。这是因为岗位分析所获得信息的用途直接决定了需要收集何种类型的信息，以及使用何种技术来收集这些信息。有些技术如对在工作岗位上的员工进行访谈，让其说出自己所从事的工作的任务及应负有的责任，这些信息对编写工作说明书和为空缺岗位甄选员工是极为有用的。而另外一些分析技术，如职位分析问卷法则不能提供上面所述的描述性信息，但可以运用职位分析问卷法得出的结果对工作进行对比，以确定各种工作的相对价值，进而确定此种工作的报酬。

2）组成由实际承担工作的员工、直接上级主管及岗位分析专家参加的工作小组来收集工作分析信息。利用现有的文件与资料，如组织结构图、工作流程图、岗位责任制、工作日记等对工作的主要任务、主要职责、工作流程进行分析总结。如果有现成的工作说明书，则它将成为审查并重新编写工作说明书的一个很好的起点。岗位分析小组可以提出原来的工作说明书中存在的不清楚、模棱两可的问题或对新的工作说明书提出拟解决的主要问题。

3）确定调查和分析对象的样本，选择有代表性的进行分析。当需要分析的工作很多且又比较相似的时候，必然耗费大量时间。此时，选择典型的工作进行分析显然是必要且可行的。

（2）调查阶段。调查阶段是岗位分析的第二个阶段，主要任务是通过收集有关工作活动、工作对员工行为的要求、工作条件、工作环境等方面的信息，来进行实际的岗位分析。由于工作不同，所采取的方法也不同，通常可以结合多种方法进行分析。具体工作如下。

1）编制各种调查问卷和调查提纲。

2）到工作现场观察工作流程及工作必需的机器、工具、设备，考察工作的环境。

3）对主管人员、承担工作的员工进行广泛问卷调查，并与主管人员、“典型”员工进行面谈，收集有关工作的特征及需要的各种信息。

（3）分析阶段。分析阶段的主要任务是对有关工作特征和员工特征的调查进行全面的总结分析。岗位分析提供了与工作的性质和功能及任职资格有关的信息，而这些信息只有与从事这些工作的员工及其直接主管人员进行核对才有可能不出现偏差。这一核对工作有助于确保岗位分析所获得的信息的正确性、完整性，同时也有助于确定这些信息能否被所有与被分析工作相关的人所理解。具体工作如下。

1）仔细审核、整理获得的各种信息。

2）创造性地分析、发现有关工作和员工的关键成分。

3）归纳、总结岗位分析的必需材料和要素。

（4）完成阶段。这是岗位分析的最后阶段。前三个阶段的工作都是为此阶段工作奠定基础的。此阶段的主要任务是依据前三个阶段所得材料编制工作说明书与工作规范。工作说明书主要指明了工作的内容是什么，工作规范则指明了需要雇用什么样的人来从事这一工作。工作说明书和工作规范分成两份文件来写，有时候则合并在一份工作说明书中。具体工作如下。

1）根据所得信息草拟工作说明书与工作规范。

2）将草拟的工作说明书与工作规范与实际工作对比来决定是否需要再次调查研究。

3）修正工作说明书与工作规范。

4）若有必要，可重复2）、3）的工作，重复修订工作说明书及工作规范。

5）形成最终的工作说明书和工作规范。

6）将工作说明书应用于实际工作中，并对其不断完善。

7）对岗位分析工作本身进行总结评估，将工作说明书和工作规范存档，为今后的岗位分析工作提供经验与信息基础。

## 2. 岗位分析的方法

对工作任务、职责和活动等方面的信息进行收集时，可以运用多种技术。在实际中，可以根据企业岗位分析的目的来选择一种进行分析，也可以将几种技术结合起来使用。西方发达国家经过岗位分析专家与企业的共同努力，已经形成许多较为成熟的方法。我国在岗位分析方面尚处于起步阶段，许多企业往往只限于岗位规范的规定，还达不到岗位分析。现将西方国家较为成熟的岗位分析方法做一个简单的介绍。

（1）观察法。观察法指分析人员从旁边观察员工的工作活动，并用文字或图表形式记录下其工作过程、行为、内容、特点、工具、环境等，然后进行分析与归纳总结。这种方法主要用来收集强调员工技能的那些工作信息，像门卫、流水线上的作业工人所做的工作。

（2）访谈法。对于许多工作，分析人员不可能实际去做（如飞行员的工作），或者不可能去观察（如设计师的工作）。在这种情况下，需要请员工讲述他们的工作目标、工作内容、工作的性质与范围及所负的责任等。与观察法一样，访谈时也应使用标准格式来收集资料，才能使所有的问题和回答限制在与工作有关的范围内。更重要的是，使用标准格式便于比较调查过程中不同的人的反应情况。

在收集岗位分析信息时，可以使用以下三种访谈法：个人访谈法、群体访谈法和主管人员访谈法。

1）个人访谈法适用于各个员工的工作有明显差别、岗位分析时间又比较充分的情况。

2）群体访谈法适用于多名员工做同样工作的情况。需要注意的是，在进行群体访谈时，应使这些工作承担者的上级主管人员在场。如果主管人员当时不在场，事后也应请主管人员谈一谈他对被分析工作中所包含的任务和职责持有何种看法。

3）主管人员访谈法指同一个或多个主管人员面谈。因为主管人员对工作内容有相当多的了解，所以主管访谈法可减少岗位分析时间。

采用访谈法时，必须使被访者明确访谈的目的。由于访谈常常被误解为对员工的绩效评估，若被访者这样理解的话，他们往往不愿意对自己或下属的工作进行较为准确的描述。

（3）问卷调查法。这是岗位分析中最常用的一种方法，也是获取工作信息的一种较好的方法，就是让员工通过填写问卷来描述其工作所包括的任务和职责。问卷调查法适用于脑力工作者、管理工作者或工作不确定因素很大的员工，如软件开发人员、行政经理等。问卷调查法比观察法更便于统计和分析。

岗位分析中使用的典型问卷如表 2-2 所示。

**表 2-2　工作分析问卷**

×××公司

姓　　名＿＿＿＿＿＿＿＿＿＿　　工作名称＿＿＿＿＿＿＿＿＿＿

部　　门＿＿＿＿＿＿＿＿＿＿　　工　　号＿＿＿＿＿＿＿＿＿＿

主管姓名＿＿＿＿＿＿＿＿＿＿　　主管职位＿＿＿＿＿＿＿＿＿＿

（1）任务综述：请简要叙述你的主要工作任务。如果你还负责写报告或做记录，请同时完成第（8）部分的内容。

＿＿＿＿＿＿＿＿＿＿＿＿＿＿＿＿＿＿＿＿＿＿＿＿＿＿＿＿＿＿＿＿＿＿＿＿＿＿＿＿

＿＿＿＿＿＿＿＿＿＿＿＿＿＿＿＿＿＿＿＿＿＿＿＿＿＿＿＿＿＿＿＿＿＿＿＿＿＿＿＿

（2）特定资格要求：请列举为完成由你的职位所承担的那些任务，需要具有哪些证书、文凭或许可证。

＿＿＿＿＿＿＿＿＿＿＿＿＿＿＿＿＿＿＿＿＿＿＿＿＿＿＿＿＿＿＿＿＿＿＿＿＿＿＿＿

＿＿＿＿＿＿＿＿＿＿＿＿＿＿＿＿＿＿＿＿＿＿＿＿＿＿＿＿＿＿＿＿＿＿＿＿＿＿＿＿

（3）设备：请列举为了完成本职位的工作，你通常使用的所有设备、机器、工具（如打字机、计算器、汽车、车床、叉车、钻机等）。

| 机器名称 | 平均每周使用小时、次数 |
| --- | --- |
| ＿＿＿＿＿＿＿＿＿＿ | ＿＿＿＿＿＿＿＿＿＿ |
| ＿＿＿＿＿＿＿＿＿＿ | ＿＿＿＿＿＿＿＿＿＿ |
| ＿＿＿＿＿＿＿＿＿＿ | ＿＿＿＿＿＿＿＿＿＿ |

（4）常规工作任务：请用概括的语言描述你的常规工作任务。请根据各项任务的重要性及每个月每

项任务所花费时间的百分比将其从高到低排列，并尽可能多地列出工作任务。如果此处空白不够，请另外附纸。

（5）工作接触：你所从事的工作要求你同其他部门和其他人员、其他公司或机构有所联系吗？如果是，请列出要求与他人接触的工作任务并说明其频繁程度。

（6）监督：你对职位负有监督职责吗？（ ）有（ ）没有。如果有，请另外填写一张附加的监督职位工作问卷，并把它附在本表格上。如果你的职位对其他人的工作还负有责任但不是监督职责的话，请加以解释。

（7）决策：请解释你在完成常规工作的过程中所要做出的决策有哪些。

如果你所做出的判断或决定的质量不高或所采取的行动不恰当，那么可能会带来的后果是什么？

（8）文件记录责任：请列出需要由你准备的报告或保存的文化资料，并请概括说明每份报告都是递交给谁的。

1）报告　　　　　　　　　　　　　　　　　　　递交给

2）保存的资料

（9）监督的频率：为进行决策或决定采取某种正确的行动程序，你必须以一种怎样的频率同你的主管或其他人协商？

（ ）经常　（ ）偶尔　（ ）很少　（ ）从来不

（10）工作条件：请描述你是在一种什么样的条件下进行工作的，包括内部条件、外部条件、空调办公区域等。请一定将所有令人不满意或非常规的工作条件记述下来。

______________________________________________________________________

______________________________________________________________________

（11）资历要求：请指出令人满意地完成本职位的工作，工作承担者需要达到的最低要求。

1）教育：

最低学历______________________________________________

受教育年限____________________________________________

专业或专长____________________________________________

2）工作经验：

工作经验的类型________________________________________

工作经验的年限________________________________________

3）特殊培训：

类型 __________ 年限 __________

4）特殊技能：

打字：________字/分钟 速记：________字/分钟

其他：________________________________________________

（12）其他信息：请提供前面各项中所未能包括，但你认为对你的职位来说十分重要的信息。

______________________________________________________________________

______________________________________________________________________

______________________________________________________________________

员工签名： 日期：

（4）工作日志法。工作日志法又称工作写实法，是由员工本人进行的一种岗位分析方法。该方法要求从事工作的员工每天写现场工作日志，即让他们每天按时间顺序记录下他们在一天中所进行的活动。通过对员工工作日志的分析来了解员工实际工作内容、人际关系及工作负荷等，从而收集工作信息。

表 2-3、表 2-4 列举了工作日志实例。

**表 2-3 工作日志实例**

**工 作 日 志**

姓名：______________

年龄：______________

岗位名称：______________

所属部门：______________

直接上级：______________

从事业务工龄：______________

填写日期：自______月______日至______月______日

表2-4 工作日志的填写实例

5月29日　　工作开始时间：8：30　　工作结束时间：17：30

| 序 号 | 工作活动名称 | 工作活动内容 | 工作活动结果 | 时间消耗 | 备 注 |
|---|---|---|---|---|---|
| （1） | 复印 | 协议文件 | 4页 | 6分钟 | 存档 |
| （2） | 起草公文 | 贸易代理委托书 | 8页 | 1小时15分钟 | 报上级审批 |
| （3） | 贸易洽谈 | 玩具出口 | 1次 | 40分钟 | 承办 |
| （4） | 布置工作 | 对日出口业务 | 1次 | 20分钟 | 指示 |
| （5） | 会议 | 讨论东欧贸易 | 1次 | 1小时30分钟 | 参与 |
| … | ⋮ | ⋮ | ⋮ | ⋮ | ⋮ |
| （16） | 请示 | 贷款数额 | 1次 | 20分钟 | 报批 |
| （17） | 计算机录入 | 经营数据 | 2屏 | 1小时 | 承办 |
| （18） | 接待 | 参观 | 3人 | 35分钟 | 承办 |

## 2.3.3 岗位说明书和工作规范的编写

岗位说明书指明了任职者实际在做什么、如何做及在什么样的条件下做该种工作。工作规范说明了任职者为了圆满完成工作所必须具备的知识、技术、能力及经验等。岗位说明书和工作规范是岗位分析的最终成果，工作规范可以单独编写，也可以包括在岗位说明书中。

### 1. 岗位说明书的编写

（1）岗位说明书的内容。岗位说明书要求准确、规范、清晰。在编写之前，需要确定岗位说明书的规范用语、版面格式要求和各个栏目的具体内容要求。

清晰是指员工在读过之后，就可以整体了解其工作，无须再询问他人或查看其他说明材料。说明书中应该避免使用评价类型的用语，对于难懂的专业词汇应该解释清楚。在措辞上，尽量选用一些具体的动词，如“安装”、“加工”、“传递”等。尽量指出工作的种类、复杂程度，以及需要任职者具备的具体技能、技巧。一般来说，由于基层员工的工作更为具体，其岗位说明书中的描述也应更具体详细。

岗位说明书的编写并没有一个标准化的模式，根据应用需要的不同，岗位说明书的侧重点也有所不同，但大多数岗位说明书都包括以下几项内容。

1）职位基本信息。职位基本信息也称为工作标志码、职位编码。它包括工作名称、工作地位、工作部门、工作地点、岗位分析时间等。

职位基本信息应当描述工作的总体性质，列出工作的主要功能或活动。例如，数据处理主管人员的工作概述可描述为“指导所有的数据处理操作、对数据进行控制及满足数据准备方面的要求”。应力图避免在工作概述中出现模糊的语句，如“执行需要完成的其他任务”，因为这可能会成为员工逃避责任的一种托词。

2）工作目标与职责。重点描述从事该职位的工作所要完成或达到的工作目标，以及该职位的主要职责权限等，标准词汇有负责、确保、保证等。

要把每种工作的详细职责列举出来，并用一到两句话分别对每项任务加以描述。例如，人力资源经理的任务之一包括“为填补空缺职位而进行员工招募、面谈与甄选”，这一任务可进一步定义为“仔细阅读应聘者简历并进行初步筛选”，“组织符合条件的应聘者面试并进行再次筛选”，“考核新员工试用期内业绩并决定最终的录用人员”。

3）工作内容。此栏详细描述该职位所从事的具体工作，应全面、详尽地写出完成工作目标所要做的每一项工作。包括每项工作的综述、活动过程、工作联系和工作权限。与此同时，还可以描述每项工作的环境和工作条件，以及在不同阶段所用到的不同的工具和设备。

工作内容还应说明任职者与组织内及组织外的其他人之间的工作联系情况。下面以某公司人力资源部经理为例来加以说明。

① 报告工作对象：人力资源部副总裁。

② 监督对象：人力资源部工作人员、行政助理秘书。

③ 合作对象：所有部门的经理和行政主管。

④ 外部关系：职业介绍所、猎头公司、工会代表、政府劳动管理机构、各种职位应征者。

4）工作的时间特征。此项反映该职位通常表现的工作时间特征。例如，在流水线上可能需要三班倒；在高科技企业中需要经常加班；建筑施工人员需要经常出差；一般管理人员则需要正常上下班等。

5）工作完成结果及建议考核标准。此项反映该职位完成的工作标准，以及如何根据工作完成情况进行考核，具体内容通常与该组织的考核制度结合起来。

工作的绩效考核标准应具体而明确，以下举例说明。

任务：完成每日生产计划。

标准：

① 生产群体每一工作日所生产产品不低于 426 个单位。

② 在下一工作程序被拒绝的产品平均不得超过 2%。

③ 在每周延时完成工作的时间平均不得超过 5%。

④ 工作条件，包括噪声水平、危害条件、湿度或温度等。

⑤ 工作规范。这部分是以上述几部分的内容为依据的，它指明了要完成该项工作，承担者需要具备什么样的特点、知识、技术等。工作规范可以单独编写，但通常都把它作为岗位说明书的一部分。

6）教育背景。此项填写从事该职位目前应具有的最低学历要求。在进行工作分析时，经常有这样的情况。例如，某在职人员是一位有多年工龄、经验丰富的高中学历的员工，但他的教育背景显然不能代表所需要的教育水平。在确定教育背景时应该考虑，如果让一位新员工来工作，他最低应是什么学历，而不一定是当前在职员工的学历。

7）工作经历。此项反映从事该职位之前，应具有的最起码的工作经验要求，一般包括两方面，一是专业经历要求，即相关的知识经验背景；二是本组织内部的工作经历要求，尤其针对组织中的一些中高层管理职位。在担任这些管理职位之前，通常要求员工在组织其他职位上工作过或对其他职位的工作有一定的了解，才可能胜任该职位。

8）专业技能、证书与其他能力。此项主要反映从事该职位应具有的基本技能和能力。某些职位对专业技能要求较高，没有此项专业技能就无法开展工作。例如，"投资部主管"职位，如果没有证券、财务会计等相关基础知识及国家金融政策法规知识，就根本无法开展工作。而另一些职位相比之下则对某些能力要求更为明确，如"市场部主管"这一职位，要求具有较强的公关能力、语言表达能力。

9）专门培训。此栏反映从事该职位前应进行的基本专业培训，否则将不允许上任或不能胜任工作。具体是指员工在具备了教育水平、工作经历、技能要求之后，还必须经过哪些培训（不包括专业技能与其他能力所列出的内容）。

10）体能要求。对于体力劳动型的工作，这项非常重要。

岗位说明书一般由人力资源部统一归档并管理。然而，岗位说明书的编写并不是一劳永逸的工作。实际中组织内经常出现职位增加、撤销的情况，更普遍的情形是某项工作的职责和内容出现变动。每次工作信息的变化都应该及时记录在案，并迅速反映到岗位说明书的调整之中。在这种情况下，一般由职位所在部门负责人向人力资源部提出申请，并填写标准的岗位说明书修改表，由人力资源部进行信息收集并对岗位说明书做出相应的修改。

（2）岗位说明书编写的注意事项。要编写出一份好的岗位说明书，需要注意一些技巧。

1）清楚。岗位说明书要清楚地描述职位的工作情况，不能混淆不清，要做到一岗一书。

2）指明范围。在界定职位时，要确保指明工作的范围和性质，并且包括所有重要的工作关系。

3）文件格式统一。可以参照岗位说明书编写样本。

4）岗位说明书的详略和格式不尽相同。通常较低层次职位的任务比较具体，可简短而清楚地描述；较高层次职位的涉及面更广一些，可用含义较宽的词语概括。

5）说明书可充分显示工作的真正差异及各项工作活动，以技术或逻辑顺序排列或依重要性及所耗费时间多少顺序排列。

### 2. 工作规范的编写

工作规范要说明对承担这项工作的员工在教育、经验和其他特征方面的最低要求，而不应该是最理想的工作者的形象。在建立工作规范时要综合考虑以下三个方面。

（1）某些工作可能面临着法律上的资格要求。例如，在美国，飞行员必须具备空中运输资格，这就要求具备1 500小时的飞行经历，在书面和飞行测试中表现出较高的分析水平、良好的道德品质和23岁的最低年龄限制。

（2）职业传统。例如，员工在进入某些行业之前必须经过学徒阶段。

（3）被认为是胜任某一工作应该达到的标准和具备的特征。这在很大程度上取决于组织管理人员的主观判断。例如，申请秘书工作的人经常被要求录入速度在 100 字 / 分钟以上。

确定每种工作对人员的要求既可以使用主观判断性的方法，即主管人员和人力资源管理人员依据自己的经验来编写工作规范，也可以使用统计分析的方法，即把工作绩效和人员特点联系起来编写工作规范。表 2-5 给出了一个工作规范的例子。

**表 2-5 某银行贷款助理的工作规范**

| |
|---|
| 工作名称：公司贷款助理<br>年龄：25～35岁<br>性别：不限<br>学历：大学本科以上<br>工作经验：在银行工作3年以上 |
| 体能要求：<br>视力良好，能听见 6 米以外的说话声；对数字口头表达能力强；有充沛的体力巡访客户；能用手书写；无严重的疾病和传染病 |

## 本章习题

### 一、名词解释

1. 组织结构设计　2. 综合管理　3. “7S” 理论　4. 定编　5. 问卷调查法

### 二、选择题

1. 组织系统一般包括人员、岗位和职务、权力和责任、（　　）等要素。

A. 资金　B. 信息

C. 法律顾问　D. 后勤保障

2. 工作规范要说明对承担这项工作的员工在教育、经验和其他特征方面的（　　）要求。

A. 最低　B. 最高

C. 中等　D. 基本

3. 组织结构设计的具体内容包括以下哪几项？（　　）。

A. 劳动分工　B. 部门化

C. 授权　D. 管理幅度和管理层次

4. 组织结构设计的步骤，一般包括（　　）。

A. 岗位的确定　B. 部门的划分

C. 组织结构的设计　D. 文件的形成

5. 按照系统工程原理，组织的内部结构，包括综合系统、供产销系统和（　　）等系统。

A．技术开发系统　　B．质量保证系统
C．人力资源管理系统　　D．后勤服务系统

## 三、判断题

1. 劳动分工是指将某项复杂的工作分解成许多简单的重复性劳动。（　　）
2. 目标是一切管理活动的出发点和落脚点。（　　）
3. 组织结构设计不必考虑组织内外现有人力资源的特点。（　　）
4. 企业计算定编的依据是计划期内规定的总的工作量和各类人员的工作效率。（　　）
5. 职位基本信息包括工作名称、工作地位、工作部门、工作地点、岗位分析时间等。（　　）

## 四、简答题

1．简述组织结构设计的原则。
2．简述组织结构设计的程序。
3．简述划分横向组织结构的依据。
4．简述模拟分散管理制的特点、优点和缺点。
5. 简述定岗定编应遵循的原则。

## 五、案例题

**【案情】**

某小型制造厂专门制造电子设备，共有60名工人和两幢相连的厂房。2018年3月和4月，该厂签订了一项合同，生产5万套内部通话设备。内部通话设备是在一个压铸的金属壳子里装上一个小扬声器和其他电子部件，它的生产和组装在同一层楼上，用流水线的形式在几张长桌上进行。大部分组装工作由女工用很少的工具和比较简单的机器生产。该设备的主要部分是扬声器，扬声器是个特殊部件，必须耐震，并经受得起各种环境条件的干扰。扬声器是在装配线上制造的，制造扬声器的前几道工序操作情况如下。

(1) 把扬声器音圈从管料的盒中取出，卷在芯轴的外层上，在管料V形切口一端，用橡胶带固定。

(2) 将芯轴置于绕线圈面上。

(3) 用手转动芯轴。在音圈管料外，涂上胶接剂。

(4) 把扬声器中的磁性铜丝在对口销上绕3圈后，开动绕线机，在线圈上绕两层线。

(5) 关上绕线机，把铜线的自由端绕在第二个对口销上，切去多余的铜丝，在线圈上再涂一层胶接剂。

(6) 从线圈机上取下芯轴，让其晾干约5分钟。

(7) 取走固定音圈管料的橡胶带，切去橡胶带包住的部分。

(8) 把铜丝头从对口销上解开，使音圈滑出芯轴，放入盘中，从芯轴上擦去胶接剂残余。

(9) 把两根较粗的预先剥光的绝缘铜铅丝缠绕在磁性线头上并焊住，切除焊接头多余的铜丝。

(10) 把两根绝缘铜丝分别放在音圈管料里的两个 U 形切口中，并缠绕至磁性铜丝端，把松弛部分都卷进去。

(11) 将音圈放在盘中。

(12) 选出音圈，从已完成的扬声器装配材料中选出定心装置器，并把音圈放在中心工件上；音圈带 V 形切口的头朝外。

(13) 从盒中选出支撑圈，中心涂上胶接剂，将支撑圈放在定心装置器的顶部，并黏附在音圈上。

(14) 从盒中取出扬声器框架，在支撑圈边缘涂上胶接剂。

(15) 倒置定心装置器，并放入框架，把支撑圈的边缘黏附在框架边上。

(16) 把整个装配垂直放在架子上晾干。

总的成本数据：这几道操作的直接劳动费用为每小时 4.25 元；管理费用（包括间接劳动）是直接劳动费用的 5 倍，每小时为 21.25 元。据估计，每班的工作时间为 450 分钟，另有材料处人员专门负责工作的转移。

第一工位的时间和成本数据：在这个工位上进行第（1）到第（8）步的操作。绕线圈的工作是在一台价值 1 500 元的绕线圈机上进行的，绕线圈机的全部成本费用计入生产通话设备的合同。芯轴在本单位修车机间加工，估计每个为 20 元，共需 15 个。此外，还必须将绕有音圈的管壳的一端切断。切断操作在绕线圈机上用一片单刮刀进行，是在把线圈从芯轴上拿走之前切断的。然后把音圈放在一起，最后用一块浸透溶剂的芯轴上多余的胶接剂擦干净。这个工时上的时间为每项工作 2.06 分钟。

第二工位的时间和成本数据：在第二个工位上进行第（9）至第（11）步的操作，只用一个人，生产速度平均为每个工件 1.92 分钟。

第三工位的时间和成本数据：在第三工位上进行第（12）到第（16）步的操作。这里有足够的地方容纳两个或三个操作人员。每个操作人员的平均操作时间为每个工件 3.12 分钟。

**【问题】**

1. 案例中的岗位分析是采用什么方法进行的？
2. 案例中的岗位分析还应该补充哪些内容？

扫二维码阅读更多案例

# 第3章

# 人力资源规划的环境

## 本章重点掌握

人力资源规划外部环境和内部环境的内容；人力资源规划环境的各个要素。

## 学习导航

第3章

3.1 人力资源规划的外部环境
3.1.1 政治与法律因素
3.1.2 经济因素
3.1.3 社会文化因素
3.1.4 科技因素

3.2 人力资源规划的内部环境
3.2.1 企业战略
3.2.2 企业规章制度
3.2.3 企业文化
3.2.4 企业人力资源结构分析
3.2.5 其他

# 3.1 人力资源规划的外部环境

**引导案例 3-1**

**初识人力资源规划的外部环境**

人力资源规划的外部环境处于不断的变化运动之中，这些外部环境会对人力资源规划提出新的要求，制定人力资源规划时既要反映这种要求，也要适应这种要求，人力资源规划的外部环境一般是指企业开展经营活动所处的政治、经济、法律、人口、文化和社会环境等，实际上就是影响企业经营活动的外部因素。影响人力资源规划的外部因素可分为：政治与法律因素、经济因素、社会文化因素、科技因素。认识和把握这些因素是做好人力资源规划的基础和前提。

**思考题：**谈谈你对人力资源规划的外部环境的认识。

在相当广泛的领域内，企业所处的环境都在发生着迅速的变化，这些变化不断对人力资源管理提出新的要求，同时，也影响着企业的生存和发展。

构成影响企业人力资源规划的外部因素主要有政治与法律因素、经济因素、社会文化因素、科技因素。

## 3.1.1 政治与法律因素

企业运行于一定的政治法律环境下，这种环境是由那些影响社会系统诸方面行为的政治制度、国家机构、国家的发展战略、宏观调控政策、国家法令、社会稳定性与国际环境等诸多因素构成的。

### 1. 政治因素

影响人力资源活动的政治环境因素包括政治体制、经济管理体制、政府与企业关系、人才流动活动的法律法规、方针政策等。例如，招聘员工，政府有最低工资的硬性规定、现行的人事制度和社会保障制度等，这些因素都会对企业人力资源规划产生重要的影响。我国的现行法律法规对高级人才的限制较少，对低层次劳动力限制较多。

政府在政治环境中扮演着重要角色。就企业而言，政府的作用主要包括两个方面：一是促进经济发展，指导产业结构调整；二是运用法律和行政手段来规范企业的生产经营活动，创造一个公平、民主、健康的竞争环境。

2. 法律因素

法律的变化可能直接鼓励和限制着某些商品的生产和销售。例如，我国对爆竹、雷管和炸药等危险品实行定点生产，同时，禁止多数企业生产枪支、弹药等。从内容上来看，一个完善的法律体系应该包含的各类法律规范主要有三类。

（1）关于现代企业组织的管理制度。它主要解决企业法人的财产关系、治理结构及其行为的范围界定、行为规范和权利保障，不仅要对企业的地位及行为和法人财产关系做出明确的法律规定，而且要对企业内部包括经营者在内的各种利益主体的地位及行为做出明确的法律规定，使其能够从企业稳定发展的角度对人力资源发挥应有的法律约束作用。

（2）关于企业行为的约束规范。它包括财务、税收、证券、投资、垄断、竞争、破产、信息披露、环境保护与消费者权益等各方面内容的社会公共规范。将企业的社会公共规范纳入法律法规体系，并完善其监督控制机制，加大对企业信息的披露。

（3）关于以经营者为代表的人力资本行为的约束规范。它主要涉及各类人力资本及其监督、制约主体在权、责、利关系上的安排与确定，具体包括责任关系质与量的界定及其履约解除或违约追究的程序、手段和处置方式的明确规定。制定相关的法规，既要保护人力资本应有的利益并推动其不断发展，又要对其行为做出应有的法律约束和规范。对人力资本市场的各行为主体实施有效监督、制约并惩戒其各种违法行为，确保人力资本市场的规范运作。

## 3.1.2 经济因素

国家经济无论是总体，还是它的各个部门，都是影响人力资源管理的主要外部环境因素。一般而言，经济繁荣时，不容易招聘到合格的工人；经济衰退时，可适用的求职者却很多。

国家经济运行良好，保持一定的增长率，失业率就保持在一个较低的水平。对企业而言，无论是增员以图谋更大发展，还是裁员以节约成本都易于操作。因为即使裁员，被裁的员工仍然比较容易找到另外一份工作，企业面临的赔偿压力和社会压力都不大。而在经济低迷、失业率高的国家，裁员将会考验企业的勇气，尤其是跨国公司的裁员会加重市场的悲观气氛，而企业也将面临政府、社会舆论等各个方面的压力，甚至会背上不负责任、置员工生死于不顾的恶名。

## 3.1.3 社会文化因素

1. 人口

人口是企业管理人员最感兴趣的社会环境因素之一，它构成了大多数产品的消费市场，也是企业员工的来源市场。人口的变化会影响企业内部人力资源结构的变化，所以企业应及时地对所处社会大环境下的人力资源结构进行分析，主要包括年龄结构、性别结构、质量结构、产业结构、地区结构及城乡结构等内容。

（1）人力资源年龄结构。人力资源年龄结构主要是指各年龄段的劳动人口在整个劳动人口中所占的比重。我国规定的劳动年龄为男性 16～60 岁，女性 16～55 岁。根据预测，2020 年中国 19～59 岁劳动年龄人口将增至 9.35 亿，比目前增加 1.73 亿，增长 17.2%。按照现有人口年龄构成推移，在劳动年龄人口膨胀的同时，我国也迎来了人口年龄结构老龄化的高潮。

一般来说，一个社会的人力资源结构以青年人为主体，即青年人所占的比例大，老年人所占的比例小，则属于发展型的结构，比较有利于社会经济发展。反之，如果老年人所占比例过大，出现人力资源老化现象，会导致人力资源供不应求，从而影响社会经济的正常发展。但是，如果青年人所占比例过大，短期内增长较快，又可能导致人力资源供过于求。

（2）人力资源性别结构。人力资源性别结构是指不同性别的人力资源在总人口中的比例构成。在正常情况下，人口总的性别比例和各年龄组的性别比例，特别是劳动年龄组的性别比例，基本上是均衡的。但是，在某些情况下，如战争、大规模的迁移等，则可能导致性别比例失调，这必然要影响人力资源的性别结构及其供给。

一般来说，男性人口在成年以后，几乎都要参加社会经济活动，而成年女性的从业状况，在不同国家、不同时期则存在着差异。因此，研究人力资源性别结构，应侧重于研究女性劳动力供给与女性就业问题。

（3）人力资源质量结构。人力资源质量结构一般是指劳动人口，尤其是经济活动人口达到不同层次文化程度的比例构成。通常，人力资源质量结构就是以文化程度划分的文盲、小学、初中、高中（中专）、大学及大学以上程度几个层次劳动力人口比例。此外，社会劳动者达到的职业技能不同等级的比例，也是体现人力资源质量结构的一个重要方面。

不同的社会经济状况和生产力发展水平，要求有不同的人力资源质量与之相适应。经济越发达，生产力水平越高，所需要的高质量人力资源数量就越多，其比例也就越大。这样可以充分发挥人力资源的质量效应作用，从而取得较高的经济效益。但是，不能脱离现实的生产力水平，简单地认为高质量人力资源数量越多越好、比例越大越好。

由于高质量人力资源不同类别之间存在着替代性较差的特点。因此，合理的人力资源质量结构不仅要求不同等级、不同层次的人力资源处于一种适宜的配比，而且要求各个等级、各个层次的人力资源内部从事不同性质劳动、不同职业类型的人力资源配比也要协调。否则，就可能影响其使用效益，甚至可能造成结构性失业。

（4）人力资源产业结构。人力资源产业结构是指人力资源在国民经济各产业之间和产业内部各部门之间的分布。它是国民经济发展和人力资源使用状态的重要反映。

（5）人力资源地区结构。人力资源的地区结构即人力资源在不同地区的分布比例。这种分布可以从自然地理区划、行政区划和经济区划等不同方面区分。长期以来，我国东部地区及沿海省份由于区域优势，人才相对集中，而中西部地区人才则相对匮乏。

（6）人力资源城乡结构。人力资源的城乡结构主要是指人力资源在城镇与乡村的分布比例构成。它是由人口的城乡分布所决定的，并且受城乡之间人口流动的影响。它体现着社会经济发展的总水平，反映了农业与非农业部门的发展状况。

## 2. 文化

文化是人类社会所拥有的知识、信仰、道德、习惯和其他才能与偏好的综合体。不同民族、不同国家在文化背景上有较大的差异，形成特有的信仰、道德和风俗习惯。形式各异的文化背景为企业的全球化人力资源策略带来了挑战。所以，人力资源主管应懂得如何因地制宜地制定不同的人力资源规划。为了尽量降低文化因素对企业业绩的不利影响，企业越来越多地采用员工本土化策略，希望借此使企业员工尽可能地适应当地文化，减少不必要的损失。

（1）外部文化。这里的外部文化主要是指企业之外的民族文化和行业文化。它们对个人，包括企业主要管理人员和股东的期望都有重要的影响，并进而影响企业战略的形成。

1）民族文化。根据特普斯昭（Terpstra）和戴维（David）对文化的定义，可以认为民族文化是一个民族多数成员共享、可学习而又被动接受的一系列相互关联的符号。这些符号表明了处于其中的社会成员在面临某种问题时，具有与其他民族的成员不同的解决办法。

以上定义虽然涵盖了民族文化的主要内容，但对研究管理问题显得过于宽泛。为此，可以将民族文化进一步分为三个层次：① 核心文化是认知体系中的认识论部分，包括感知、思维方式、哲学观、价值观和审美观等。这些文化内涵使人们在取得经验和认知过程中产生了差异，它是文化中带有根本性、源泉性和持续性的部分。它是人们受遗传、教育和社会环境影响而形成的基本共有特性，是整个民族文化形成的基础，是相当稳定和不易改变的。因此，核心文化对企业战略和组织行为都有重要的影响。② 形式文化包括规范体系、社会关系和社会组织、物质产品、语言和非语言符号系统，还包括认知体系中的知识体系。它们是在核心文化的作用下随历史积累下来的文化外在表现，随时间和环境的变化而不断地演变，并同时反作用于核心文化，对其产生影响。③ 商业文化其实也是一种形式的文化，是传统的形式文化与商业行为的结合。由于商业行为在 20 世纪得以迅速蔓延和扩展，它的影响已渗透到社会和文化的每个角落，并且在很多方面改变了人类的形式文化，这些都足以促使我们把商业文化作为一个单独的文化层次进行讨论。另外，从管理的角度看，把商业文化单独分出来也很有必要，因为很多管理措施都与商业文化有关。

2）行业文化。所谓行业文化，是指行业内人们对一些事物的基本假设和信仰，包括公共价值观和期望等，它们对行业战略的形成具有十分重要的作用。在专业员工占很高比例的企业中，专业实体或专业机构的成员关系尤其重要，这些企业常常是由那些对其工作持有很强职业观念的人领导和控制，而这些职业观念在很多情况下与管理观念并不吻合，有时明显不符合市场竞争的需求。例如，研究和设计部门总是试图采用世界最先进的技术成果，而较少考虑生产工艺方面的问题和消费者的价格接受水平。另一方面，很多行业都有约定俗成的惯例和程序，它们对新的进入者可能是相当大的障碍。

（2）内部文化。所谓内部文化，是指企业多数成员共享的基本假设和信仰，这种文化在不知不觉中发挥作用，影响企业的决策方式和战略选择。例如，在沿海开放城市和中心城市，办合资企业是绝大多数企业乐于接受的一种投资方式，并常常把其作为摆脱困境、增加实力和扩大知名度的重要手段，而在边远地区的一些军工企业，很多员工仍然难以接受被“资本家收编”的决定。

大量研究发现，一个经营业绩突出的企业或高效率运行的企业都有一种优秀的企业文化，从而保持强大的凝聚力和向心力。换句话说，这些企业有被成员普遍接受的信仰和假设，当需要对环境变化做出反应时，员工们能采取一致的行动，并保持良好的协作。当然，也不排除在某些情况下这种共同理念会成为战略变革的阻力。相反，有些企业缺少共同的价值观和理念，因此难以根据环境的变化采取统一的行动，从而导致效率的下降。

### 3.1.4　科技因素

科技环境是指一个企业所在国家或地区的科技水平、技术政策、新产品的开发能力及科技发展的动向等。技术，尤其是信息技术，对组织结构和管理工作的性质有较大的影响。企业软件系统的应用实现了制造、销售、财务、供应链管理和人力资源的整合。这些信息系统使企业获得了许多好处，如效率提高了，反应更迅速了，存货得到了更好的控制，协调增强了，决策得到了改进。

日益增多的技术的另一个影响是，对技能与管理教育的需求日益增加。处在先进技术环境中的管理者虽不能像他们的下属一样通晓技术的细节知识和方方面面，但他们必须有一个要领性的了解，以便提供有效的支持和指导。

技术还使制造业发展周期缩短。基于平行性工程的新产品的开发，避免了那种顺序性开发过程所造成的延误。在平行过程中，工程、设计、采购、营销、软件、硬件、现场支持和制造专家从产品开发的最初阶段就一同工作。

企业人力资源管理专家解释技术环境变化的目的在于如何与研究开发人员建立起密切的联系，从而注意市场对新技术、新产品的需要，进而及时发现对专业人才、高科技人才的需要，并采取积极措施适时培训、开发及引用专业人才。

## 3.2　人力资源规划的内部环境

**引导案例 3-2**

**人力资源规划要注重对企业文化的整合**

企业文化是人力资源规划的内部环境因素之一，所以在企业的人力资源规划中必须充分注意企业文化的融合与渗透，保障企业经营的特色，以及企业经营战略的实现和组织行为的约束力。只有这样，才能使企业的人力资源具有延续性，具有自己的符合本企业的人力资源特色。国外一些大公司都非常注重人力资源规划与企业文化的结合。例如，松下公司的“不仅生产产品，而且生产人”的企业文化观念，就是企业文化在人力资源战略中的体现。又如，波音公司的情景测试也很有启发性：一个工人和管理人员发生冲突，其中，管理人员要求工人按照原计划切去材料的拐角，而工人不同意管理人员的意见，管理人员告诉工人，如果他不照做的话，就离开公司，然后开始考试发问：“如果你是这个工人，你将怎样做？”“辞职”和“发牢骚”都不是正确的答案，这表明回答者不适合波音公司“团队合作”的企业文化，正确答案是“照做，但事后与管理员或职位更高的人谈”。人力资源规划要使企业和员工都得到长期的利益。人力资源规划不仅是面向企业的规划，也是面向员工的规划。企业的发展和员工的发展是互相依托、互相促进的关系。如果只考虑了企业的发展需要，而忽视了员工的发展，则会有损企业发展目标的达成。优秀的人力资源规划，一定是能够使企业和员工得到长期利益的规划，一定是能够使企业和员工共同发展的规划。

**思考题**：企业文化在制定人力资源规划中的作用是什么？

（资料来源：http:// wenda.so.com.有改动）

企业的内部环境包括企业战略、企业规章制度、企业文化、企业人力资源结构分析和其他因素。

企业内部环境中的企业战略、组织结构、管理体制与机制及员工自身的文化价值观等一系列因素，也处于经常的甚至是急剧的变化之中，从而导致人员结构与需求的改变，这也就要求人力资源规划的制定要随着其内部环境的变化而做出相应的变化。

### 3.2.1 企业战略

企业战略是企业在追求长远目标时，对环境的变化和挑战所采取的反应方式和方法。也就是说，企业战略是企业为自己确定的长远发展目标和任务，以及为实现这一目标而制定的行为路线、方针政策和方法。总结人们对企业战略的认识，我们把企业战略定义为在竞争环境中，企业为求得长期生存和发展，而选择的为达到这个目标的途径，并依据它对企业重要资源进行优化组合，以对目前与将来的经营活动进行总体的谋划并制定相应的对策。

随着经济全球化和一体化进程的加快及随之而来的国际竞争的加剧，对企业战略的要求愈来愈高。不同企业战略对应不同的人力资源规划，而企业也会根据自身人力资源所具备的优势和劣势，根据其规划不断修正和调整企业战略。人力资源规划与企业战略是相互影响、相互作用的。

企业各战略类型对应的人力资源规划特点如表 3-1 所示。

表 3-1 企业各战略类型对应的人力资源规划特点

| 战略 | | 定义 | 人力资源规划特点 |
|---|---|---|---|
| 一体化战略 | 前向一体化 | 获得分销商或零售商的所有权或对其加强控制 | 充分利用原有的有效网络，充分发挥原有网络结点的人力资源应有的作用 |
| | 后向一体化 | 获得供方公司的所有权或对其加强控制 | 要围绕供应商所需要的人力资源体系展开，并且保持企业现有人力资源体系的一致性，发挥整体功能 |
| | 横向一体化 | 获得竞争者的所有权或对其加强控制 | 要围绕更大的组织所需要的组织体系、人力资源体系来进行 |
| 加强型战略 | 市场渗透 | 通过更大的营销努力，提高现有产品或服务的市场份额 | 采取招聘和培训更多销售人员的人力资源规划 |
| | 市场开发 | 将现有产品或服务打入新的地区市场 | 制定开发和培训开辟新市场人才的人力资源规划 |
| | 产品开发 | 通过改造现有产品或服务，或者开发新产品或服务而增加销售 | 建立一支超强的研究与开发队伍 |
| 多元经营战略 | 集中化多元经营 | 增加新的，但与原业务相关的产品或服务 | 企业人力资源规划要围绕优秀的管理队伍展开 |
| | 混合式多元经营 | 增加新的，但与原业务不相关的产品或服务 | 企业要有一套致力于开发高素质管理人才的人力资源规划 |
| | 横向多元经营 | 为现有用户增加新的，与原业务不相关的产品或服务 | 对关键人才和岗位进行整理，使其匹配，建立合理的职业发展通道，保持人员的相对稳定，以及怎样在市场上招聘到合适的人员 |
| 防御型战略 | 合资经营 | 两家或更多的发起公司为合作目的组成独立的企业 | 注意企业文化的融合，根据业务的重新组合，对人与岗位的匹配进行梳理，降低公司的运营成本和运营风险 |
| | 收缩 | 通过降低成本与减少资产对企业进行管理重组，以扭转销售额和赢利的下降 | 企业无论实行收缩、剥离还是清算战略，都要有相应的人力资源规划与之配套。企业人力资源规划应围绕如何保留具有竞争力的队伍，以保证企业将来发展的需要 |
| | 剥离 | 将企业的一部分售出 | |
| | 清算 | 为实现其有形资产价值而将企业全部资产分块售出 | |

## 3.2.2 企业规章制度

一个企业应制定必要的人力资源的规章制度，以确保企业对人力资源需求的如期实现。规章制度要正确、明晰，如对涉及内部人员的调动补缺、晋升或降职、外部招聘和培训及奖惩等都要有切实可行的措施保证，否则就无法确保组织人力资源规划的实现。充分地分析、掌握企业的规章制度，以保证所制定的人力资源规划能够使企业和个体都得到长期的利益，充分发挥企业中每个人的主动性和创造性，使每个员工提高自己的工作效率，提高企业的效益，使企业的目标得以实现。

一套标准的企业内部的规章制度主要包括以下内容。

## 1. 职位评价系统

职位评价系统是一套用于界定员工所要完成的各项任务和职责的体系。它要求用科学的分析方法对员工的职务进行评价，确定其工作范围、工作规范、工作职责和任职资格条件，从而可用于企业人力资源规划、招聘、解聘、培训开发和考核工作。职位评价系统在企业中起的是一个比较参照系数的作用，只有通过它，企业才能了解人力资源在企业中的真实状况。

通常，职位评价的方法主要有以下四种。

（1）职位排列法。它是指根据各种职位的相对价值或其对企业的贡献进行排列。这种方法适用于职位设置比较稳定、规模较小的企业。其优点是易于理解和操作，简单方便；缺点是评价的标准宽泛，很难避免主观因素，要求评价人员对每个职位的细节都非常熟悉。采用这种方法只能评价各个职位价值的相对次序，而难以清楚职位之间的价值差异。

（2）职位分类法。它是根据事先设定的一套职位级别标准，将现有职位与标准逐一进行比较，最后将各职位划归到相应级别中的方法。即相似的职位划分为一类，复杂程度相似的同类职位划分为一级。

（3）要素比较法。它可以量化职位之间相对价值的大小，根据职位在各个报酬要素上的评估结果直接计算出具体的报酬金额。该方法先确定企业中标尺性职位及其在劳动力市场的薪酬标准，其他职位与标尺性职位相比较得出薪酬。

（4）要素计点法。它是指选择对企业战略和企业目标的实现起到关键性作用的要素，给予每个要素一定的权重，然后对各个要素划分等级，并分别赋予分值（分值也称为点数），汇总分值即决定职位的薪酬水平。要素计点法是目前国内采用最广泛的一种工作评价方法，它能对职位之间相对价值的大小进行定量的工作评价，避免主观因素对评价工作的影响。

## 2. 绩效评估系统

绩效评估系统是用来评估员工绩效情况的体系。企业使用人力资源是为了获得更好的效益，而企业的经济效益在很大程度上取决于人力资源的工作努力程度和绩效。管理者虽然处于信息不对称的不利地位，但他们可以通过制定一套衡量人力资源实际绩效好坏的标准来定期或不定期地检查员工的工作情况。除此之外，由于员工能得到及时的绩效反馈，绩效评估系统还有助于提高员工的绩效，从而有利于实现企业的目标。另外，它还是一种了解企业人力资源状况、制订人力资源计划的好方法，企业也可以及时了解人力资源的培训、发展需要，并及时做出安排。对绩效好的员工应根据企业规章制度给予相应的奖励，不好的可在查明原因的基础上按规章制度进行惩罚。而且以绩效作为人力资源价值的评定标准，可以使员工的使用价值和报偿价值实现自我负责的市场化。

3. 薪酬管理系统

薪酬管理系统包括报酬委员会、人力资源部及相应直线部门等。在企业面对日益激烈的竞争的今天，人力资源成为企业成败的关键因素之一。知识型社会的法则是“人才赢家通吃”，越是紧缺、稀少的人才，其就业机会就越大，薪酬也就越高；与此同时，人才越多的企业竞争力就越强，同时也越容易吸引和留住人才。因此，企业需要有足够多的所需人才方可保证企业健康发展。吸引、激励和留住企业需要的人力资源，在很大程度上是通过企业的报酬机制来实现的。薪酬管理系统主要起到监督人力资源是否达到了企业及个人目标的作用。如果达到了，可根据承诺给予奖励；没有达到的，则给予相应的惩罚。

4. 员工管理系统

企业需要制定相应的规章制度和行为规则，编制员工行为手册，要求所有的员工按规章制度行事，不得无故违反，违反必究。当然职业规范要比制度范围更大，对于其中可操作的部分需制定相关的行为规则。同时，要制定完整的职位晋升制度及基于技能和绩效的优胜劣汰机制，使人力资源在感到发展潜力的同时，也面对工作不称职被降职甚至被解职的风险。另外，还要建立经营者风险抵押制度，根据企业资产规模、利润基数确定抵押金额，将缴纳风险金作为聘任经理的条件之一。在规定期限内完不成经营目标的，以抵押金抵扣，使其承担部分损失，或者对人力资源的部分收入延迟支付，使其必须为企业的长远发展而努力工作。

5. 内部监督机制

建立一套对不良行为的举报、申诉和调查机制，以及为了确保遵守制度和企业标准必需的审计及控制制度是非常必要的。有不当行为发生时，企业不会因为缺少内部监督系统而造成不必要的损失。同时警示内部员工，不得做出有损企业利益的事。还可规定，财务报表只有在独立审计人员确认后才能公布，招股说明书须经证券交易委员会批准后才能公告。监督有利于发现资源配置的低效率，有助于发现谋私行为，监督结果还可作为奖惩依据。

另外，企业章程对企业中的各种利益主体的责、权、利及行为做出了规范性的规定，任何人进入企业，都必须遵守章程的规定，并受章程的约束。企业对违背规章制度的行为要进行处罚，如降低职级、扣减部分薪水、通报、开除甚至法律制裁等；同时，对于企业鼓励的行为要给予及时的奖励。

## 3.2.3 企业文化

1. 企业文化的定义

所谓企业文化，现在学术界一般认为它是企业中形成的文化观念、历史传统、共同价值观念、道德规范、行为准则等企业的意识形态，对提升企业竞争力、推动企业发展起着重大作用。

从广义上讲，企业文化是社会文化的一个子系统，是一种亚文化。企业文化通过企业生产经营的物质基础和生产经营的产品及服务，不仅反映企业的生产经营特色、组织特色和管理特色等，更反映企业在生产经营活动中的战略目标、群体意识、价值观念和行为规范。

从狭义上讲，企业文化体现为人本管理理论的最高层次。企业文化重视人的因素，强调精神文化的力量，希望用一种无形的文化力量形成一种行为准则、价值观念和道德规范，凝聚企业员工的归属感、积极性和创造性，引导企业员工为企业和社会的发展而努力，并通过各种渠道对社会文化的大环境产生作用。

当作为影响人力资源管理的一个内部环境因素来考虑时，企业文化是指这个企业的社会和心理倾向。企业文化被定义为与产生行为规范的正式结构相互影响的企业内部共享的价值、信仰和习惯的系统。

利特文认为，员工对企业文化的感知包括一系列方面，如表3-2所示。

表3-2　员工对企业文化的感知

| 项　目 | 内　容 |
|---|---|
| 结构感知 | 员工对企业的规章制度的约束性感知是强调惯例规范，还是放任自由 |
| 责任感知 | 员工对企业所交办任务的责任感知是必须事事请示，还是自己做主 |
| 奖罚感知 | 员工对企业的绩效评价的公平度感知是偏重表彰奖励，还是偏重批评惩罚 |
| 风险感知 | 员工对企业的进取精神的强弱度感知是鼓励冒险行为，还是偏重安全保守 |
| 人情感知 | 员工对企业的人际关系的亲密度感知是强调人际关系和谐，还是有意挑起冲突 |
| 支持感知 | 员工对企业的领导人员的关系度感知是支持放手，还是事事钳制 |
| 标准感知 | 员工对企业的绩效目标的重要性感知是注重个人能力，还是强调团体协作 |
| 冲突感知 | 员工对企业的内部冲突的处理的感知是公开解决，还是大事化小或忽略 |
| 认同感知 | 员工对企业的忠诚与否的归属性感知是珍惜与企业的关系，还是疏远孤独 |

企业文化是企业管理精神世界中最核心、最本质的东西。它形成于企业成长、变革和发展的长期实践中，随着企业的发展而不断丰富。企业文化又以观念的形式，从非计划、非理性的因素出发来调控其成员的行为，是对企业管理中的标准管理和制度管理的补充和强化，潜移默化并贯注于员工的行为之中，使其为实现企业目标自觉地组成团结协作的整体。企业文化是联结和维系企业内部人与人之间关系的重要纽带。一个企业的文化一般有三个层次：一些可见的但不能解释的入选物品和创意；价值观或那些对人们来说重要的东西；指导人们行为的一些基本信念，包括指导个体对工作、工作目标、人际关系和同事业绩等如何知觉和思考的信念。

企业文化的实质就是企业价值观。一个企业有共同的价值观念就意味着企业员工思想能统一到企业组织的总目标上；企业成员能自觉地调控自己的行为，团结协作，为实现企业的总目标而贡献自己的力量。

### 2. 企业文化的构成

企业文化是一个有机的系统整体，由精神文化、制度文化、行为文化和物质文化构成，如图 3-1 所示。

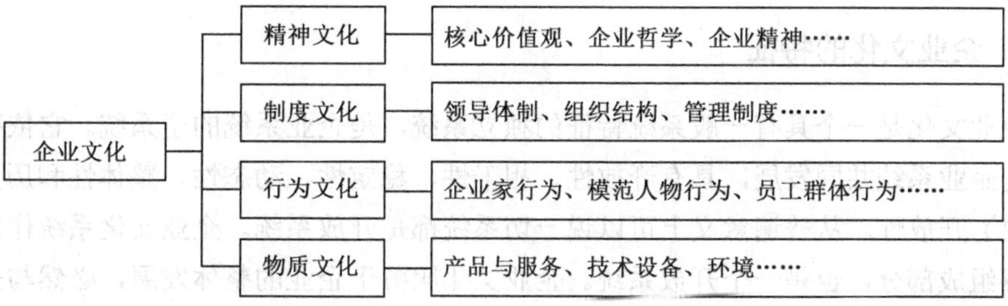


图 3-1　企业文化的构成

（1）企业精神文化。企业精神文化是企业在运作过程中受一定的社会文化背景、意识形态影响而形成的一种文化观念和精神成果。它包括企业核心价值观、企业哲学、企业目标、企业理想、企业精神等要素。其中，核心价值观是精神文化的内核，也是企业文化的核心，它是为企业员工所共同拥有，支配员工精神的主要价值观念，是企业生存发展的内在动力和精神纽带。精神文化是企业文化的精华，是基于制度文化、行为文化和物质文化的升华与提炼，它规定和支配着企业员工的行为方向，是企业发展、创新的动力和源泉。

（2）企业制度文化。企业制度文化是企业为实现自身目标对员工的行为给予一定限制的制度规范，它主要包括企业领导体制、企业组织结构和企业管理制度三大要素。企业工艺操作规程、厂规厂纪、经济责任制和考核奖惩制度都是企业制度文化的内容。企业制度文化作为企业文化中人与物、人与企业运营制度的中介和结合，是一种约束企业和员工行为的规范性文化，它使企业在复杂多变、竞争激烈的环境中处于良好的状态，从而保证企业目标的实现。其中，在企业制度文化体系中，企业领导体制影响着企业组织结构的设置，制约着企业管理的各个方面，是企业制度文化的核心。

（3）企业行为文化。企业行为文化是指企业员工在生产经营、学习娱乐及生活中产生的行为活动文化。它包括企业经营、教育宣传、人际关系活动、文娱体育活动中产生的文化现象。如果从人员结构的角度来划分，企业行为中又包括企业家的行为、企业模范人物的行为、企业员工的行为等。企业行为文化是企业经营作风、精神面貌、人际关系的动态体现，也是企业精神、企业价值观的折射。其中企业家是企业经营的主角，企业模范人物是企业的中坚力量，企业员工是企业的主体，他们的行为决定了企业整体的精神风貌和企业文明的程度，也是体现企业凝聚力和向心力的关键因素。

（4）企业物质文化。企业物质文化是指由企业创造的产品、提供的服务和种种物质设施等构成的器物文化。物质文化是企业文化的表层文化，是其他文化的外显。企业的产品与服务、技术设备、环境、企业建筑、企业广告等都是企业物质文化的内容。企业的产品与服务是企业文化的外在体现与凝结，技术、设备是企业形成物质文化的保证，企业环境是企业精神风貌的真实写照。独特的企业文化特征与企业风貌需要通过物质文化展现出来，以产生对外界目光的吸引力；企业员工对企业的忠诚与自身精神状况需要通过企业物质文化来激发，以产生企业内部的凝聚力与向心力。

### 3. 企业文化的特征

企业文化是一个具有一般系统特征的独立系统，是企业系统的子系统。它依存于企业系统，与企业系统共同发展，具有开放性、相干性、稳定性、动态性、整体性和历史性。

（1）开放性。从普遍意义上可以说一切系统都是开放系统。企业文化系统作为企业系统的重要组成部分，也是一个开放系统。企业文化服务于企业的整体发展，必然与企业的总体战略、预期、人员结构、生产经营状况是相适应的。也就是说，企业文化系统的形成与演化过程必然会与企业系统内其他要素进行各种形式的交流，不断引入“负熵”流，才能保持本系统与企业的整体发展相适应。而企业又是在社会的大系统中发展的，其文化系统必然受到社会系统中的政治、经济特别是道德观念、社会思潮、哲学思想甚至科技、文艺、宗教等各种文化要素发展状况的影响，只有开放性地与外部环境进行物质、能量和信息的交换，才有企业文化与时代发展的相适应，与社会文化的相融合。开放是企业文化系统不断有序的前提，文化系统的孤立与封闭发展，必然走向文化的无序，导致企业本身的衰落。

（2）相干性。系统的相干性是指系统的不同要素之间按一定的方式相互联系、相互作用。企业文化系统的内在组成部分之间也是相互联系、相互作用的。其中精神文化处于核心地位，是行为文化和物质文化的升华，它决定着其他文化的发展方向，制度文化处于中间地位，体现着精神文化并制约着行为文化和物质文化，而行为文化和物质文化是精神文化的载体、制度文化的反映，同时又反作用于精神文化和制度文化，行为文化与物质文化之间也是相互制约、相辅相成的。总之，无论我们从哪个角度来考察企业文化系统，它的各个组成部分都是密切地联系在一起，互相渗透、互为一体的，抛开或忽视企业文化系统的任何一个要素都不利于企业文化的发展。

（3）稳定性。稳定性是系统存在的条件，是指系统在一定条件下保持其特征的质与量的统一性。企业本身总是与一定的社会经济发展水平相适应的，具有稳定性。企业文化系统作为企业的重要组成部分，必然要与企业的整体发展相适应，与企业的其他子系统相协调，因而在一定的时空范围内，企业文化系统必然具有相对的稳定性，并能长期对企业员工的行为产生影响，不会因为日常的细小环境的变化或个别人员的变动而发生变化。

（4）动态性。稳定总是实现于一定的条件下，当外部涨落被放大之后，系统中原有的相互作用结构可能被新的相互作用结构所替代，这便是系统的动态性，即系统状态随时间而变化的特性。企业文化系统相对于企业自身的发展过程来说，是一个历史的概念。在开放的条件下，企业文化的内涵不是一成不变的，它随着企业的发展而不断吸收外部输入的“负熵”来丰富、充实和发展自己，不断地走向系统有序。当企业文化与企业发展不相适应时，便会产生企业文化创新的需求，企业文化系统就会受到调整，重新建立与企业的当前发展相适应的结构内容。企业文化总是这样从适应到不适应到再适应，从而达到与外部环境不断相适应的状态，相应的企业文化系统也总是在稳定—失稳—再稳定的演化中动态地发展。

（5）整体性。任何系统都是由各种要素经由一定的关系组成的整体，整体性是系统的重要特征。如前所述，企业文化系统由众多的要素构成，并且它们之间是相互作用、相互制约的，正是这种结构关系与相干性，构成了企业文化的整体性与统一性。因此，任何一个要素都无法孤立穷尽企业文化的功能属性。如果企业仅偏重于某一个或几个要素，尽管会使其在某些方面达到功能最优，但永远无法达到企业文化的整体最优。因此，企业文化尽管有不同的表现形式，但它不是零散的，而是一个有机的统一整体。

（6）历史性。历史性是一切社会事物的最基本属性之一。企业在一定的时空条件下产生、生存与发展，企业现象本身就是当时社会政治、经济、文化的折射，企业本身就是创造历史的载体，讨论先有企业还是先有文化，就像讨论先有蛋还是先有鸡一样。经济基础决定上层建筑，企业的经营与政治活动、文化现象的联系千丝万缕，挥之不去。可以说，企业文化是历史的产物，必定带有历史的烙印，折射出大到一个时代，一个国家的一定时期，或者一个民族、一个地域，小到一个地方区域的经济与文化特征。反过来，企业文化一旦形成，也在改造着企业所处的环境，因为企业毕竟是走在时代前列的社会生活中最活跃的社会组织，信息交融与思想变革首先从企业发生。当代企业文化的基础，是已经比较成熟的商品经济理论。

### 4. 企业文化的功能

任何系统都具有特定的功能，这是系统的本质属性。系统的功能主要体现在系统与环境的相互作用过程中，即系统作为整体对环境产生的作用和影响。企业文化也是具有特定功能的整体，并且这种系统功能是整体性的功能，它并不是各个功能的简单的机械组合，而是一种有机整合。企业文化的功能主要表现为以下几个方面。

（1）凝聚功能。企业文化的凝聚功能是指企业用共同的价值取向、行为规范和精神信念使企业上下同心，众志成城。企业文化使人们改变以自我为中心的价值观念，树立一种以企业为中心的共同的价值观念，从而潜意识地对企业产生一种强烈的向心力，这种向心力就是一种黏合剂，从各个方面、各个层次将企业成员团结起来。在企业内，就是将企业内各部门、各岗位员工凝聚在一起，使企业具有一种巨大的吸引力，使员工有一种归属感，这种吸引力和归属感可以转换成强大的力量，促进企业发展。企业文化是一种极强的凝聚力量，这已被中外无数企业发展所证明。

（2）导向功能。企业的导向功能是指把企业员工的个人目标引导到企业所确定的目标上来。企业文化能对企业整体和企业每个成员的价值取向及行为取向起引导作用，具体表现在两个方面：一是对企业成员个体的思想行为起导向作用；二是对企业整体的价值取向和行为起导向作用。这是因为一个企业的企业文化一旦形成，它就建立起了自身系统的价值和规范标准，如果企业成员在价值和行为取向上与企业文化的系统标准产生悖逆现象，企业文化会将其纠正并将之引导到企业的价值观和规范标准上来。

（3）激励功能。企业文化的激励功能是指通过企业文化的作用激励企业员工向困难挑战，向自我挑战。企业文化是特定群体的行为价值标准，依照这一特定标准做事将会受到群体内公众的认可。好的思想和行为会受到大家的赞扬。这种机制就会激励他人做得更好更完善，从而推动企业形成强有力的文化价值氛围，产生巨大的企业凝聚力和集体智慧，使每个企业成员都乐意为争取企业的总体目标而努力学习、工作和生活，并做出较大贡献获得奖励，得到精神与物质上的满足，实现自我价值。

（4）约束功能。企业文化的约束功能是指利用共同的行为规范和思想意识对企业员工的思想、行为起到有力的约束作用。约束功能与凝聚功能是相辅相成的，没有一定的约束也就没有凝聚的基础。企业文化一经形成，就会形成一种"文化定势"，使人们自然而然地按照既定的模式思维和行动，而超出模式的思想和行为就会受到群众舆论和内在思想情感压力的无形约束。这样可以把外在的制度约束内化为自觉的行为，用一种无形的文化上的约束力量，形成一种行为规范，缓解自治心理与被治心理现实形成的冲突，削弱由其引起的心理抵抗力，从而使企业上下左右达成统一、和谐和默契。

（5）辐射功能。企业文化的辐射功能是指企业文化不仅对企业本身，还对社会产生一定的影响。企业文化一旦形成较为固定的模式，它不仅会在企业内部发挥作用，对本企业员工产生影响，而且会通过各种渠道（宣传、交往等）对社会产生影响。企业文化的传播对树立企业在公众中的形象很有帮助，优秀的企业文化对社会文化的发展有很大的影响。

（6）品牌功能。企业文化和企业经济实力是构成企业品牌形象的两大基本要素，它们是相辅相成的。企业品牌展示一个企业的形象，企业形象是企业经济实力和企业文化内涵的综合体现。评估一个企业的经济实力如何，主要看企业的规模、效益、资本积累、竞争力和市场占有率等。企业文化是企业发展过程中逐步形成和培育起来的具有本企业特色的企业精神、发展战略、经营思想和管理理念，是企业员工普遍认同的价值观、企业道德观及其行为规范。企业如果形成了一种与市场经济相适应的企业精神、发展战略、经营思想和管理理念，即企业品牌，就能产生强大的团体向心力和凝聚力，激发员工的积极性和创造精神，从而推动企业经济实力持续发展。

### 5. 企业文化的形成

图3-2显示了企业文化的形成过程。

### 6. 企业文化的整合

企业文化整合就是指有意识地对企业内不同的文化倾向或文化因素通过有效的整理整顿，并将其结合为一个有机整体的过程，是文化主张、文化意识和文化实践一体化的过程。企业文化要实现从无序到有序，必须经过有意识的整合。

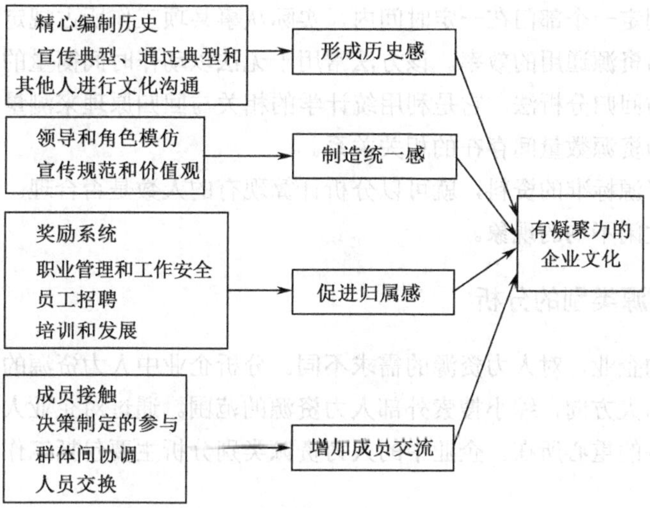


图 3-2 企业文化的形成过程

## 3.2.4 企业人力资源结构分析

企业的人力资源结构分析在对人力资源规划的内部环境分析中是重中之重。所谓人力资源结构分析，是对企业现有人力资源的调查和审核，只有对企业现有人力资源有充分的了解，人力资源的各项规划才有意义。人力资源结构分析主要包括以下几个方面。

### 1. 人力资源数量分析

人力资源规划对人力资源数量的分析，其重点在于探求现有的人力资源数量是否与企业机构的业务量相匹配，也就是检查现有的人力资源配置是否符合一个机构在一定业务量内的标准人力资源配置。在人力资源配置标准的方法运用上，通常有以下几种。

（1）动作时间研究法。动作时间研究法的原则与生产运作管理中对人的能力测试一样。选择业务水平中等的工人进行一项操作，计算其花费时间。动作时间分析应根据正常作业、疲劳、延误、工作环境配合、努力等因素定出标准时间，并按总工作量核算出所需员工数。

（2）业务审查法。它是通过审查过去工作量的经验结果来计算人力资源标准量的方法。根据所依据的经验资料来源不同，可分为最佳判断法和经验法。

1）最佳判断法：通过运用各部门主管及人力资源、策划部门人员的经验，分析出各项工作所需的工作时间，再判断出人力资源标准量。

2）经验法：根据完成某项生产、计划或任务所消耗的人力资源记录来研究、分析每一部门的工作负荷，再利用统计学上的平均数、标准差等确定完成某项工作所需的人力资源标准量。

（3）工作抽样法。工作抽样法是一种统计推论的方法。它是根据统计学的原理，以随机抽样的方法来测定一个部门在一定时间内，实际从事某项工作所占规定时间的百分比，以此数据来测定人力资源通用的效率。该方法常用于无法以动作时间衡量的工作。

（4）相关与回归分析法。它是利用统计学的相关与回归原理来测量、计算和分析各单位的工作量与人力资源数量间存在的相关关系。

有了人力资源标准的资料，就可以分析计算现有的人数是否合理。如不合理，应该加以调整，以消除忙闲不均的现象。

### 2. 人力资源类别的分析

不同性质的企业，对人力资源的需求不同。分析企业中人力资源的类别有利于把握企业人力资源需求的大方向，缩小搜索外部人力资源的范围。通过对企业人员类别的分析，可得知一个机构业务的重心所在。企业中的人力资源类别分析主要包括工作功能分析和工作性质分析两部分。

（1）工作功能分析。一个机构内人员的工作能力功能很多，归纳起来有四种：业务人员、技术人员、生产人员和管理人员。这四类人员的数量和配置代表了企业内部劳动力市场的结构。有了这项人力资源结构分析的资料，就可研究各项功能影响该结构的因素，这些因素可能包括以下几个方面：企业处在何种产品或市场中，企业运用何种技能与工作方法，劳动力市场的供应状况如何等。

（2）工作性质分析。根据工作性质不同，企业内部的工作人员可分为直接人员和间接人员两类。这两类人员的配置，随企业性质的不同而有所不同。在较大的企业中存在间接人员增长较快的现象。这一问题在跨国、跨行业经营的企业中特别明显。最近的研究发现，一些企业中的间接人员往往不合理地膨胀，该类人员数量的增加与组织业务量的增长并无联系，这种现象被称为“帕金森定律”。掌握企业现有的人力资源类别可以防止间接人员过于膨胀。

### 3. 人力资源素质分析

人力资源素质分析就是分析现有工作人员受教育的程度及所受的培训状况。一般而言，受教育与培训程度的高低可显示工作知识和工作能力的高低，任何企业都希望能提高工作人员的素质，以期望他们能对企业做出更大的贡献。但事实上，人员受教育程度与培训程度的高低，应以满足工作需要为前提。因此，为了达到适才适用的目的，人员素质必须和企业的工作现状相匹配。管理层在提高人员素质的同时，也应该积极提高人员的工作效率，以人员创造工作，以工作发展人员，通过人与工作的相互作用，促进企业的壮大。

人力资源素质分析中受教育与接受培训只是代表人员能力的一部分，一个企业中，不难发现一部分人员的能力不足，而另外一部分人员则能力有余，未能充分利用，即能力及素质与工作需求不匹配。人员能力不足的解决方法有以下几种。

（1）变更职务的工作内容。减少某一职务、职位的工作内容及责任，转由别的职务人员来承接。

（2）改变及提高现职人员。运用培训或协助方式来提高现职人员的工作能力。

（3）变更现职人员的职位。如果上述两种方法仍无法达到期望时，表示现职人员不能胜任此职位，应予以调动。

#### 4. 人力资源年龄结构分析

分析员工的年龄结构，在总的方面可按年龄段进行，统计企业员工的年龄分配情况，进而求出企业员工的平均年龄。了解员工的年龄结构，旨在了解下列情况。

（1）企业员工是日益年轻化还是日趋老龄化。

（2）企业员工吸收新知识、新技术的能力。

（3）企业员工工作的体能负荷。

（4）工作职位或职务的性质与年龄大小的可能匹配要求。

以上四种情况，均影响企业内人员的工作效率和组织效能。企业员工理想的年龄分配应呈金字塔形为宜。顶端代表 50 岁以上的高龄员工；中间部位次多，代表 36～50 岁的中龄员工；而底部人数最多，代表 20～35 岁的低龄员工。

#### 5. 人力资源职位结构分析

根据管理幅度原理，主管职位与非主管职位应有适当的比例。分析人力资源结构中的主管职位与非主管职位，可以显示企业中管理幅度的大小及部门与层次的多少。如果一个企业中主管职位太多，可能表示出现了下列不当的结果。

（1）组织结构不合理，管理控制幅度太狭窄，部门与层次太多。

（2）工作程序繁杂，增加沟通协调的次数，会浪费很多时间并容易导致误会和冲突。

（3）由于本位主义，造成相互牵制，势必降低工作效率。

（4）出现官僚作风，形成官样文章。

总之，研究人力资源结构问题既要有一定的侧重点，也要注意把人力资源结构的各个方面结合起来研究。

### 3.2.5 其他

#### 1. 企业组织环境

美国人力资源管理学家詹姆斯 • W. 沃克（James W. Walker）从组织的复杂程度和组织变革的速度两方面把组织分为四种类型。这四种组织分别是制度型组织、灵活型组织、创业型组织和小生意型组织，如图 3-3 所示。

（1）制度型组织。制度型组织的复杂程度高，但组织变革的速度较缓慢。这时，缓慢的变革需要一个强调稳定、谨慎、避免风险和细致管理行为的组织。在规定环境中运作的企业或在成熟的市场中经营成熟产品的企业，通常采取制度性管理，如供电企业等。

（2）灵活型组织。灵活型组织结构复杂但变革速度较快。如华为技术有限公司、联想集团等都是典型的由创业型组织变成大而复杂、但仍然施行灵活管理的企业。

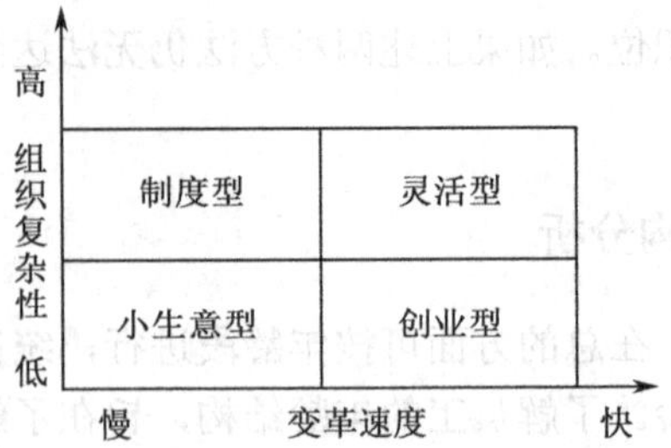


图 3-3　企业可选择的四种组织类型

（3）创业型组织。创业型组织变革速度较快，组织结构简单。大多数企业开始时都是创业型企业。许多网络公司都属于这种类型。

（4）小生意型组织。组织小而变化慢的组织称为小生意型组织。小的食品店和小的手工艺品制作厂都是小生意型组织。

#### 2. 企业自身人力资源系统

企业自身人力资源系统对人力资源规划的影响主要是通过对人力资源的需求量和供给量的影响来实现的。例如，工资水平高、晋升机会多、福利待遇丰厚、器重人才的企业，对人才市场的求职者有较大的吸引力。企业的人才供给比较充裕，企业从外部补充人员时选择余地较大，内部人才资源也由于员工不愿离开企业而保持相对稳定。又如，企业人力资源的流动率高，退休、辞职、合同期满后终止合同的人数很多，这时企业各岗位会由于员工的离开而增加对人力资源的需求。此外，还要考虑企业拥有人力资源的数量、质量和结构、人力资源战略、薪酬制度、培训制度、激励制度、员工职业生涯规划等人力资源规划的影响。

## 本章习题

### 一、名词解释

1. 政治因素　2. 人力资源质量结构　3. 科技环境　4. 企业战略　5. 企业文化

### 二、选择题

1. 构成影响企业人力资源规划的外部因素主要有政治与法律因素、经济因素、社会文化因素、（　　）。

A．科技因素　　B．信息因素

C．资金因素　　D．价值因素

2. 企业的内部环境包括企业战略、（　　）、企业文化、企业人力资源结构分析和其他因素。

A．企业规章制度　　B．企业财务管理

C．企业供销管理　　D．企业生产管理

3. 社会大环境下的人力资源结构主要包括年龄结构、性别结构、（　　）等内容。

A．质量结构　　B．产业结构

C．地区结构　　D．城乡结构

4. 一套标准的企业内部的规章制度主要包括职位评价系统、（　　）等内容。

A．绩效评估系统　　B．薪酬管理系统

C．员工管理系统　　D．内部监督机制

5. 企业文化具有开放性、相干性和（　　）。

A. 稳定性　　B. 动态性

C. 整体性　　D. 历史性

## 三、判断题

1. 人力资源产业结构是指人力资源在国民经济各产业之间和产业内部各部门之间的分布。（　　）

2. 文化是人类社会所拥有的知识、信仰、道德、习惯和其他才能与偏好的综合体。（　　）

3. 国家经济无论是总体，还是它的各个部门，都不是影响人力资源管理的主要外部环境因素。（　　）

4. 吸引、激励和留住企业需要的人力资源，在很大程度上是通过企业的报酬机制来实现的。（　　）

5. 企业自身人力资源系统对人力资源规划的影响主要是通过对人力资源的需求量和供给量的影响来实现的。（　　）

## 四、简答题

1．简述完善的法律体系中应该包含的法律规范有哪些？

2．简述职位评价系统。

3．简述企业文化的构成。

4．简述在人力资源配置标准的方法运用上有几种。

5．简述人力资源职位结构分析。

## 五、案例题

**【案情】**

大龙公司正在创业初期，业务的发展有些像因人而做，有什么样的人就开展什么样的业务。到了二次创业时期，公司必须有自己的发展战略，而人才的配置必须适应这种战略。因此，如何有效地开发和使用人才，便成为大龙公司二次创业时期人力资源管理的关键问题。

1. 公司的内部人才开发

公司人才的二次开发，采用实践和培训相结合的方式。培养的目标是复合型人才和专业技能型人才。公司的高级管理人员接受复合型人才培养，他们要有宏观战略眼光，有战略策划能力，知识面比较广。公司为其设计的“实践”是让他们在公司的管理岗位上“流动”，为其设计的培训课程有：现代企业制度、公司法、宏观经济学、国际金融、社会信息化、企业战略策划、市场策划、健康管理等。公司高层管理人员的稳定是公司稳定的基础，他们适应公司发展变化的能力与公司高层的稳定性相一致，并且直接影响公司的发展。这就是将他们培养成复合型人才的原因。现在公司有一批高层管理人员，能适应大跨度的工作调动。对于公司职能部门的中层管理人员，则应该让他们成为本部门的专家，对业务要精益求精。人力资源部总经理应是人力资源管理专家，要熟悉人力资源管理和开发的理论与实践；法务部总经理应是法律专家，熟悉与企业相关的所有法律，并能应用法律保护企业利益；财务总经理，保证为企业理好财，并能使企业的资金发挥最大的效益。对于具备这些能力的人，公司保证他们工作岗位的相对稳定，并不断地为他们设计提高专业能力的培训。公司各事业部的总经理，除了专业知识外，还应有现代商业管理知识。公司总经理大多为专业技术人员，为此公司与国内知名大学签订了合同，为总经理设计了两年的MBA培训。为了熟悉国际惯例，扩大眼界，公司经常将高层和中层管理人员送到国外进行短期培训。

2. 外部人才的招聘

公司在内部无法找到合适的某些专业高级人才时，不得不从外部去寻求，这是一个难度较大的工作，大龙公司有过失败的教训，也有过成功的经验。

(1) 个人的求职要求与公司需求必须吻合。公司招聘人才，切忌盲目追求高学历、高职称和高知名度，其关键在于公司的需求和个人的求职要求应尽量吻合。一位数理逻辑的硕士，从英国学成回国，要求来大龙公司工作。他本人和大龙公司都没有搞清楚他来公司做什么，结果他在公司多次调换工作，也没有找到自己的位置。他很痛苦，公司也很为难。公司还聘请了一位“优秀青年企业家”，结果也一塌糊涂。可见，吻合不仅是指专业技能、工作经验，更重要的是个人和公司的利益关系。在市场经济中，要承认个人和公司的利益关系，个人的付出要得到相应的报酬。在招聘高级人员时，如果只看到“利益取向”，而不考察他的“价值取向”，也会出错。大龙公司是个民营企业，但不是个体户的集合，它有自己的价值观体系。正是公司的价值观把公司和所有员工的利益联结在一起，而不是其他。公司提倡阳光下的利益和利润，要承担社会责任，要承担改革的风险。公司的高级人员，特别是高级管理人员必须认同这一价值观，否则，他们只会利用公司达到其个人目的。

(2) 全面考虑高级人员的素质。刚创立公司时，同事之间似乎像合伙关系，是一种类似亲情的关系，沟通和协调起来比较容易。但当公司已成气候时，情况就大不一样了。外部的高级管理人员没法进入，面临“介入反应”。公司当然有责任帮助他们尽快地克服这一现象，但是高层人员，特别是高层管理人员的个人素质，其个人的沟通能力、协调能力及他们对民营企业方式的适用能力，都是其能否在公司中顺利成长和发展的必要条件。忽视这些，也将给双方带来问题。有些在国有企业职位相当高的人员，有些个人业务能力很强的人员，在公司碰到的发展困难多属于这类问题。

（3）企业急需的高级人才，总裁亲自过问。随着业务的不断扩大，大龙公司急需国际金融方面的人才。一天，这样的人才出现了，一位在美国毕业的博士，毕业后在美国的银行工作多年。人力资源部对他进行面试后，立即报告总裁。这位先生刚到家，总裁秘书的电话就到了，请他下午去面谈。总裁的反应速度令他吃惊，而总裁诚恳的谈话又令他感动，从中他看到了自己在公司发展的可能性。

3. 留住人才的关键在于为他们提供生存和发展的空间

人才的流动，特别是高级人才的流动，已成为企业界普遍面临的问题。大龙公司高层人员的流动比例一直不大，主要是因为公司做了以下的努力。

（1）帮助引进高层人员，尽快解决“介入反应”。要向别人介绍他的背景情况，让大家了解他。在他刚开始遇到问题时，总裁为他制造沟通和协调机会，使他迅速进入状态，与大家建立起融洽的关系。

（2）在利益关系上，公司给特殊的高级人才留出一个足够的空间。公司有一个利益分配体系：工资、奖金、住房、保险和股票。公司对高于一定层次的高级人才，在利益方面留下一定的空间。例如，从美国回国的医学博士、中文软件开发专家等一旦被聘入公司，公司就为他们提供一套高级住房，并让他们持有技术股份，使其看到自己在公司中的利益与对公司的贡献密切相关。

（3）在发展的空间内，给他们真正的自主权。一旦他们的职位确定，在自己负责的领域内，可以按其管理风格、喜欢的模式行事，发挥他们的特长。一位从美国回来的博士，担任医药公司的总经理，要求总公司派一位管理人员去协助他管理。公司派了一位副总裁去，大龙公司总裁在会上对这位副总裁说：“你要全力协助医药公司的总经理工作，我们就是因为看重他，才决定和他一起办医药公司的。”

（4）给专业人才留出足够的“个性空间”。有些具有特殊才能的人才，有时也有些古怪的个性，精通自己领域的专业技能，却在其他方面缺少点什么。对此，不能求全责备，而是要其长，容其短。

（5）管理人员的适当流动和专业人员的相对稳定。公司的管理人员，特别是高层管理人员的适当流动是必要的。从积极的意义来说，这有利于其能力的扩展；从消极的方面来说，也能避免山头分封。他们能获得更多的经验，管理更多的员工，因而拥有在公司更稳定的地位。但对专业人才而言，要稳定在自己的专业领域里，其地位随专业水平的提高而得以提高。

（6）不断地净化人才环境，防止大企业病。公司大了，管理层增加了，大企业病也随之而来。要注意避免那种只看法规而轻视人的倾向，如果公司的高层决策者不清醒，就很容易把在创业期间建立的亲密之情和那种易于沟通和理解的关系丧失掉，也会使引进来的人才感到失落。为此公司组织了各种活动，提供相同层次和不同层次人员之间的沟通机会，使年轻人才尽快进入公司各个管理层次，一些“开国元勋”进入决策层，让更多的年轻人进入操作层，使其不致因为在公司看不到发展机会而到公司外面去寻找机会。

【问题】

从人力资源规划的内、外部环境角度分析，大龙公司为留住高层人员做了哪些努力？

扫二维码阅读更多案例

# 第 4 章

# 人力资源预测

## 本章重点掌握

人力资源需求及供给的影响因素；人力资源短缺及过剩的平衡方法；人力资源需求及供给预测的方法及步骤。

## 学习导航

第 4 章

4.1　人力资源需求预测
4.1.1　人力资源需求的影响因素
4.1.2　人力资源需求的预测方法
4.1.3　人力资源需求的预测步骤

4.2　人力资源供给预测
4.2.1　人力资源供给的影响因素
4.2.2　人力资源供给的预测方法
4.2.3　人力资源供给的预测步骤

4.3　人力资源平衡
4.3.1　人力资源短缺的平衡
4.3.2　人力资源过剩的平衡
4.3.3　人力资源结构失衡的平衡

## 4.1　人力资源需求预测

**引导案例 4-1**

### 预测安装工人的人力资源需求

一个厨具经销公司期望在今后 3 年里，年销售额能从 1 200 万元上升到 2 000 万元。公司的战略规划小组在对公司的外部环境进行分析时，发现公司外部环境发生了下列变化：① 有许多新的竞争对手已进入市场；② 客户的年龄构成正在向老龄化发展，他们寻求的是更方便、更卫生的厨房；③ 客户对预算越来越敏感，想要一个适合其价格承受能力的厨房；④ 厨房的建筑价格稳定。

厨具经销公司的人力资源规划人员打算预测今后 3 年对安装工的需求：由于安装工要求在课堂指导之外有 3 个月的在职培训，所以就要做出准确的预测。

**思考题**：你认为该厨具公司在预测今后 3 年的安装工需求时应注意哪些问题？

人力资源需求预测是指以企业的战略目标、发展规划和工作任务为出发点，综合考虑各种因素的影响，对企业未来人力资源需求的数量、质量和时间等进行估计的活动。它是制定人力资源规划的起点，其准确性对规划的成效有决定性作用。例如，企业环境变化引起人力资源需求的变化。企业在引进新技术之前与引进新技术之后对人力资源的需求是不同的，其中包括所需人员数量的不同、所需人员质量的不同、所需人员专业结构的不同等。

在通常情况下，人力资源需求预测都是围绕与企业当前及未来某种状态有关的具体工作类型和技能领域来进行的。一旦确定了工作技能的类型，人力资源规划者就需要搜集相关信息来预测：企业未来对具有某种特定技能的人或从事某种类型工作的人的需求是上升还是会下降。在不同的企业中，人力资源需求预测的复杂程度也各不相同。

### 4.1.1　人力资源需求的影响因素

人力资源预测是建立在企业人力资源现状、市场人力资源环境等基础之上的，所以在进行人力资源预测时，要考虑以下三类因素。

（1）企业外部因素。这主要包括经济、政治、法律、技术和竞争对手等方面。经济环境包括未来的社会经济发展状况、经济体制的改革进程等，其可预测性较弱；政治、法律因素虽容易预测，但何时对企业产生影响难以确定；技术革新特别是以生物、新材料、信息技术等为代表的技术革命势必对企业的技术构成产生重大影响；企业外部竞争对手的易变性导致社会对企业产品或劳务需求的变化、劳动力市场的变化、政府相关政策的变化、行业发展状况的变化等，这些因素都会影响企业人力资源需求。

（2）企业内部因素。企业的战略目标规划决定了其发展速度、新产品开发和试制、市场覆盖率、企业目标的变化、员工素质的变化、组织形式的变化、企业最高领导层的理念等。因此，它是企业内部因素影响人力资源需求的最重要因素。企业产品的销售及预算对人力资源需求也有直接影响。此外，企业劳动定额的先进及合理程度也影响着人力资源需求量。

（3）人力资源自身因素。如退休、辞职、辞退人员的多少，合同期满后终止合同的人员数量，死亡、休假人数等也会对人力资源需求量产生很大影响。

## 4.1.2 人力资源需求的预测方法

### 1. 人力资源需求定性预测

（1）现状规划法。它是一种最简单的预测方法，较易操作。它假设企业保持原有的生产规模和生产技术，企业的人力资源也应处于相对稳定状态，即企业目前各种人员的配备比例和人员的总数将完全能适应预测规划期内人力资源的需求。在此预测方法中，人力资源规划人员所要做的工作就是预测出在规划期内有哪些人员或岗位上的人将得到晋升、降职、退休或调出本企业，再准备调节人员去补充就行了。一般企业内管理人员的连续性替补都采用这种方法。现状规划法是假定企业各岗位上需要的人员都为原来的人数，它要求企业较稳定，技术不变，规模也不变。这一前提条件很难长期成立，因此适用于短期人力资源需求预测，长期的预测效果较差，但能为长期预测提供一条简单易行的思路。

（2）经验预测法。它是利用现有的情报和资料，根据有关人员的经验，结合本企业的特点，对人力资源需求加以预测。

经验预测法可以采用“自下而上”和“自上而下”两种方式。“自下而上”就是由直线部门经理向自己的上级主管提出用人要求和建议，征得上级主管的同意；“自上而下”的预测方式就是由总经理先拟订出公司总体的用人目标和建议，然后由各级部门自行确定用人计划。

最好是将“自下而上”与“自上而下”两种方式结合起来运用：先由企业高层提出人力资源需求的指导性建议，再由各部门按指导性建议的要求，会同人力资源管理部门、工艺技术部门、员工培训部门确定具体的人力资源需求；同时，由人力资源管理部门汇总确定总的人力资源需求，最后将形成的人力资源需求预测交由总经理审批。

此方法是根据以往的经验，对人力资源需要进行预测。例如，企业根据经验认为，在生产车间的班组长，一般管理 10 个人为好。据此可以从生产工人的增减数来预测对班组长一级管理人员的需求。采用经验预测法是根据以往的经验来进行预测，预测的效果受经验的影响较大。因此，保留企业历史的档案并采用多人集合的经验，可减少误差。这种方法比较简单，适用于技术较稳定的企业的中短期人力资源需求预测。

（3）分合性预测法。它是一种先分后合的预测方法。首先，企业要求下属各个部门、单位根据各自的生产任务、技术设备等变化情况先对本单位将来对各种人员的需求进行预测；然后，在此基础上，把下属各部门的预测数据进行综合平衡，从中预测出整个企业将来某一时期内对各种人员的需求总数。这种方法要求在人力资源管理部门或专职人力资源规划人员的指导下，下属各层管理人员能在人力资源需求预测中充分发挥作用。

分合性预测法有很大的局限性，会受到各层管理人员的阅历、知识的限制，很难对长期规划做出准确预测。因此，这种方法比较适用于中短期的需求预测。

（4）德尔菲法。这种方法也叫专家评估法，一般采用问卷调查或小组面谈的形式，听取专家们对未来有关因素趋向的分析意见和应采取的措施，并通过多次反复以达到在重大问题上取得较为一致的意见和看法。这种方法适用于长期预测，调查对象既可以是个人或面对面专家小组，也可以是背靠背的专家小组。采用面对面的方式，专家之间可能相互启发；采用背靠背的形式，可以免除某一权威专家对其他专家企业的影响，而使每位专家独立发表看法。

1）德尔菲法的步骤如下。① 预测筹划。预测筹划工作包括：确定预测的课题及各预测项目；设立负责预测组织工作的临时机构；在企业内部和外部，广泛选择研究人力资源问题领域的专家，成立一个专家小组。② 专家预测。专家预测工作包括：预测机构把包含预测项目的预测表及有关背景材料寄送给各位专家；专家以匿名方式独自对问题做出判断或预测。③ 统计与反馈。统计与反馈工作包括：收集各预测专家的预测结果；预测机构对各专家意见进行统计分析，综合第一次预测结果；把综合结果反馈给专家小组成员，再要求各专家对新预测表做出第二轮预测；收集反馈过程重复次数。其收集反馈模型如图 4-1 所示。④ 预测结果。在意见交流开始形成比较一致的看法时，这个结果成为可以接受的预测。

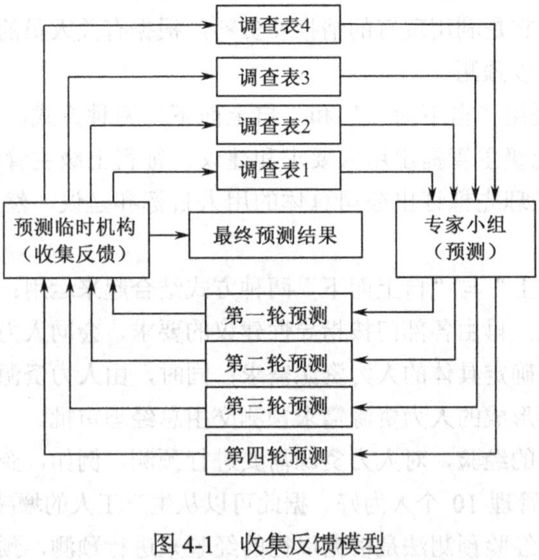


图 4-1　收集反馈模型

2）在运用德尔菲法进行人力资源需求预测时，为提高预测结果的准确性，企业须遵循以下基本原则。① 提供充分且完备的信息，包括已收集的历史资料和有关的分析结果，使预测者能够做出准确判断。② 所提出的问题尽可能简单，以保证所有专家能够从相同的角度理解相关概念。③ 所提出的问题应该是专家能够答复的，或者是其专业特长之内的问题。④ 问题的回答不需要太精确。预测者可以粗略估计数字，但要说明数字的可靠程度。⑤ 尽可能将过程简化，不问与预测无关的问题。⑥ 保证所有专家能够从同一角度去理解员工分类和其他有关定义。⑦ 专家要讲明预测对企业和下属单位的意义，以争取它们对德尔菲法的支持。

3）德尔菲法的难点在于如何提出简单明了的问题和如何将专家的意见归纳总结。对此，可采用名义小组讨论法弥补不足，即请各位专家或有经验的现场管理人员组成一个小组，每人根据现有的信息与资料，列出一张问题清单，企业将所有的问题一一列出，请各位专家归纳。

4）德尔菲法的特点如下。① 采取匿名形式进行。其他集体咨询方法往往是面对面进行，由于人际关系、职位高低等因素的影响常使预测的结果发生误差。德尔菲法避免了这一缺点。匿名方式是专家们不用顾及他人因素，完全凭自己的理论、经验来进行判断，相当于设计了一个可以畅所欲言的预测环境。② 几轮反复咨询。每轮的咨询结果都将被收集整理出来，发给每位专家。这种间接沟通有利于专家们更好地接受彼此的意见，避免由于职位高低引起的偏见而对预测结果造成影响。③ 对结果进行综合预测，使结果更准确，更有价值。

德尔菲法的这些特点使它成为一种最为有效的判断预测法。很多公司采用德尔菲法取得了成功。上海一家大型集团公司曾同时采用此方法和定量分析方法预测某一时期需要的专门人才数，结果两种方法得到的结果非常相似。这也说明定性的方法若使用得好，也会使预测较为有效。

在人力资源需求定性预测方法中，除了以上几种方法外，还有访谈法等。

## 2. 人力资源需求定量预测

除人力资源定性预测方法之外，现代预测技术还给我们提供了一些实用的定量预测方法，主要有以下几种。

（1）趋势外推法。趋势外推法是数学中的一类计算方法，有着广泛的用途。最简单的形式是直线外推，还有曲线外推，如指数平滑法，还有更复杂的形式。这种方法适用于短期和中期预测。下面主要介绍两种趋势外推法。

1）移动平均法。时间序列虽然会受到不规则变动的影响，但如果未来的发展情况能够与过去某一时段的平均状况大致相同，可以利用历史资料的平均值进行预测，这种方法称为移动平均法。移动平均法的实质是利用平均消除不规则变动的影响，以突出序列的基本形态，主要适用于短期预测。

① 线性一次移动平均法。一次移动平均法是计算时间序列中的一组观测值的均值，并用这个均值作为序列下一期的估计值。在均值计算过程中，每次参加计算的观测值数据 $N$ 是事先确定不变的，每次计算时都有新的观测值加入，这就要在每次计算时去掉一个较早的观测值，移动平均的称呼正是因此而来。

设时间序列为 $X_0$，$X_1$，…，且以序列中的三个观测值计算平均，则移动平均值分别为：

$$F_1=\frac{X_1+X_2+X_3}{3}, \quad F_2=\frac{X_2+X_3+X_4}{3}, \quad \cdots$$

移动平均有两种极端的情况：

$N$=1，在移动平均值的计算中只包含 1 个历史观测值，这相当于利用最新的观测值作为下一期的预测值；

$N$=$n$，在移动平均值的计算中包含了全部历史观测值，相当于利用全部历史观测值的均值作为下一期的预测值。

在确定 $N$ 时应注意，选用较大的 $N$ 有利于平均平滑由随机性对序列造成的偏差，即有利于消除序列的不规则变动；但较大的 $N$ 也会因为其较强的平滑作用，减弱对序列的近期发展趋势的表现能力，并且 $N$ 越大预测值的滞后期越长。因此，当历史数据的随机因素影响较大时，宜选用较大的 $N$；当历史数据的随机影响较小时，应选择较小的 $N$；当序列变化较强烈时，宜选用较小的 $N$；当序列较平稳时，可选用较大的 $N$；如果数据是完全随机的，则全部历史数据的均值是最好的预测值。

设时间序列为 $X_0$，$X_1$，…，移动平均期数为 $N$，则移动平均法可以表示为：

$$F_{t+1}=\frac{1}{N}\sum_{t-N+1}^{t} X_t \quad (t=N,N+1,N+2,\cdots,n) \tag{4-1}$$

式中　$X_t$——最新观察值；

$F_{t+1}$——下一期的预测值。

从（4-1）式可以看出，为了计算移动平均值，必须具有 $N$ 个过去值。经整理，移动平均法计算可以简化为：

$$F_{t+1}=\frac{X_t-X_{t-N}}{N}+F_t \tag{4-2}$$

（4-2）式表明，由移动平均法得出的每个新预测值是对前一移动平均预测值的修正。这一修正包括加上最新观察值 $X_t$，减去最早观察值 $X_{t-N}$。由此容易看出，$N$ 越大，平滑效果越好。这是因为当随机性显著时，$N$ 越大，对每个新预测值的修正量越不大。

移动平均法具有两个优点：一是计算量小；二是能较好地反映时间序列的趋势及其变化。因此，尽管移动平均法的预测精度较低，但仍然是一种应用较广泛的预测方法。

② 线性二次移动平均法。当用线性一次移动平均法来预测一组具有趋势的数据时，估计值往往比实际值偏低（或偏高）。当序列具有随机性时，也存在预测值滞后于实际值的问题。

为了避免利用线性一次移动平均法预测有趋势的数据时产生系统误差，发展了线性二次移动平均法。二次移动平均是在对实际值进行一次移动平均的基础上，再进行一次移动平均。二次移动平均对一次移动平均的滞后量与一次移动平均对实际值的滞后量大致相等。也就是说，实际值与一次移动平均值之差（$X_t-F_t$），和一次移动平均值与二次移动平均值之差（$F_t-F_t'$）大致相等。

为了消除预测的系统误差，可将一次移动平均值，加上一次移动平均值与二次移动平均值之差。

线性二次移动平均法的通式为：

$$S_t' = \frac{X_t + X_{t-1} + X_{t-2} + \cdots + X_{t-N+1}}{N}$$

$S_t'' = \dfrac{S_t' + S_{t-1}' + S_{t-2}' + \cdots + S_{t-N+1}'}{N}$ 用于计算二次移动平均值；

$a_t = S_t' + S_t' - S_t'' = 2S_t' - S_t''$ 用于对预测（最新值）的初始点进行基本修正，使得预测值与实际值之间不存在滞后现象，基本修正是将一次移动平均值和二次移动平均值之差，加在一次移动平均值之上，这能使预测值接近最新预测的实际值；

$b_t = \dfrac{2}{N-1}(S_t' - S_t'')$ 用于计算每一期的趋势变化量；

$F_{t+m} = a_t + b_t m$，其中 $m$ 为预测超前期数，该式是对第 $F_{t+m}$ 期值的预测公式。

③ 加权移动平均法。线性移动平均法将各期数据对预测值的作用视作相同的，事实上，往往是序列中的近期数据对预测值的影响较大，远离预测期的数据对预测值的影响较小。正是因为这一原因，加权移动平均法对不同时期的数据赋予不同的权重。其计算公式为：

$$F_{t+1} = \alpha_1 X_1 + \alpha_2 X_2 + \cdots + \alpha_t X_t = 1$$

其中：$\alpha_1 \leqslant \alpha_2 \leqslant \alpha_3 \cdots \alpha_t$；$\alpha_1 + \alpha_2 + \cdots + \alpha_t = 1$。

2）指数平滑法。移动平均法有两个主要限制：第一，计算移动平均必须具有 $N$ 个过去观察值，当需要预测大量的数值时，就必须存储大量数据。第二，$N$ 个过去观察值中每个权数都相等，而早于（$t-N+1$）期的观察值的权数等于 0。但在很多时候，对于未来发生的事情，最新观察值比较早期观察值包含更多的信息。因而在预测时，最新观察值应比较早期观察值具有更大的权重。虽然加权移动平均可以对近期数据赋予较大的权数，但权重究竟应该如何分配才更合理，是一件很难的事情。

指数平滑法通过对权重的改进，可以满足这一要求。此外，利用指数平滑法预测时只需要两个数据值，是一种相当经济的预测方法，同时又能提供良好的短期预测精度，因此成为应用广泛的预测方法。

① 一次指数平滑法。可以利用移动平均公式近似得到指数平滑公式。

用 $F_t$ 取代 $X_{t-N}$，则公式 $F_{t+1} = \dfrac{X_t - X_{t-N}}{N} + F_t$ 变为：

$$F_{t+1} = \frac{X_t - F_t}{N} + F_t = \left(\frac{1}{N}\right) X_t + \left(1 - \frac{1}{N}\right) F_t = \alpha X_t + (1-\alpha) F_t \tag{4-3}$$

可知，这是一种加权预测，即最新观察值权数为 $\alpha$，最新预测值的权数为 $(1-\alpha)$。

（4-3）式是指数平滑预测的通式。指数平滑法既不需要存储全部历史数据，也不需要存储一组数据，从而可以大大减少数据存储问题，甚至有时只需一个最新观测值、最新预测值和一个 $\alpha$ 值，就可以进行预测。

对（4-3）式进行展开，可以得到：

$$F_{t+1} = \alpha X_t + \alpha(1-\alpha) X_t + \alpha(1-\alpha)^2 X_{t-2} + \cdots + \alpha(1-\alpha)^{N-1} X_{N-1} + \alpha(1-\alpha)^N F_{t-N+1} \tag{4-4}$$

可以看出，在指数平滑中各期数据对于预测值的权重，由最新期起随着时间向过去推移按指数规律递减，呈一条衰减的指数曲线。这就是指数平滑名称的由来。

对（4-4）式进行整理可以得到：

$$F_{t+1} = F_t + \alpha\left(X_t - F_t\right) = F_t \alpha e_t$$

其中 $e_t$ 为 $F_t$ 的预测误差。可见指数平滑法的预测值是前一期预测值加上前期预测中产生的误差的修正值。

平滑常数 $\alpha$ 的选择直接影响过去各期数据对预测值的影响。当 $\alpha$ 接近 1 时，新的预测值将包括对前一期预测误差的全部修正值，过去各期数据几乎不发生影响。相反，当 $\alpha$ 接近 0 时，新的预测值只包括很小一部分修正值，$\alpha$ 越小，过去数据的权重衰减越慢。因而，取大的 $\alpha$ 或取小的 $\alpha$，其效果与移动平均值中取大 $N$ 或小 $N$ 的效果完全相似，$\alpha$ 小，序列平滑作用大；$\alpha$ 大，序列平滑作用小。一般当序列变化剧烈时，选较大的 $\alpha$，以便于跟踪序列变化；当序列较平稳时，选较小的 $\alpha$，以增强平滑能力。一般视序列的平稳程度选择范围为 0.05～0.5，选择的标准是使预测值的均方误差最小。可以通过几次实验确定最佳的 $\alpha$。

一次指数平滑的初值的确定有两种方法：一是取第一期的实际值为初值；二是取最初几期的平均值为初值。

② 二次指数平滑法。二次指数平滑法也称双重指数平滑法，它是对一次指数平滑值再进行一次平滑。二次指数平滑的作用是对时间序列所存在的线性趋势进行修正，因此又被称为线性指数平滑法。

由于线性指数平滑需要较少的历史数据，并对历史数据进行加权，因此，同线性二次移动平均法相比，在大多数情况下，人们一般更喜欢使用二次指数平滑法作为预测方法。

二次指数平滑法有以下几种具体算法：布朗单一参数线性指数平滑法、霍尔特双参数线性指数平滑法、布朗二次多项式指数平滑法、温特线性和季节性指数平滑法等，在这里不再做详细介绍。

移动平均法和指数平滑法虽然都属于趋势外推法，但各有特点：移动平均法是以最近 $N$ 期资料的算术平均或加权平均值作为下一期的预测值，使用简单，并且可以消除数据的季节变动、不规则变动或两者的影响；指数平滑法与移动平均法相似，不同点是采用此方法预测时，近期的资料所占权重较大，该方法所需保留的资料少，计算方便，是一种较为经济的短期预测方法。如果数据是比较平稳的，没有较大的波动，可以采用一次指数平滑法。

预测时，通常根据数据特征选择适用的平滑方法。

趋势外推法作为一种初步预测是很有价值的，但它有很大的局限性。因为企业人力资源需求不可能只受单个因素的影响。例如，企业管理的改善可能少用员工，企业成本预算会使企业人力资源需求受到更多的局限。在使用它时，一定注意前提条件是假定企业比较稳定，如企业生产技术不变，单位产品的人工成本大致保持不变，才可以根据产量来预测员工需求量。趋势外推法一般适合短中期预测或比较稳定的预测。

（2）一元线性回归分析法。线性回归法是数理统计学中的方法，比较常用。它是处理变量之间相互关系的一种统计方法。在这种方法中，最简单的是一元线性回归分析，也可以是多元线性回归分析和非线性回归分析。

一元线性回归法的模型与参数如下。

将预测对象作为 $Y$，主要影响因素作为自变量 $X$，则一元线性回归模型的一般形式为：

$$Y = a + bX + e \tag{4-5}$$

式中　$a$——常数；

$b$——回归系数；

$e$——残差（又称回归剩余项），用 $X$ 估计 $Y$ 时估计值与实际值之间的离差。

相对于（4-5）式，回归模型也可以写成：

$$Y_i = a + bX_i + e_i$$

在实际预测时，残差项 $e$ 是无法预测的，预测的目的是借助 $a+bX$ 得到对预测对象 $Y$ 的估计值，因此实际预测模型为：

$$\hat{Y} = a + bX$$

要将回归模型用于预测，首先要对模型中的 $a$ 和 $b$ 进行估计，依据不同的准则，采用不同的统计方法，可以得到 $a$ 和 $b$ 的不同的估计值，因此 $\hat{Y} = a + bX$ 中的 $a$ 和 $b$ 不是唯一确定的。一个好的估计量应该满足一致性、无偏性和有效性要求。线性回归模型参数估计的方法通常有两种，即普通最小二乘法和最大似然估计法。最常用的是最小二乘法。

最小二乘法的意义是使 $Q = \sum\left(Y - \hat{Y}\right)^2$ 达到最小（其中 $Y$ 为实际值，$\hat{Y}$ 为回归方程对 $Y$ 的估计值）。

将 $\hat{Y} = a + bX$ 式代入 $Q = \sum\left(Y - \hat{Y}\right)^2$ 式中得：

$$Q = \sum\left[Y - \left(a + bX\right)\right]^2$$

由此求得使 $Q$ 达最小时的 $a$，$b$ 值，就得到了一元线性回归方程。该方程称为 $X$ 对 $Y$ 的回归方程。

利用最小二乘法由 $Q = \sum\left[Y - \left(a + bX\right)\right]^2$ 式解出回归系数 $b$ 和常数 $a$。

$$b = \frac{\sum\left(X - \hat{X}\right)\left(Y - \hat{Y}\right)}{\sum\left(X - \hat{X}\right)^2} = \frac{n\sum XY - \sum X \sum Y}{n\sum X^2 - \left(\sum X\right)^2}$$

$$a = \hat{Y} - b\hat{X}$$

一元线性回归分析方法的步骤如下。

1）选择相关变量。选择一个相关因素，对这个因素进行调查，找出它与人力资源的需求量在 5 年以上的历史数据。

2）建立一元线性方程，根据历史资料确定线性方程的系数。

3）由一元线性方程求出目标值所对应的人力资源需求量。

例如，某医院要建立一个住院部，需要预测护士的需求量。医院聘请了一个专家组，对 5 家典型的医院进行了调查，发现护士的需求量与住院部的病床数存在很大的相关性，5 家医院的病床数与护士人数情况如表 4-1 所示。请根据表 4-1 预测此医院建立一个 500 个病床位的住院部需要多少护士。

表 4-1　医院病床数与护士人数情况

| 被调查医院 | 病 床 数（个） | 护士人数（人） |
| --- | --- | --- |
| 医院 A | 350 | 39 |
| 医院 B | 420 | 41 |
| 医院 C | 610 | 58 |
| 医院 D | 470 | 50 |
| 医院 E | 530 | 54 |

下面用回归分析方法预测该医院所需护士的人数。由回归分析方法找到所需护士的人数与病床数，假定：

$$Y = a + bx + c$$

式中　$Y$——所需护士数；

$x$——床位数；

$a,b$——根据其他医院经验数字假定的系数；

$c$——随机变量。

根据 5 组经验数据可计算出：$a = 10.506\ 0,\ b = 0.079\ 6$。

线性方程为：$Y = 10.506\ 0 + 0.079\ 6x$

把 $x = 500$ 的目标值代入式中，$Y = 50$(人)。

即预测结果为住院部需要护士 50 人。

回归分析方法是一种比较精确的预测方法，但预测的准确程度与相关变量的选取有很大的关系，这要求在具体应用时，一定要选取与人力资源需求量相关的变量。

（3）多元线性回归分析法。多元回归预测同样是一种建立在统计技术上的人力资源需求预测方法。与趋势预测法不同的是，它不只考虑时间或产量等单个因素，还考虑了两个或两个以上因素对人力资源需求的影响。多元回归预测法不单纯依靠拟合方程、延长趋势线来进行预测，它更重视变量之间的因果关系。运用事物之间的各种因果关系，根据多个自变量的变化来推测因变量的变化，而推测的有效性可通过一些指标来加以控制。

人力资源需求的变化总是与某个或某几个因素有关。通常都是通过考察这些因素来预测人力资源需求情况。首先，应找出与人力资源需求量有关的因素，将其作为变量，如销售量、生产水平、人力资源流动比率等；然后，找出历史资料中的有关数据及历史上的人力资源需求量，要求至少 20 个样本，以保证有效性。对这些因素利用 Excel、SPSS 等统计工具中的多元回归计算机来拟合出方程，利用方程进行预测。在多元回归预测法中使用计算机技术非常必要，多元回归计算比较复杂，手工计算耗时多，易出错，使用计算机可避免这些因素对准确性的影响。

类似于一元线性回归模型，多元线性回归模型为：

$$Y = b_0 + b_1X_1 + b_2X_2 + \cdots + b_pX_p + e$$

式中 $Y$——因变量；

$X_i$（$i=1，2，\cdots，p$）——$p$ 个自变量；

$b_0$——回归方程的常数项；

$b_i$（$i$=1，2，…，$p$）——回归系数；

$e$——残差项。

与一元线性回归模型一样，回归残差项是无法预测的。因此，实际应用中多元线性回归模型为：

$$\widehat{Y}=b_0+b_1X_1+b_2X_2+\cdots+b_pX_p$$

回归方程的求解过程实际上就是利用多元样本数据计算得到各 $b_i$（$i$=0，1，…，$p$）的值，得到一个最后具有 $p$ 个自变量的线性方程。

假设有多元样本数据如表 4-2 所示，则可以计算出：

$$\overline{Y}=\frac{1}{n}\sum_{i=1}^{n}Y_i \quad \overline{X}_j=\frac{1}{n}\sum_{i=1}^{n}X_{ij} \quad (j=1，2，\cdots，p)$$

**表 4-2 多元样本数据**

| | $X_1$ | $X_2$ | $X_3$ | … | $X_p$ | $Y$ |
|---|---|---|---|---|---|---|
| 1 | $X_{11}$ | $X_{21}$ | $X_{31}$ | … | $X_{p1}$ | $Y_1$ |
| 2 | $X_{12}$ | $X_{22}$ | $X_{32}$ | … | $X_{p2}$ | $Y_2$ |
| 3 | $X_{13}$ | $X_{23}$ | $X_{33}$ | … | $X_{p3}$ | $Y_3$ |
| ⋮ | ⋮ | ⋮ | ⋮ | ⋮ | ⋮ | ⋮ |
| $n$ | $X_{1n}$ | $X_{2n}$ | $X_{3n}$ | … | $X_{pn}$ | $Y_p$ |

建立多元回归方程模型的过程，实际上是求解 $\widehat{Y}=b_0+b_1X_1+b_2X_2+\cdots+b_pX_p$ 式中的参数 $b_i$（$i$=0，1，…，$p$）的过程。而在求解 $b_i$ 时所采用的一般准则是利用最小二乘法使式（4-6）达到最小。

$$Q=\sum\left(Y_i-\widehat{Y}_i\right)^2，\quad \widehat{Y}=b_0+b_1X_{i1}+\cdots+b_pX_{ip} \tag{4-6}$$

由此而解出的一组 $b_i$，称为最小二乘估计值，可以作为多元线性回归方程的系数。记：

$$L_{ji}=\sum\left(X_{ki}-\overline{X}\right)\left(X_{kj}-\overline{X}_j\right)=\sum_{k=1}^{n}X_{ki}X_{kj}-\frac{1}{n}\left(\sum_{k=1}^{n}X_{ki}\right)\left(\sum_{k=1}^{n}X_{kj}\right)，(i，j=1，2，\cdots，p)$$

$$L_{iY}=\sum\left(X_{ki}-\overline{X}_i\right)\left(Y_k-\overline{Y}\right)=\sum_{k=1}^{n}X_{ki}Y_k-\frac{1}{n}\left(\sum_{k=1}^{n}X_{ki}\right)\left(\sum_{k=1}^{n}X_{ki}\right)\left(\sum_{k=1}^{n}Y_k\right)，(i=1，2，\cdots，p)$$

可以证明，使 $Q$ 达到最小值的 $b_i$ 满足下列方程组：

$$l_{11}b_1+l_{12}b_2+\cdots+l_{1p}b_p=l_{1Y}$$

$$l_{21}b_1+l_{22}b_2+\cdots+l_{2p}b_p=l_{2Y}$$

$$\vdots$$

$$l_{p1}b_1 + l_{p2}b_2 + \cdots + l_{pp}b_p = l_{pY}$$

求上面线性方程组的解，即可得到诸 $b_i$，且

$$b_0 = \overline{Y} - \sum_{i=1}^{p} b_i \overline{X}_i$$

如果使用矩阵形式表示，并记

$$\boldsymbol{Y} = \begin{pmatrix} Y_1 \\ Y_2 \\ \vdots \\ Y_n \end{pmatrix} \qquad \boldsymbol{b} = \begin{pmatrix} b_0 \\ b_1 \\ \vdots \\ b_p \end{pmatrix}$$

$$\boldsymbol{X} = \begin{pmatrix} 1 & X_{11} & X_{21} \cdots X_{p1} \\ 1 & X_{12} & X_{22} \cdots X_{p2} \\ \vdots & \vdots & \vdots \quad\quad \vdots \\ 1 & X_{1n} & X_{2n} \cdots X_{pn} \end{pmatrix}$$

则回归模型可表示为：

$$\boldsymbol{Y} = \boldsymbol{Xb}$$

利用最小二乘法得到 $b$ 的估计值为：

$$\boldsymbol{b} = \left(\boldsymbol{X'X}\right)^{-1} \boldsymbol{X'Y}$$

式中，$\boldsymbol{X'}$ 是 $\boldsymbol{X}$ 的转置矩阵，$(\boldsymbol{X'X})^{-1}$ 是 $(\boldsymbol{X'X})$ 的逆矩阵。由此，代入 $\widehat{Y} = b_0 + b_1X_1 + b_2X_2 + \cdots b_pX_p$ 式，就可得到多元线性回归模型：

$$\widehat{Y} = b_0 + b_1X_1 + b_2X_2 + \cdots + b_pX_p$$

多元回归分析方法的典型步骤如下。

1）选择相关变量。选择一个相关因素，对这个因素进行调查，找出它与人力资源的需求量 5 年以上的历史资料。

2）建立多元回归方程：

$$\widehat{Y} = b_0 + b_1X_1 + b_2X_2 + \cdots + b_pX_p$$

式中　$\widehat{Y}$——人力资源需求量；

$b_0$，$b_1$，$b_2$，…，$b_p$——回归方程系数；

$X_0$，$X_1$，$X_2$，…，$X_p$——选取的相关变量。

3）根据历史资料确定多元回归方程的系数，列出回归方程。

4）由多元回归方程求出目标值所对应的人力资源需求量。

多元回归分析方法与一元回归分析方法很相近，只是在数字方法上难度稍大一些。同时，上面使用的一元回归分析方法和多元回归分析方法结果都要进行检验，这样才能保证结果的正确性和科学性。

（4）计算机模拟法。这是人力资源需求预测中最为复杂的一种方法。它是指在计算机中

运用数学模型按描述法中假定的几种情况对人力资源需求进行模拟测试，并通过这种模拟测试确定人力资源需求的预测方案。当然，也可以使用这种方法对某种情况的几种备选方案进行模拟测试，以选择一种最佳方案。后一种应用带有评估和择优的意思，也就是说，可以用于评估人力资源政策和项目。

一些企业已经开发出了完善的人力资源信息系统，使用 IT 技术管理人力资源，将人力资源部门和直线部门所需的信息集中在一起，实现互联与共享，建立起综合的计算机预测系统。在这一系统中需要保存的信息包括生产单位产品的直接工时、当前产品系列的销售额计划。通过这两者可以初步确定直接生产人员的人数，从而确定企业内部人力资源需求。

但是有一点要注意，使用定量方法时自变量选择要正确，量化过程要正确，预测后要检验其可信度。企业规模和所处环境不同，人力资源需求预测方法也有差异。但是预测这项工作总是要做的，而且大部分组织都是在这种预测的基础上制定人力资源规划的。制定短期规划可以选择一些较为简单的方法，而制定中长期规划则可以选择一些较为复杂的方法。

### 3. 各种预测方法对比

各种预测方法对比如表 4-3 所示。

表 4-3 各种预测方法对比

| 技术分类 | 方 法 | 使用条件 | 特 点 | 应用范围 |
|---|---|---|---|---|
| 人力资源需求定性预测 | 现状规划法 | 企业各岗位上需要的人数不变，企业特别稳定，技术不变，规模也不变等 | 预测方法简单，比较容易操作 | 适用于短期人力资源需求预测 |
| | 经验预测法 | 保留企业历史的档案，并采用多人集合的经验 | 预测的效果受经验影响较大 | 适用于技术较稳定的企业的中短期人力资源需求预测 |
| | 分合性预测法 | 要求在人力资源管理部门或专职人力资源规划人员的指导下进行预测 | 采取先分后合的预测方法，有较大的局限性 | 比较适用于中短期人力资源需求预测 |
| | 德尔菲法 | 有经验的专家或管理人员对某些问题的预测；预测人员应具有提出简单明了的问题和如何将专家的意见归纳总结的能力 | 技术比较准确，在预测方法中享有一定的权威 | 它常用来预测和规划因技术的变革带来的对各种人才的需求。适用于大企业中长期人力资源需求预测 |

续表

| 技术分类 | 方　法 | 使用条件 | 特　点 | 应用范围 |
|---|---|---|---|---|
| 人力资源需求定量预测 | 趋势外推法 | 企业比较稳定 | 对初步预测很有价值，但有很大的局限性 | 既适合对企业进行整体预测，也适合对企业的各个部门进行结构性预测。适合企业的中短期人力资源需求预测 |
| | 一元线性回归分析法 | 预测时一定要选取与人力资源需求量相关的变量；预测出的结果一定要检验 | 是比较精确的预测方法，但预测的准确程度与相关变量的选取有很大的关系 | 适用于中短期人力资源需求预测 |
| | 多元线性回归分析法 | 预测时一定要选取与人力资源需求量相关的变量；预测出的结果一定要检验 | 多个变量对人力资源需求有影响 | 适用于多种因素影响人力资源需求时 |
| | 计算机模拟法 | 需要系统软件的开发 | 方法复杂；相对预测结果准确；综合其他预测方法 | 适合大企业的中长期人力资源需求预测 |

## 4.1.3　人力资源需求的预测步骤

### 1. 预测企业未来生产经营状况

企业未来生产经营状况从根本上决定着人员需求量。一般说来，从企业发展战略规划中可直接将未来生产经营状况分离出来而不用预测。企业未来生产经营状况可采用具体的职能水平和各分类计划来表示，如各职能的增减及职能领域的扩大或缩小、产品结构的改变、目标市场的变化和市场占有率的增减、新技术的引进或采用、销售额的变化与生产率水平的变化等。上述各种活动和指标要定量描述，否则无法转换为具体的人力资源需求量，也就不能保证人力资源需求预测的准确性。

### 2. 估算各职能工作活动的总量

未来生产经营目标的实现，根本支柱在于各职能活动，因而必须估算各职能活动的总量及其在不同活动层次的活动总量分布。

由于这些活动是不同质量或等级的，所以不能仅仅只对各职能未来活动总量进行估算，这是不够的。而是要在总量确定以后，将其分配到该职能的不同层次上。例如，可以把销售活动总量分配到市场推广、市场研究、宣传广告、销售管理等不同层次上，从而为确定各类销售人员需求量预测提供基础。

### 3. 确定不同人员的工作负荷

各职能人员由于层次不同、类别不同，工作负荷自然也就不同。因此，必须确定各职能部门内不同人员的工作负荷。由于生产技术的改善，工作的效率是不断提高的，因而必须充分考虑各因素变化对工作效率的影响，然后确定各职能及各职能内不同层次、类别人员的工作负荷。

工作效率与工作负荷在不同条件下相关性是不同的。以生产环节与销售环节为例，如果是在生产环节，工作效率因为新技术的引进等原因而提高，工作负荷却可以不变或减少。但是在销售环节，随着市场竞争的激烈，尽管提高了工作效率，销售单位货物的活动量却会增加，导致工作负荷增加。因此，在确定各类人员工作负荷时，要充分考虑各种变量的影响，不能仅从主观愿望进行预测。

### 4. 确定企业整体人力资源需求预测量

若上几步汇总工作的结果可靠，则这步工作就相当简单，只需进行简单的转换即可。但是，要注意留有充分的余地，以防意外情况发生。

通过人力资源需求预测的典型步骤，就可以预测出企业的人力资源需求。在实际的操作中，应分别对企业的短期、中期和长期人力资源需求进行预测。预测的准确性，可以用预测结果与实际结果对照，不断加以调整，使预测结果与实际结果接近。

## 4.2 人力资源供给预测

**引导案例 4-2**

**宏图公司的人力资源供给预测**

宏图公司的人力资源部经理老白接到公司委派给他的一项任务：预测公司未来五年的人力资源供给。老白觉得进行人力资源供给预测需要考虑以下几个关键因素。

首先，公司现状。公司目前共有生产与维修工人 825 人，行政和文秘等白领职员 143 人，基层与中层管理人员 79 人，工程技术人员 38 人，销售人员 23 人。

其次，据统计，近五年来职工的平均离职率为 4%，预计近期内不会有什么改变。不过，不同类的职工的离职率并不相同，生产与维修工人离职率高达 8%，而技术和管理人员则只有 3%。

最后，按照既定的扩产计划，白领职员和销售人员要新增 10%～15%，工程技术人员要增加5%～6%，中、基层管理人员不增也不减，而生产与维修工人要增加5%。

有一点特殊情况要考虑：最近本地政府颁布了一项政策，要求当地企业招收职工时，要优先考虑妇女和下岗职工。公司一直未曾有意地排斥妇女或下岗职工，只要她们来申请，就会按同一种标准进行选拔，但也未给予特殊照顾。如今的事实却是，销售员几乎全是男的，只有一位女销售员；中、基层管理人员除两人是妇女外，其余也都是男的；工程师只有三位是妇女；生产与维修工人中约有11%是妇女或下岗职工，而且都集中在低层的劳动岗位上。

此外，公司刚开发出几种有吸引力的新产品，所以预计公司销售额五年内会翻一番。

**思考题**：除了以上几个因素，你认为还有哪些因素会影响公司的人力资源供给预测？

人力资源规划除了要用人力资源需求预测方法外，还要有人力资源供给预测方法做保证。只有在人力资源需求预测和人力资源供给预测两者都正确的基础上，才能知道企业各类人力资源需求和供给的实际情况，才能保证企业人力资源规划的正确性。

为了保证企业的人力资源供给，必须对企业内部和外部的人力资源供给情况进行估计和预测。只有通过人力资源供给预测的结果与人力资源需求预测的结果进行比较，找出差距，才可以制定相应的人力资源规划。

人力资源供给预测是指企业为了实现其既定目标，对未来一段时间内企业内部和外部各类人力资源补充来源情况的预测。

人力资源供给预测与人力资源需求预测有所不同，人力资源需求预测研究的只是企业内部对人力资源的需求，而人力资源供给预测需要研究企业内部的人力资源供给和企业外部的人力资源供给两方面。

## 4.2.1 人力资源供给的影响因素

对企业人力资源供给进行预测，必须把握影响人力资源供给的主要因素，从而了解企业人力资源供给的基本状况。

影响人力资源供给的因素可以分为企业内部因素、企业外部因素、地区性因素和全国性因素四大类。

### 1. 企业内部因素

企业内部因素具体包括：企业员工的自然流失（伤残、退休、死亡等）、内部流动（晋升、降职、平调等）、外部调动（包括自动辞职和合同到期解聘等）。企业内部人力资源供给主要依靠管理人员和技术人员的不断接续和替补，其主要过程是：明确预测范围；配置关键职位的接替人选，并评价接替人员目前的工作情况及其能力是否达到该职位的要求；确定专业发展需要，并将员工个人的目标与企业目标相结合，主动挖掘人力资源潜力。

### 2. 企业外部因素

（1）人口政策及现状。人口政策决定了一定时期内劳动力的规模。人口现状则反映了企业外部现有人力资源供给状况，其中包括人口规模、年龄和素质结构、现有劳动力参与率等。

（2）劳动力市场发育程度。劳动力市场发育好，可形成由劳动力价值引导的合理流动，从而消除人为因素对其流动的影响，增强预测的客观性和准确性。劳动力市场发育不健全，双轨制就业政策的存在，势必影响人力资源的优化配置，给预测带来困难。

（3）社会就业意识及择业心理偏好。例如，一些下岗人员宁愿赋闲在家，也不愿从事一些苦、脏、累、险的工作。再如，大学毕业生普遍存在对择业期望值过高的现象，多数人希望进国家机关、大公司或合资企业，希望从事工作条件舒适、劳动报酬优厚的职业，不愿到厂矿企业工作。

（4）现行的户籍制度也制约了企业外部人员的供给。按招聘原则，高层次人员应在全国范围内公开择优聘用。但目前由于户籍制度的限制，在一定程度上制约了高层次经营管理人才、专业技术人才的跨地区流动。

### 3. 地区性因素

（1）附近地区的人口密度。

（2）企业对地区劳动力的需求状况。

（3）企业当地的就业水平、就业观念。

（4）企业当地的科技文化教育水平。

（5）企业所在地对人们的吸引力。

（6）企业本身对附近地区人们的吸引力。

（7）企业当地临时工的供给状况。

（8）企业当地的住房、交通、生活条件。

### 4. 全国性因素

（1）全国劳动人口的增长趋势。

（2）全国对各类人员的需求程度。

（3）各类学校的毕业生规模与结构。

（4）教育制度变革产生的影响，如改革学制与教学内容等对人力资源供给的影响。

（5）国家就业法规、政策的影响。

## 4.2.2 人力资源供给的预测方法

### 1. 企业内部供给预测

在人力资源供给预测中，为了简便和准确，首先要考虑企业现有的人力资源存量，然后在假定人力资源管理政策不变的前提下，结合企业内外部条件，对未来的人力资源供给数量进行预测。常用的内部人力资源供给预测的方法如下。

（1）技能清单法。技能清单是用来反映员工工作技能特征的一张清单，其内容包括培养背景、以往的经历、持有的证书、已经通过的考试、主管的能力评价等。技能清单是对员工综合素质的一个反映，有助于决策者和人力资源规划人员对企业现有人力资源状况进行总体把握，估计现有员工调换工作岗位可能性的大小，决定有哪些员工可以填补以前的空缺，从而使企业的人力资源得到更为合理、有效的配置。从某种意义上讲，技能清单是员工的工作能力记录，其中包括基层操作员工的技能、研发人员的科研水平和中高层管理人员的管理能力。

技能清单可以为以下工作提供参考：晋升人选的确定、管理人员继续培养计划、特殊工作的安排、培训、职业生涯规划、工资奖励计划与组织结构分析。对于人员流动频繁或经常组建临时项目小组的企业，其技能清单中要包括所有的员工；而对于那些企业人员流动频率不高，主要使用技能清单来制定管理人员继续培养计划的企业，其技能清单中可以只包括管理人员，如表4-4所示。

**表4-4　某企业管理人员技能清单**

| | | | | | |
|---|---|---|---|---|---|
| 姓　名： | | 到职日期： | | 出生年月： | |
| 部　门： | | 来　　源： | | 最高职称： | |
| 教育背景 | 类别 | 学位种类 | 毕业日期 | 学校 | 主修科目 |
| | 高中（中专） | | | | |
| | 大学（专科、高职、本科） | | | | |
| | 硕士 | | | | |
| | 博士 | | | | |
| 培训背景 | 培训主题 | 培训机构 | | 培训时间 | |
| | | | | | |
| | | | | | |
| | | | | | |
| 技能 | 技能种类 | | 证书 | | |
| | | | | | |
| 评价 | | | | | |
| 需要何种培训 | 改善目前的技能和绩效 | | | | |
| | 提高晋升需要的能力 | | | | |
| 目前可晋升或流动至何岗位 | | | | | |

（2）人员核查法。它是通过对企业现有人力资源数量、质量、结构及在各岗位上的分布状态进行核查，从而掌握企业可供调配的人力资源拥有量及其利用潜力，并在此基础上，

评价当前不同种类员工的供应状况，确定晋升和岗位轮换的人选，确定员工特定的培训或发展项目的需求，帮助员工确定职业发展计划与职业通路。

人员核查法的典型步骤如下。

1）对企业的工作职位进行分类，划分其级别。

2）确定每一职位每一级别的人数。

例如，某企业把员工划分为 A 管理类、B 技术类、C 服务类和 D 操作类 4 类职系，每类职系 4 个级别，其员工状况可以用表格的形式表示出来，如表 4-5 所示。

表 4-5　企业人力资源的现状

| 级 别 | 类 别 | | | |
|---|---|---|---|---|
| | A | B | C | D |
| 1 | 2 | 3 | 2 | 23 |
| 2 | 9 | 11 | 7 | 79 |
| 3 | 26 | 37 | 19 | 116 |
| 4 | 61 | 98 | 75 | 657 |

从表 4-5 中可以看出，此企业的管理类员工的一级员工为 2 人，二级员工为 9 人，三级员工为 26 人，四级员工为 61 人，其他技术类、服务类和操作类员工与此完全一样。表中各类员工的分布状况相当清晰。

人员核查法只是一种静态的人力资源供给预测方法，不能反映企业中人力资源动态的、未来的变化，所以只适用于中小型企业短期内人力资源的供给预测，存在很大的局限性。

（3）管理人员替代法。它是一种专门对企业的中高层管理人员的供给进行有效预测的方法。它通过对企业中各管理人员的绩效考核及晋升可能性的分析，确定企业中各关键职位的接替人选，然后评价接替人选目前的工作情况及潜质，确定其职业发展需要，考察其个人职业目标与企业目标的契合度，最终目的是确保企业未来有足够的、合格的管理人员。管理人员替代法与技能清单法的区别在于技能清单法的出发点是个人，描述的是个人的技能；而管理人员替代法的出发点是职位，描述的是可能胜任企业中各关键职位的个人。

管理人员替代法是通过一张管理人员替代图来预测企业内部的人力资源供给情况。在管理人员替代图中要给出部门、职位全称、员工姓名、职位（层次）、员工绩效与潜力等各种信息，如图 4-2 所示，依此来推算未来的人力资源变动趋势。

管理人员替代法的典型步骤如下。

1）确定人力资源规划所涉及的工作职能范围。

2）确定每个关键职位上的接替人选。

3）评价接替人选的工作情况和是否达到提升的要求。

4）了解接替人选的职业发展需要，并引导其将个人的职业目标与企业目标结合起来。

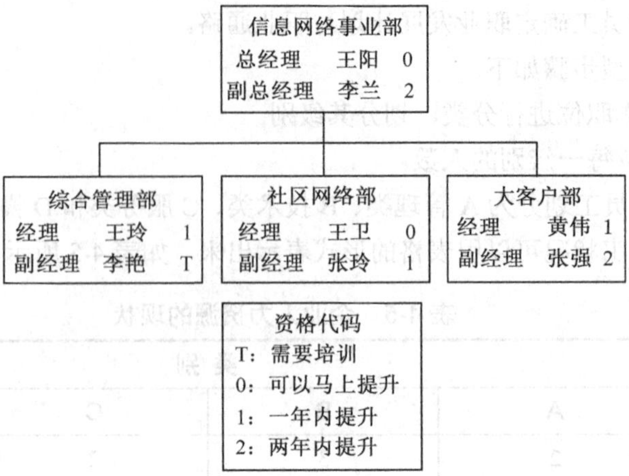


图 4-2　管理人员替代

（4）马尔科夫预测法。它是一种运用统计学原理预测企业内部人力资源供给的方法。其基本思路是通过具体历史数据的收集，找出企业过去人力资源变动的规律，由此推测未来的人力资源变动趋势。马尔科夫预测方法实际上是一种转换概率矩阵，使用统计技术预测未来的人力资源变化。这种方法描述企业中员工流入、流出和内部流动的整体形式，可以作为预测内部人力资源供给的基础。

这种方法最早在荷兰军队里使用，后扩展应用于企业中。它用定量方法预测具有相等时间间隔的时刻点上各类人员的分布状况。

马尔科夫预测法的典型步骤如下。

1）根据企业的历史资料，计算出每类每名员工流向另一类或另一级别的平均概率。

2）根据每类员工的每一级别流向其他类或级别的概率，建立一个人员变动矩阵表。

3）根据企业年底的种类人数和步骤 2）中人员变动矩阵表预测第二年企业可供给的人数。

**【例 4-1】**　某企业在 2014—2018 年 5 年中，技术人员从第三级提升到第二级的人数分别为 23 人、19 人、22 人、21 人和 20 人，而这 5 年中技术人员第三级的人数分别为 106 人、103 人、107 人、104 人和 105 人。那么这个企业技术人员从第三级提升到第二级的概率为：

$$P=(23+19+22+21+20)/(106+103+107+104+105)=0.2$$

同样，我们可以计算出其他每 1 类员工流向另一类员工的平均概率，再根据这些数据建立人员变动矩阵，如表 4-6 所示。

表 4-6　人员变动矩阵

单位：%

| 工作级别 | | 目的时间 | | | | | | | | | 流 出 |
|---|---|---|---|---|---|---|---|---|---|---|---|
| | | $A_1$ | $A_2$ | $A_3$ | $B_1$ | $B_2$ | $B_3$ | $C_1$ | $C_2$ | $C_3$ | |
| 起始时间 | $A_1$ | 70 | | | | | | | | | 30 |
| | $A_2$ | 15 | 65 | | | | | | | | 20 |
| | $A_3$ | 2 | 15 | 70 | | | | | | | 13 |
| | $B_1$ | | | | 70 | | | | | | 30 |
| | $B_2$ | | | | 10 | 75 | | | | | 15 |
| | $B_3$ | | | | 1 | 20 | 70 | | | | 9 |
| | $C_1$ | | | | | | | 60 | | | 40 |
| | $C_2$ | | | | | | | 10 | 70 | | 20 |
| | $C_3$ | | | | | | | 2 | 12 | 73 | 13 |

在上面的人员变动矩阵中，矩阵的列代表分析的起点，行代表分析的目的时间。其时间间隔取决于人力资源规划者进行供给预测时的选择，可以是月度，也可以是年度，甚至可以是商业周期，一般用年度的比较多。人员变动矩阵中单元格中的数字，表示在期初承担相应行所表示的职位的员工在期末承担相应的行所表示的职位的概率或比例，对角线的数字代表在期末仍然承担原来职位的员工的比例。“流出”列中的数字描述的是各职位的员工在分析期间离开企业的比例。

矩阵中 A，B，C 代表三个职位类别，假设为管理类、技术类和操作类，其右下标的 1，2，3 代表各职位类别的职位层次，如 B 代表技术类员工，$B_1$ 代表高级技术员工，$B_2$ 代表中级技术员工，$B_3$ 代表初级技术员工。

从表 4-6 可以看出，$B_3$ 即初级技术员工保留在原岗位的比例为 70%，提升到 $B_2$ 即中级技术人员的比例为 20%，跨级提升到 $B_1$ 即高级技术员工的比例为 1%，流出企业的比例为 9%。

运用人员变动矩阵图，对企业员工流动情况一目了然，而且对熟悉高等数学知识的人员来说，运用矩阵来进行计算也特别方便。

在了解组织的人员变动矩阵后，可以根据企业起始时间的人力资源状况，预测目的时间的人力资源供给。

在上面的例子中，假设企业起始时间的人力资源状况如表 4-7 所示。

表 4-7　起始时间的人力资源状况

| 类别 | $A_1$ | $A_2$ | $A_3$ | $B_1$ | $B_2$ | $B_3$ | $C_1$ | $C_2$ | $C_3$ |
|---|---|---|---|---|---|---|---|---|---|
| 人数 | 20 | 40 | 100 | 40 | 80 | 100 | 80 | 160 | 400 |

根据表 4-6，可以计算出目的时间各类职位上人员的供给情况。

$A_1$：$20 \times 0.70 + 40 \times 0.15 + 100 \times 0.02 = 22$（人）

$A_2$：$40\times0.65+100\times0.15=41$（人）

$A_3$：$100\times0.70=70$（人）

$B_1$：$40\times0.70+80\times0.10+100\times0.01=37$（人）

$B_2$：$80\times0.75+100\times0.20=80$（人）

$B_3$：$100\times0.70=70$（人）

$C_1$：$80\times0.60+160\times0.10+400\times0.02=72$（人）

$C_2$：$160\times0.70+400\times0.12=160$（人）

$C_3$：$400\times0.73=292$（人）

以上的计算显得有些呆板，但如果你掌握矩阵知识，运用矩阵原理来计算，过程会更简单。用起始时间各种工作职位上员工的数量和转换矩阵相乘，就可以得到期末各种工作岗位上员工供给的预测值。

马尔科夫预测法可以用来进行多期分析，其方法是把目的期所提出的人力资源供给数据作为分析的起点，然后重复上述的过程。

【例 4-2】 某企业有生产技术、发展研究、销售市场三个部门（A，B，C），已知从起点年份（如 2017 年年底）调查知道三个部门人员分别为 100 人、80 人、60 人；从第 0 年到第 1 年（如 2018 年年底）三个部门的流动情况为：

$$\boldsymbol{P}=\boldsymbol{P}(p_{ij})=\begin{pmatrix}0.5 & 0.5 & 0\\ 0 & 0.5 & 0.5\\ 0.75 & 0.25 & 0\end{pmatrix}$$

式中 $i=1，2，3$；$j=1，2，3$。

即由生产技术部 A 自第 0 年到第 1 年流向三个部门的比例为第一行的数字：仍在生产技术部 A（即仍稳定保留的人员）比例为 50%，流向发展研究部 B 的人员比例为 50%，流向销售市场部 C 的人员比例为 0%；而由发展研究部 B 自第 0 年到第 1 年流向三个部门的比例为第二行的数字（即 0%，50%，50%）；由销售市场部流向三个部门的比例为第三行数字（75%，25%，0%）等。

这样一个矩阵 $\boldsymbol{P}$ 表明了企业内三个部门 A，B，C 中的人员流动状况，当然还与企业的一些规定有关，比如，A 部门的人不能流向 C 部门，B 部门的人不能流向 A 部门等；又如，流向 A 部门的 C 部门人员是流向 B 部门的 3 倍。这些都是根据实际情况统计得到的。$\boldsymbol{P}$ 称为"一次转移矩阵"，即第 0 年向第 1 年转移的百分比分配矩阵。

现在要问，若企业制定的这一政策基本不变，那么若干年后人员分配情况如何？这里要假设以上转移矩阵 $\boldsymbol{P}$ 随时间推移（第 1 年，第 2 年，…，第 $n$ 年）的特征不变，否则是不能合理应用马尔科夫转移矩阵的方法的。另外，还要假定，只要知道现在（如第 0 年）的状态，就不必关心过去是什么状态（如不必关心某人在前年是否到过生产技术部）。这两个假设（即"平稳性"与"独立性"）是马尔科夫过程的基本条件。不满足 $\boldsymbol{P}$ 不变（"平稳性"）与不管过去（"独立性"）两个基本假设，就不能采用马尔科夫转移矩阵的方法。好在现实生活中的确满足平稳性、独立性的过程，或近似满足这两个假设的过程，因此在人力资源预测中也可以有条件地应用这一方法去预测若干年后的人员分布情况。

回到上面例子，从第 0 年到第 1 年（如 2018 年年底），很简单地可以得到第 1 年年底三个部门的人数分布为：

$$\begin{aligned}\boldsymbol{P}^{(1)} &= \boldsymbol{P}^{(0)}\cdot\boldsymbol{P}\\ &=(100,80,60)\cdot\begin{pmatrix}0.5 & 0.5 & 0\\ 0 & 0.5 & 0.5\\ 0.75 & 0.25 & 0\end{pmatrix}\\ &=(95,105,40)\end{aligned}$$

上式中 $\boldsymbol{P}^{(j)}$ 为第 $j$ 年的人员分布。

第 2 年的人员分布在“平稳性”、“独立性”的前提条件下，容易知道，只要把第 0 年的分布 $\boldsymbol{P}^{(0)}$ 乘 $\boldsymbol{P}\cdot\boldsymbol{P}=\boldsymbol{P}^2$ 即可；$\boldsymbol{P}^2$ 称为“二次转移概率矩阵”。这样，容易算得：

$$\boldsymbol{P}^2=\begin{pmatrix}0.250 & 0.500 & 0.250\\ 0.375 & 0.375 & 0.250\\ 0.375 & 0.500 & 0.125\end{pmatrix}$$

也可以从二次转移概率得知，A 部门（生产技术部门）的人员经过二次转移后可能流向 C 部门（销售市场部门）的概率为 25%。

更高阶的转移概率矩阵为：

$$\boldsymbol{P}^3=\boldsymbol{P}^2\cdot\boldsymbol{P}=\begin{pmatrix}0.312\,5 & 0.437\,5 & 0.250\,0\\ 0.375\,0 & 0.437\,5 & 0.187\,5\\ 0.281\,25 & 0.468\,75 & 0.250\,00\end{pmatrix}$$

$$\boldsymbol{P}^4=\boldsymbol{P}^3\cdot\boldsymbol{P}=\begin{pmatrix}0.343\,75 & 0.437\,5 & 0.218\,75\\ 0.328\,125 & 0.453\,125 & 0.218\,75\\ 0.328\,125 & 0.437\,5 & 0.234\,375\end{pmatrix}$$

如此，还可求 $\boldsymbol{P}^5$，$\boldsymbol{P}^6$，…，$\boldsymbol{P}^n$。第 $n$ 步转移概率矩阵 $\boldsymbol{P}^n$ 被证明符合查普曼-柯尔莫哥洛方程，即只要知道初态 $\boldsymbol{P}^0$，就可以知道 $n$ 次转移后的状态 $\boldsymbol{P}^{(n)}=\boldsymbol{P}^{(0)}\cdot\boldsymbol{P}^n$，只要这一过程满足平稳性与独立性条件，而且随着转移次数 $n$ 的增加，$\boldsymbol{P}^n$ 趋向平稳（如上例中，$n\to\infty$ 时，$\boldsymbol{P}$ 的 A 列元素趋向于 1/3 左右）。也就是说，某人在第 10 年流向 A 部门的概率与第 11 年流向 A 部门的概率差不多，而与这个人初始在什么部门无关。同时可推出，到 A 状态的概率大约为 4/9，到 C 的概率大约为 2/9 等。可以说，按 $\boldsymbol{P}$ 不变的条件，分配一个人到 A，B，C 中的某一部门去并允许多年转移流动的话，那么这个人在 A，B，C 三个部门中出现的概率与其开始状态在哪个部门无关（$\boldsymbol{P}^n$ 在 $n\to\infty$ 时各行相等），但出现在三个部门的概率是不等的（$\boldsymbol{P}^n$ 在 $n\to\infty$ 时各列不相等），这一概率矩阵被称为“稳态转移概率矩阵”，记为 $\boldsymbol{P}^*$。由于 $\boldsymbol{P}^*$ 各行相等，所以 $\boldsymbol{P}^*$ 可以用一个向量来表示，记为：

$$\boldsymbol{P}^*=\begin{bmatrix}\vec{\boldsymbol{\alpha}}\\ \vec{\boldsymbol{\alpha}}\\ \vec{\boldsymbol{\alpha}}\end{bmatrix},\vec{\boldsymbol{\alpha}}=(p_1,p_2,p_3)$$

则由以下的正则方程

$$\bar{\boldsymbol{\alpha}}=\bar{\boldsymbol{\alpha}}\cdot\boldsymbol{P}$$

$$或(p_1,p_2,p_3)=(p_1,p_2,p_3)\cdot\boldsymbol{P}$$

来求出 $p_1$，$p_2$，$p_3$。

例如，在刚才的例子中，用

$$(p_1,p_2,p_3)=(p_1,p_2,p_3)\begin{bmatrix}0.5 & 0.5 & 0\\0 & 0.5 & 0.5\\0.75 & 0.25 & 0\end{bmatrix}$$

或列向量表示式

$$\begin{bmatrix}p_1\\p_2\\p_3\end{bmatrix}=\begin{bmatrix}0.5 & 0 & 0.75\\0.5 & 0.5 & 0.25\\0 & 0.5 & 0\end{bmatrix}\begin{bmatrix}p_1\\p_2\\p_3\end{bmatrix}$$

来解出：$p_1=\frac{1}{3}$，$p_2=\frac{4}{9}$，$p_3=\frac{2}{9}$。

$$\boldsymbol{P}^*=\begin{bmatrix}\frac{1}{3} & \frac{4}{9} & \frac{2}{9}\\\frac{1}{3} & \frac{4}{9} & \frac{2}{9}\\\frac{1}{3} & \frac{4}{9} & \frac{2}{9}\end{bmatrix}$$

应用稳态转移概率的马尔科夫转移矩阵模型来预测公司或企业的用人政策后果，是有较好的战略价值的。当然，这一参考模型的前提仍是“平衡性”、“独立性”假设，强调这一点也就是要提醒人力资源预测专家切勿滥用这一方法。

**【例4-3】** 有一个三类人员的人力资源管理系统，其转移矩阵为：

$$\boldsymbol{P}=\begin{bmatrix}0.6 & 0.3 & 0\\0 & 0.4 & 0.3\\0 & 0 & 0.6\end{bmatrix}$$

初始人员分布情况分别为140人、100人、60人。假设今后每年为第一类补充30人，第二类补充10人，第三类补充5人，求今后5年的人员供给状况。

解：根据已知条件，可把流入、流出都加入到原来的矩阵，使之变成四阶矩阵：

$$\boldsymbol{P}=\begin{bmatrix}0.6 & 0.3 & 0 & 0.1\\0 & 0.4 & 0.3 & 0.3\\0 & 0 & 0.6 & 0.4\\0.667 & 0.222 & 0.111 & 0\end{bmatrix}$$

此矩阵中，最后一列为各类人员每年外流或流出的概率，最后一行为每年各类人员的补

充率，即

$$\left(\frac{30}{30+10+5} \quad \frac{10}{30+10+5} \quad \frac{5}{30+10+5}\right)=(0.667,\quad 0.222,\quad 0.111)$$

一次转移后，得

$$\boldsymbol{P}_1=(140\ \ 100\ \ 60\ \ 45)\begin{bmatrix}0.6 & 0.3 & 0 & 0.1\\0 & 0.4 & 0.3 & 0.3\\0 & 0 & 0.6 & 0.4\\0.667 & 0.222 & 0.111 & 0\end{bmatrix}=(114\ \ 92\ \ 71\ \ 68)$$

则第 1 年三类人员分别为 114 人、92 人、71 人，总人数为 277 人，流出人员数为 68 人。

$$\boldsymbol{P}_2=(114\ \ 92\ \ 71\ \ 45)\begin{bmatrix}0.6 & 0.3 & 0 & 0.1\\0 & 0.4 & 0.3 & 0.3\\0 & 0 & 0.6 & 0.4\\0.667 & 0.222 & 0.111 & 0\end{bmatrix}=(98\ \ 81\ \ 75\ \ 67)$$

则第 2 年三类人员各为 98 人、81 人、75 人，总数为 254 人，同理可得第 3 年员工各类人员数为 89 人、72 人、74 人，总数为 235 人，第 4 年分别为 83 人、66 人、71 人，总数为 220 人，第 5 年则分别为 80 人、61 人、67 人，总数为 208 人。

从以上结果中我们看出，经过五年的发展，该公司的员工总数递减为 208 人，第一类和第二类人员都减少了相当一部分，结合公司的发展战略和人员要求，就要考虑此种情况是否能适应公司今后的发展需要，人员的流动是否合理，是否流失过多，是否会出现第一二类人数供给不足的情况，公司目前人员的补充政策是否合理，是否需进行一些调整等问题，这样可帮助公司管理层对公司的未来趋势了然于胸，更积极主动地做出相应的变动。这里应该注意，例 4-3 由于每年补充都是 45 人，不一定等于上年年末流出的人数，因此不满足 $P^{(n)}=P^{(0)}\cdot P^{n}$ 的条件而只能逐年推算。

马尔科夫预测法不仅可以处理员工类别简单的企业中的人力资源供给预测问题，也可以解决员工类别复杂的大型企业中的内部人力资源供给预测。如职位类别特别多，可以通过建立人员变动矩阵，然后根据企业现有的人力资源状况预测未来的人力资源供给状况。值得注意的是，尽管马尔科夫预测法在一些大企业中得到了广泛的应用，但关于这种方法的精确性与可行性还需要进一步研究。显然，转换矩阵中的概率与预测期的实际情况可能有差距，因此，使用这种方法得到的内部人力资源供给预测的结果也就可能不精确。在实际应用中，一般采取弹性化方法进行调节，即估计出几种概率矩阵，得到几种预测结果，然后对不同的预测结果进行综合分析，寻找较合理的结果。

需要注意的是，马尔科夫预测法的假设前提是企业过去和未来员工的流动情况大致相同。也就是说，马尔科夫预测法只适用于企业过去人员变动情况与未来人员变动情况相似的情形，如果差异较大，则不适用。另外，由于此方法是基于历史数据来预测的，因此其准确性和可行性还有待进一步研究，在使用时要特别注意其他因素的干扰。

（5）企业内部人力资源供给预测方法比较，如表4-8所示。

表4-8 企业内部供给预测方法比较

| 方法 | 特点 | 适用范围 | 不足 |
| --- | --- | --- | --- |
| 技能清单法 | 预测员工的个人技能 | 适用于晋升人选的确定、管理人员接续计划、对特殊项目的工作分配等 | 不适合大范围、频繁调动的人力资源供给预测 |
| 人员核查法 | 一种静态的人力资源预测方法，不反映企业未来人力资源的变化 | 对企业中现有的人力资源质量、数量、结构和在各职位上的分布状态进行核查 | 在大型企业的人力资源供给预测中，存在很大的局限性 |
| 管理人员替代法 | 直观、简单、有效 | 对企业管理人员供给情况进行预测 | 需根据企业的变动进行及时的调整 |
| 马尔科夫预测法 | 一种转换概率矩阵，使用统计技术预测未来的人力资源变化。可以预测内部人力资源供给 | 不仅可以处理员工类别简单的企业中的人力资源供给预测问题，也可以用于员工类别复杂的大型企业中的内部人力资源供给预测 | 精确性与可行性还需要进一步研究 |

### 2. 企业外部供给预测

企业外部人力资源供给预测主要是预测未来几年中外部劳动力市场的供给情况。它不仅要调查企业所在地的人力资源供给情况，还要调查同行业或同地区其他企业对人力资源的需求情况。外部供给预测是相当复杂的，但是它对企业制定人力资源具体计划有相当重要的作用。

企业外部人力资源供给的渠道主要有：大中专院校应届毕业生、复员转业军人、技校毕业生、待业人员、其他企业在职人员和流动人员。

大中专院校及技职校毕业生的供给较为确定，主要集中于夏季，且其数量和专业、层次、学历均可通过各级教育部门获取，预测工作容易。

复员转业军人，由国家指令性安置，也比较容易预测。

困难的是对城镇待业和流动人员的预测，需综合考虑这些人员的就业心理、国家就业政策、政府对农村劳动力进城务工的限制及其他一些因素。

对于其他企业在职人员的预测则需考虑诸如社会心理、个人择业心理、企业本身的经济实力及同类人员的福利、保险、工资、待遇等因素。企业应在可能提供的待遇的基础上，科学地预测外部人员的可供给量。

企业人力资源外部供给预测的常用方法如下。

（1）查阅资料。企业可以通过互联网及国家和地区的统计部门、劳动和人力资源管理部门发布的一些统计数据及时了解人才市场信息，另外，也应及时关注国家和地区的政策法规的变化。

（2）直接调查相关信息。企业可以就自己所关注的人力资源状况进行调查。除了与猎头公司、人才中介等专门机构保持长期、紧密的联系外，企业还可以与高校保持长期的合作关系，以便密切跟踪目标生源的情况，及时了解可能为企业提供的目标人才状况。

（3）对雇用人员和应聘人员的分析。企业通过对应聘人员和已经雇用的人员进行分析，也会得出未来人力资源供给状况的估计。

### 4.2.3　人力资源供给的预测步骤

人力资源供给预测是一个比较复杂的过程，它的步骤也是多样化的，但典型的步骤如下。

1）对企业现有的人力资源进行盘点，了解企业员工状况。

2）分析企业的职位调整政策和历史员工调整数据，统计出员工调整的比例。

3）向各部门的人力资源决策者了解可能出现的人力资源调整情况。

4）将步骤 2）和步骤 3）的情况汇总，得出企业内部人力资源供给预测。

5）分析影响外部人力资源供给的地域性因素。

①企业所在地的人力资源整体状况。

②企业所在地的有效人力资源的供求现状。

③企业所在地对人才的吸引程度。

④企业薪酬对所在地人才的吸引程度。

⑤企业能够提供的各种福利对当地人才的吸引程度。

⑥企业本身对人才的吸引程度。

6）分析影响外部人力资源供给的全国性因素。

①全国相关专业的大学生毕业人数及分配情况。

②国家在就业方面的法规和政策。

③该行业在全国范围的人才供需状况。

④全国范围内该行业的薪酬水平和差异。

7）根据步骤 5）和步骤 6）的分析，得出企业外部人力资源供给预测。

8）将企业内部人力资源供给预测和企业外部人力资源供给预测汇总，得出企业人力资源供给预测。

## 4.3　人力资源平衡

**引导案例 4-3**

一家海产品公司的业务人员流动性很大，公司请了一位人力资源主管来解决这个问题。该人力资源主管先进行了解，发现业务人员流动率高达 60%。他首先想知道是薪资问题、工作条件问题还是公司制度问题。经过一段时间的调查分析，他发现公司的业务人员待遇较高，高中毕业生一个月左右可以领到2 000～2 500元；如果工作努力，业绩好的甚至可领到3 000多元。公司每次征募业务员时，应征者不乏其人，但员工经常工作两三个月便辞职。他发现工作性质的影响比较大，业务员必须早上4点钟去仓库批货，5点钟以前到批发或零售鱼货市场向中盘鱼贩或小贩推销海产品。

从离职面谈统计中发现，现在的年轻人习惯晚睡、晚起，公司这种工作时间安排，他们本身很不习惯，也无法与其他朋友下班后一起游玩。在工作环境方面，这些青年很不习惯与鱼贩打交道，而且鱼腥味重，使他们对工作有些厌烦。此外，青年的工作机会很多，有些工作虽然工资少一点，但工作性质合他们的胃口，所以发生了这种公司目前的高流动率的现象。

了解原因后，该人力资源主管就利用工作性质及生活习惯能配合的人力资源来改善现况。澎湖的孩子很能吃苦，于是他到澎湖拜访澎湖水产学校，交涉建立合作事宜，从澎湖水产学校的毕业生中挑选储备业务员，组成一班50人，在市里租房子供他们吃住，照顾他们的生活，给予他们与其他业务员同样的待遇。

由于人性化管理，时间上也能配合，更由于收入比在澎湖工作高，因此新招的业务员流动率大幅度降低，业务量也有很明显的增长。可见，该人力资源主管运用人力资源规划的观念出色地解决了这个难题。

**思考题**：试分析该水产品公司是如何解决人力资源流动问题的，成功之处在哪。

企业人力资源供给与需求的不平衡是一种必然现象，供需相匹配是很难达到的，即使存在也是短期的，不可能存在长期的均衡，这是由企业所处的复杂环境决定的。各种因素的影响使企业处于不断的调整和变化中，对人力资源的需求也会产生变化。但是，每个企业的变动趋势并不相同，因为处于不同生命周期的企业所选择的战略不同，不同竞争格局中的企业所面对的竞争压力也不同，这些都影响着人力资源供需之间的平衡。一般来说，人力资源需求与人力资源供给存在以下四种关系。

（1）供求平衡。人力资源需求与人力资源供给相等。

（2）供不应求。人力资源需求大于人力资源供给。

（3）供过于求。人力资源需求小于人力资源供给。

（4）结构失衡。某类人员供不应求，而另类人员又供过于求。

一般情况下，在整个企业的发展过程中，企业的人力资源状况始终不可能自然地处于供求平衡状态。企业人力资源供需失衡状态，大体有以下几种情况，如表4-9所示。

**表4-9　企业发展过程中的人力资源供需状态**

| 企业发展阶段 | 现　　象 | 人力资源状态 |
|---|---|---|
| 扩张时期 | 企业人力资源需求旺盛，人力资源供给不足 | 供不应求 |
| 稳定时期 | 企业人力资源在表面上可能达到稳定，但企业局部仍然同时存在着退休、离职、晋升、降职、补充空缺、不胜任岗位、职位调整等 | 结构失衡 |
| 衰退时期 | 人力资源需求不足，供给变化不大 | 供过于求 |

人力资源供需平衡就是企业通过增员、减员和人员结构调整等措施，使企业人力资源达到供需基本相等的状态。

人力资源供需平衡是企业人力资源规划的目的，前面两节中人力资源需求预测和人力资源供给预测都是围绕着人力资源供需平衡展开的，通过人力资源的平衡过程，企业才能有效地提高人力资源利用率，降低人力资源成本，从而最终实现企业发展目标。

## 4.3.1　人力资源短缺的平衡

当预测企业的人力资源需求大于供给时，企业通常采用下列措施以保证企业的人力资源供需平衡。

### 1. 外部招聘

外部招聘是指当企业内部的人力资源不能够满足其发展和变化的要求时，就需要根据人力资源规划和工作分析的数量与质量要求，从外部吸收人力资源，为企业输入新生力量，弥补企业内的人力资源供给不足。外部招聘方法如下。

（1）网络招聘。互联网的出现给社会生活的方方面面都带来了革命性的变化，人员招聘的工作也深受互联网的影响。招聘人员的一个主要目标就是用尽可能少的成本找到尽可能称职的应聘者。现在，越来越多的企业在使用网上资源。

网络招聘的方式一般有两种。

1）加入商业性的职业招聘网站。一些非营利性职业招聘网站一般都只有松散的介绍作用，服务内容详略各异。而营利性的职业招聘网站工作方式则大为不同。这些网站不仅建有职业数据库，而且建有丰富的人才数据库。若将招聘或求职信息存入数据库，都要缴纳相应的费用。

2）利用企业自己的主页。如今许多企业都拥有自己的网站，并将本企业的职位空缺在自己的网站上公布。应聘者如希望到某个企业去工作，就可以直接访问该企业的网站。像对应聘者的要求一样，企业也应该在网站提供一份自我介绍。这份文件应该通俗易懂，包含所有求职者希望了解的情况，如企业所在地、曾经取得的成就和未来发展潜力。与求职者履历不同的是，企业介绍还应该包括营业额、利润、具体办公环境、公司的技术能力及相对同行业其他企业的付酬标准。

国内相对点击率较高的招聘网站网址有无忧工作网（http://www.51job.com）、中华英才网（http://www.chinahr.com）、招聘网（http://www.zhaopin.com.cn）、中国人才热线（http://www.cjol.com）、中国人力资源网（http://www.hr.com）。

（2）媒体广告。在媒体上刊登招聘广告是一个被企业广泛使用的获取职位候选人的渠道。通常的做法是在一些大众媒体上刊登出职位空缺的消息，吸引对这些空缺职位感兴趣的潜在应聘者。媒体广告的种类主要包括：报纸广告、杂志广告、广播电视广告、网站广告和散发印刷品广告等。

不同的媒体广告有各自的优缺点，同时也有其适用范围，如表4-10所示。

表4-10　各种媒体广告适用范围比较

| 媒体类别 | 适用情形 |
|---|---|
| 报纸 | 由于大部分发行量大的报纸都具有地区性的特点，因此比较适合于某个特定地区的招聘<br>比较适合在短期内需要得到补充的空缺职位<br>适合于应聘者数量较大的职位<br>适用于流失率较高的行业或职位 |
| 杂志 | 当要寻找的职位应聘者集中在某个专业领域中时，选择该领域中人们比较广泛阅读的杂志会比较合适<br>所需要的应聘者地区分布比较广<br>空缺职位并非迫切需要补充 |
| 广播电视 | 当公司需要迅速扩大影响时，将企业形象的宣传与招聘人员同时进行<br>需要招聘大量人员时<br>用于引起求职者对其他媒体上广告的注意 |
| 网站 | 适用于有机会使用电脑和网络的人群<br>无论急需招聘的职位还是长期招聘的职位都适合 |
| 印刷品 | 在特殊的场合比较适合，如展示会等，或者在校园等特殊的地点<br>适合与其他形式的招聘活动配合使用 |

在媒体上做招聘广告时重点考虑两个问题：一是选择什么样的媒体；二是如何设计广告。

企业应根据所要招聘的职位类型确定恰当的媒体。在选择媒体的时候，首先要了解不同的媒体在哪些人群中利用率最高。通过了解不同地区、不同性别、不同学历、不同职业的人喜欢接触的是什么媒体，再决定采用什么广告方式，只有做到有的放矢，才能提高招聘的广告效益。例如，根据调查，目前我国使用互联网的人一般素质都比较高，因此，在招聘对素质要求较高的技术人员、管理人员时就可以考虑通过网络广告的形式进行招聘。

成功的广告设计一般应遵循“AIDA”原则，即注意（Attention）、兴趣（Interesting）、欲望（Desire）和行动（Action）。换言之，好的招聘广告应能引起一系列行为的产生，即能够引起读者的注意并产生兴趣，继而产生应聘的欲望，并采取实际的应征行动。在内容的设计上，招聘广告应该准确、真实、详细，聘用条件清晰。招聘广告应包括企业的基本情况、政府劳动部门的审批情况、招聘的职位、数量与任职条件、招聘的范围、工作地点、薪资与待遇情况、申请报名的时间、地点、申请方式、所需的资料及其他注意事项等。

（3）校园招聘。自2000年11月20日（国家教育部允许企业进入高校招聘）起，众多实力雄厚的企业纷纷挤入大学校门，争取优秀的应届毕业生，掀起了一年一次或两次的毕业生人才洽谈会，供需双方直接见面，双向选择。此外，有的企业为了不断地从学校获得所需的人才，通过委托培养、定向培养、设立奖学金、校企联合开发项目、资助优秀学生、为学生提供实习机会及与高校建立联谊会等多种形式招聘专业技术和管理人才。

校园招聘应注意以下几点。

1）选派素质较高的工作人员进入学校，因为他们在申请人面前代表着企业的形象。有的企业招聘人员素质不高，不仅没有把企业情况介绍清楚，现场气氛沉闷，而且回答不好学生的提问，留给大学生的全是失望，投递简历的人顿时骤减。在校园招聘会这方面，宝洁公司就做得非常好，堪称楷模。

2）要树立“真实职位预示”，即在招聘过程中要将未来工作的真实情况向应聘者展示和说明，避免由于招聘中不切实际的引导使应聘者抱有很高的期望，进入企业后因实际情况与预期反差太大而产生失落感，导致高流失率的发生。

（4）中介机构招聘。中介机构承担着双重角色，既为企业择人，又为求职者择业。借助这些机构，企业与求职者均可以获得对方的大量信息，同时也可以传播各自的信息。中介结构包括猎头公司和各种职业介绍机构。

猎头公司是指那些以受托招聘为主要业务的公司。在国外，猎头服务早已成为企业求取高级人才和高级人才流动的主要渠道之一。我国的猎头服务近些年来发展迅速，有越来越多的企业逐渐接受了这一招聘方式。猎头服务的一大特点是推荐高素质的人才。优质高效的人才库是猎头最重要的资源之一，对人才库的管理和更新也是其日常的工作之一，而搜寻手段和渠道则是猎头服务专业性最直接的体现。当然，与高素质应聘者相伴的，是昂贵的服务费，猎头公司的收费通常能达到所推荐人才年薪的 25%～35%。但是，如果企业把自己招聘人才的时间成本、人才素质差异等隐性成本计算进去，猎头服务或许不失为一种经济、高效的方式。

不同的猎头公司有不同的工作程序，典型的步骤是：分析客户需要，根据需要搜寻人才并进行面试、甄选，最后做出候选人报告供客户选择。全面理解客户的需要是成功找到合适人才的前提。为了切实理解客户的需要，有的猎头公司甚至派人去客户公司工作一段时间，亲自了解和体会其员工关系、组织结构等。企业在使用猎头服务时，也要注意确保猎头公司准确地理解自己的需求。否则，耽误了时间，企业将比猎头公司遭受更大的损失。

职业介绍机构通常指人才交流中心、职业介绍所、劳动力就业服务中心等机构。企业向介绍机构提出用人要求，介绍机构就可根据要求提供应聘者的简历等材料。

（5）海外招聘。前面已经谈到招聘高级管理人才或一些尖端技术的专门人才时很有可能需要到全球范围进行选择。而且当企业在超越国界向海外扩大经营时，对它们来说，获得海外招聘来源就成为一个越来越重要的问题。所以，海外招聘也是具有向世界进军的企业所不可忽视的来源，尤其在中国加入 WTO 以后。

在国内招聘所用到的招聘方法如媒体广告、校园招聘、中介机构等方式在海外招聘中同样可以使用，有条件的还可以通过我国驻外大使馆、外国的一些行业协会等帮助进行搜寻，现在十分时髦的网络招聘也是一个非常不错的选择。许多跨国公司进行海外招聘都各有绝招。

（6）引荐。通过企业的员工、客户、合作伙伴等熟人引荐，也是企业招聘人员的重要来源。位于美国马里兰州洛克维尔市的联合微机系统公司拥有 2 000 万美元资产和 400 名员工，其中，60%的员工都是通过内部员工引荐受聘的。该企业规定，如果被引荐者受到雇用，在该公司工作 4 个月以上，引荐者将得到 300～1 000 美元的奖金。如果被引荐者是一位优秀的高级管理人员或技术骨干，引荐者除得到 1 000 美元奖金之外，还将得到一台电脑奖赏。美国佐治亚州寿险公司采取提高引荐者奖金标准和分段发给等方式，鼓励内部员工引荐合适人才。中国台湾一些企业近年来也鼓励内部员工引荐合适的人才，规定凡引荐成功者，企业将对引荐者予以鼓励，发给一定数额的奖金。

（7）求职者自荐。求职者自荐是指在没有任何人引荐的情况下，应聘者直接向招聘单位提出求职申请。求职者在某种程度上已经做好了到企业工作的充分准备，并且确信自己与空缺职位之间具有足够的匹配程度，然后才会提交求职申请。

外部招聘除以上七种方法外，还有其他多种方法，每种方法都有其长处与不足，表 4-11 将其优点与缺点做了比较分析。

**表 4-11　不同的外部招聘方法优缺点比较**

| | | 优　点 | 缺　点 |
|---|---|---|---|
| 网络招聘 | | 扩大招聘选择的范围<br>获得高素质的应聘者<br>缩短企业招聘的时间<br>交流方便<br>降低招聘成本<br>提高了招聘信息的处理能力 | 缺乏面对面的交流，无法对应聘者进行深入全面的考察<br>网上简历的真实性难以保证<br>网站缺乏规范管理和有序竞争<br>在欠发达地区，网络招聘缺乏足够的生存空间 |
| 媒体广告 | 报纸 | 发行量大<br>信息传播迅速<br>广告的大小可以灵活选择 | 发行的对象比较杂，可能很多读者并不是企业所要寻找的职位应聘者<br>保留的时间较短，而潜在的应聘者可能会错过这个时间<br>报纸的纸质和印刷质量可能会对广告的设计造成限制 |
| | 杂志 | 接触目标群体的概率比较大<br>便于保存，能够在较长时间内被看到<br>纸质和印刷质量比报纸好 | 申请的职位的期限会比较长<br>发行的地域可能较为分散<br>广告的预约期较长 |
| | 广播电视 | 有较强冲击力的视听效果<br>黄金时段受众人数多<br>容易给人留下深刻印象 | 广告的时间较短<br>费用一般比较高<br>缺乏持久性<br>为不可能的接受者付费 |
| | 网站 | 略 | 略 |
| | 印刷品 | 容易引起应聘者的兴趣，并引发他们的行动 | 宣传力度比较有限<br>有些印刷品可能会被人抛弃 |

续表

| | 优　　点 | 缺　　点 |
|---|---|---|
| 校园招聘 | 能够招聘到相当多数量的较高素质的合格申请者<br>招聘录用的手续比较简便<br>申请者充满活力和热情，可塑性强，对自己的第一份工作具有较强的敬业精神 | 一些毕业生常常与多个企业有密切联系，有多手准备<br>毕业生对工作和职位容易产生不现实的期望<br>毕业生缺乏解决具体问题的经验，需要大量的培训和企业文化的融合<br>不适合急需填补的职位空缺招聘<br>一次花费的时间多，工作集中，强度大 |
| 中介机构招聘 | 一般的中介机构采用“成功付费”的方式，企业的财务风险小<br>通常可以马上推荐多个人选<br>省时省力<br>中介机构负责安排面试，并可以代为初步甄选应聘者 | 中介机构在建议面试时可能过于注重数量而忽视质量<br>中介机构通常不会对难以填补的职位投入过多的时间<br>中介机构事先甄选的质量不同，企业可能会失去一些原本有机会的应聘者 |
| 海外招聘 | 可以在世界范围内进行人才选择<br>候选人的数量和质量较高 | 要想证明和核查外国人的各种证书和背景很困难<br>雇用外国人在手续上比较烦琐 |
| 引荐 | 对推荐人员的了解比较准确<br>候选人一旦被录用，顾及介绍人的关系，工作也会更加努力<br>招聘成本较低 | 容易在企业内部形成小团体 |
| 求职者自荐 | 费用低廉，可以直接进行双向交流<br>求职者比较了解企业，更容易被激励 | 随机性较大<br>时间较长<br>合适的人选不多 |

### 2. 内部招聘

内部招聘是指当企业出现职位空缺时，从企业内部调整员工到该职位，以弥补空缺的职位。内部招聘可以节约企业的招聘成本，丰富员工的工作，提高员工的工作兴趣。但对于比较复杂的工作，内部招聘的员工可能需要一段时间的培训。内部招聘的渠道与方法如下。

（1）内部晋升或岗位轮换。当较高层次的职位出现空缺时，企业一般优先考虑提拔企业内部员工。在许多企业中，内部晋升是员工职业生涯规划的重要内容，对员工有较大的激励作用。而且内部员工更加了解企业的情况，在提高了工作效率的同时节省了企业用人成本。

内部晋升和岗位轮换需要建立在职位管理和员工职业生涯规划管理体系的基础之上。首先要建立一套完善的职位体系，明确不同职位的关键职责、职位级别、职位晋升的轮换关系，即指明哪些职位可以晋升到哪些职位，哪些职位之间可以进行轮换。在职位体系中需要建立各个职位的任职资格，在晋升和岗位轮换时以任职资格为依据。

其次，在员工的绩效管理基础上建立员工的职业生涯管理体系。在每次绩效评定的时候不但对员工的工作目标完成情况进行评定，还要对员工的工作能力进行评估，建立员工发展档案。同时，还需要不断了解员工个人的职业发展愿望，帮助员工一起建立职业生涯规划。根据组织中员工的发展愿望和可能性进行岗位的有序轮换，并将有潜力的业绩优秀的员工加以提升。

内部晋升与岗位轮换是建立在系统有序基础上的内部职位空缺补充办法，因此需要建立企业内部晋升与岗位轮换的管理程序和制度。在管理制度中，应该至少规定晋升与岗位轮换的条件、范围、时间要求、流程等内容。

为了使企业内部的晋升有序进行，可以建立一个接班人计划，对企业中的重要职位确定一些可能的候选人，并跟踪这些候选人的绩效，对其提升潜力做出评价。一旦这些重要职位发生空缺，就可以将最有潜力的候选人补充上去。图4-3反映了某计算机公司的接班人计划。

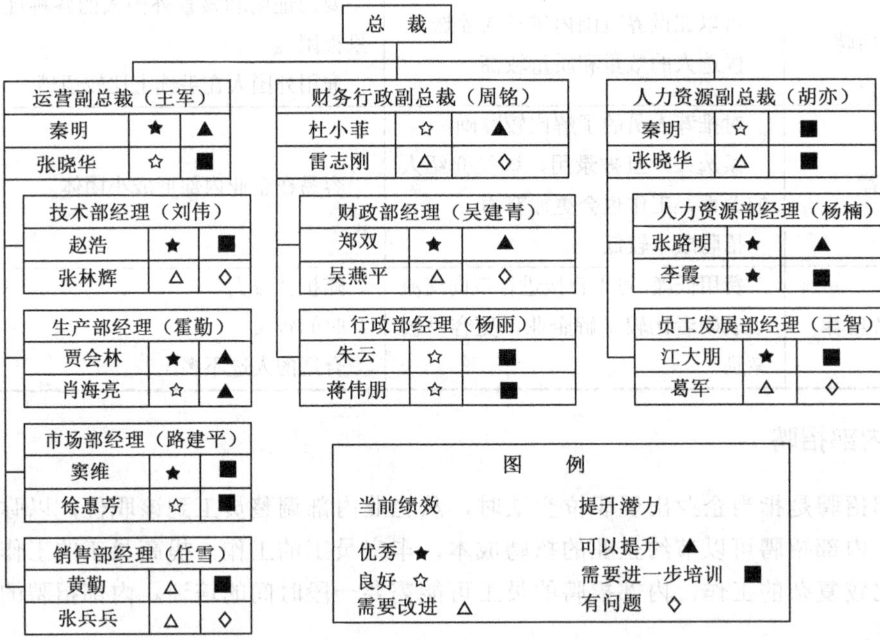


图4-3 接班人计划

（2）内部公开招聘。在企业内部有职位空缺时，可以通过内部通告的形式公开招聘。一般来说，可以在企业的内部网站主页、公告栏或以电子邮件的方式通告给全体员工，符合条件的员工可以根据自己的意愿自由应聘。

为了保证内部招聘的质量，参加内部应聘的员工同样也要像外部招聘的应聘者一样接受选拔、评价。对于经过选拔符合任职资格的员工才能予以录用。为了保证正常的工作秩序，员工应聘内部职位必须经过原任主管的同意，并且一旦应聘成功，应该给予一定的时间进行工作交接。

对应聘内部招聘职位的员工的条件也应有一定的界定。例如，应该在现有的职位上工作满一定的时限，绩效评定的结果应该满足一定的标准等，即应该鼓励工作负责、成绩优秀的员工合理流动，而并不是鼓励在一个职位上认真工作，侥幸更换到其他职位的行为。

（3）内部员工推荐。当企业出现职位空缺时，不仅要鼓励内部员工应聘，还应该鼓励员工利用自己的人际关系为企业推荐优秀人才。企业可以给予推荐了合适的职位人选的员工一定的奖励。很多著名企业几乎有一半的员工是通过内部员工的推荐计划被雇用的。

为了保证员工内部推荐的质量，必须对推荐者的推荐情况进行跟踪和记录。如果一个员工推荐的候选人总是不符合要求，那么就应该不再考虑或慎重考虑他所推荐的人选。如果推荐者为了达到推荐成功的目的，故意做出违反人力资源管理政策的行为，应该受到公司制度的惩处。表 4-12 是一个内部员工的推荐表，在该表中可以对员工的推荐情况进行记录。

**表 4-12 某企业内部员工推荐表**

| | | | |
|---|---|---|---|
| 推荐人信息 | | | |
| 姓名： | 员工号： | | |
| 所属部门： | 电话： | 电子邮件： | |
| 候选人信息 | | | |
| 姓名： | 性别： | 年龄： | 联系方式： |
| 推荐人与候选人的关系： | | | |
| 推荐职位： | | | |
| 推荐原因： | | | |
| 推荐人对候选人的评价： | | | |
| 推荐人签名： | | | |
| 日期：　　年　　月　　日 | | | |

（4）临时员工转正。企业有时会有临时雇用员工，这些临时员工也可以成为补充职位空缺的来源。当正式岗位出现空缺，而临时员工的能力和资格又符合所需岗位的任职资格要求时，可以考虑临时员工的转正问题，以补充空缺。临时员工的转正要注意在各项手续上符合人力资源管理的政策法规规定，避免引起不必要的麻烦。

无论内部招聘还是外部招聘都有其优点和缺点，表 4-13 对其进行了分析。

表4-13　内部招聘与外部招聘的优缺点比较

| | 优　　点 | 缺　　点 |
|---|---|---|
| 内部招聘 | 是企业内部员工晋升的重要渠道<br>可调动企业内部员工的积极性和创造性<br>使被晋升员工对企业有更多的忠诚感，流失的可能性会减少<br>可以提高所有员工对企业的忠诚度，使他们在工作中能做比较长远的考虑<br>风险比较小<br>招聘的培训费用比较低 | 申请但没有得到职位的员工可能会感到不公平、失望甚至心生不满<br>可能会引起嫉妒、攀比和拉帮结派等问题<br>如果内部补充已成惯例，从外部招聘可能会遇到现有员工的抵制<br>从内部晋升也会产生新的空缺<br>最大问题是“近亲繁殖” |
| 外部招聘 | 有利于平息和缓和内部竞争者之间的紧张关系<br>可能为企业带来新的方法、技术、经验、创新机会，可能改变原有氛围<br>是树立企业形象的好机会 | 应聘者需要一段适应工作的时间<br>企业对应聘者的情况缺乏深入了解<br>可能对内部员工的积极性造成打击 |

由于内部招聘和外部招聘各有优缺点，现在大多数企业都实行内、外招聘并举。如果一个企业的外部环境和竞争情况变化非常迅速，它就既需要开发利用内部人力资源，又必须侧重利用外部人力资源。内部选拔的重点是管理人才，外部招聘的重点是技术人才。

### 3. 聘用临时工

聘用临时工是企业从外部招聘员工的一种特殊形式。它可以减少企业的福利开支，而且临时工的用工形式比较灵活，企业在不需要员工的时候，可以随时与其解除劳动关系。企业产品季节性比较强或企业临时进行专项调查采取临时招聘比较合适。

聘用临时工是当今的商业领域中发展最快的趋势之一。在一个变革迅速且把握不定的商业环境中，管理者需要灵活性。他们不愿意在工资单上增加全日制和长期工人，因此转而寻求应急性的工人，以便降低劳动力成本。雇用应急性工人，使得企业能够对市场条件的变化迅速做出反应。临时工使企业能够节省医疗和假期福利费用，避免退休和养老金的问题，减少触及法律问题的机会，因为目前几乎没有关于雇用临时工的规章制度。

### 4. 延长工作时间

延长工作时间也称加班，在企业工作量临时增加时，可以考虑延长工人的工作时间，延长工作时间具备聘用临时工的优点，节约福利开支，减少招聘成本，而且可以保证工作质量。但长期采用延长工作时间会降低员工的工作质量，而且工作时间也受到政府政策法规的限制。

### 5. 技能培训

对企业现有员工进行必要的技能培训，使之不仅能适应当前的工作，还能适应更高层次的工作。这样，就为内部晋升政策有的放矢提供了保障。如果企业即将出现经营转型，企业应该及时向员工培训新的工作知识和工作技能，以保证企业在转型后，原有的员工能够符合职位任职资格的要求。这样做的最大好处是防止了企业的冗员现象。

### 6. 调宽工作范围

当企业某类员工紧缺，在人才市场上又难以招聘到相应的员工时，可以通过修改职位说明书，调宽员工的工作范围或责任范围，从而达到增加企业工作量的目的。需要注意的是，调宽工作范围必须与提高待遇相对应，不然会造成员工的不满情绪，影响企业的生产活动。调宽工作范围可以与企业提高技术含量搭配使用。

## 4.3.2 人力资源过剩的平衡

当预测企业人力资源供给大于需求时，通常采用下列措施以保证企业的人力资源供求平衡。

### 1. 提前退休

企业可以适当地放宽员工退休的年龄和条件限制，促使更多的员工提前退休。如果将退休的条件修改到足够有吸引力，会有更多的员工愿意接受提前退休。提前退休使企业减少员工比较容易，但企业也会由此背上比较重的包袱，而且退休受到政府政策法规的限制。

### 2. 减少人员补充

减少人员补充是人力资源供过于求最常用的方式。当企业出现员工退休、离职等情况时，对空闲的岗位不进行人员补充，这样做可以通过不紧张的气氛减少企业内部的人员供给，从而达到人力资源供求平衡。但采取减少人员补充的方式往往数量有限，而且难以得到企业所需要的员工。

### 3. 增加无薪假期

当企业出现短期人力资源过剩的情况时，采取增加无薪假期的方法比较合适，这样做可以使企业暂时减轻财政上的负担，而且可以避免企业需要员工时再从外部招聘员工。

### 4. 裁员

裁员是一种没有办法的办法，但这种方式相当有效。在进行裁员时，要制定优厚的裁员政策，如为被裁员者发放优厚的失业金等。一般裁减那些主动希望离职的员工和工作考评成绩低下的员工。但裁员会降低员工对企业的信心，挫伤员工的积极性，而且被裁员者有时会做出诋毁企业形象的行为，在采取裁员之前一定要慎重考虑。

### 4.3.3 人力资源结构失衡的平衡

人力资源结构失衡的调整方法通常是上述两种调整方法的综合运用。实际上，在制定人力资源平衡措施的过程中，不可能是单一的供不应求或供过于求，企业人力资源往往出现结构失衡，可能是高层次人员供不应求，而低层次人员供过于求。企业要根据具体情况制定出相应的人力资源规划，使各部门人力资源在数量和结构等方面达到平衡。

这里有一点需要注意的是，如果企业不是欠缺生气，应以内部调整为主，把某类富余员工调整到需要人员的岗位上，需要培训的要制订培训计划。如果企业机制比较僵化，应招聘一些外部员工，给企业带来一些新的生产技术和新的管理措施等，这时应以外部调整为主。

某企业2018年年初，二类级别的管理人员、技术人员和生产人员分别为40人、60人和320人，预测此三类人员的晋升离岗数、晋升补缺数、解雇人数、辞职人数、退休人数如表4-14所示。

表4-14　某企业二类级别人力资源供需预测平衡表

单位：人

| | | 2018年 | | |
|---|---|---|---|---|
| | | 管理人员 | 技术人员 | 生产人员 |
| 人员需求 | 年初人数 | 40 | 60 | 320 |
| | 年内增减数 | 2 | 3 | 18 |
| | 年底需求数 | 42 | 63 | 338 |
| 人员内部供给 | 年初人数 | 40 | 60 | 320 |
| | 晋升离岗数 | –4 | –6 | –30 |
| | 晋升补缺数 | 3 | 4 | 12 |
| | 解雇人数 | –1 | –2 | –7 |
| | 辞职人数 | –3 | –3 | 9 |
| | 退休人数 | –1 | –2 | –4 |
| | 年底供给数 | 36 | 51 | 282 |
| 年底缺口或剩余 | | –6 | –12 | –56 |

综合统计 2018 年年底，此企业二类级别的管理人员、技术人员和生产人员的供给数分别为 36 人、51 人和 282 人。根据预测，2018 年年底此三类人员的需求量分别是 42 人、63 人和 338 人，详细情况可以参照人力资源供需预测平衡表。人力资源供需预测表给人一目了然的感觉，企业需要增加哪类员工，增加多少，或者减少哪类员工，减少多少，都相当清楚。在实际操作过程中，此类表应更详细，包括每类每级别员工，如技术类员工包括初级技术人员、中级技术人员和高级技术人员。

## 本章习题

### 一、名词解释

1. 人力资源需求预测　2. 德尔菲法　3. 移动平均法　4. 人力资源供给预测　5. 外部招聘

### 二、选择题

1. 人力资源需求定性预测方法主要有：现状规划法、经验预测法、分合性预测法、德尔菲法和（　　）。

A. 访谈法　　B. 目测法

C. 调查法　　D. 研讨法

2. 技能清单法，其内容包括培养背景、以往的经历、持有的证书、已经通过的考试、（　　）等。

A. 主管的能力评价　　B. 经理的能力评价

C. 技能考试成绩　　D. 员工评议分数

3. 人员核查法是对企业现有人力资源数量、（　　）及在各岗位上的分布状态进行核查。

A. 质量　　B. 结构

C. 年龄　　D. 性别

4. 企业外部人力资源供给的渠道主要有：大中专院校应届毕业生、（　　）和流动人员。

A. 复员转业军人　　B. 技校毕业生

C. 待业人员　　D. 其他企业在职人员

5. 当预测企业人力资源供给大于需求时，通常采用下列措施以保证企业的人力资源供求平衡：（　　）。

A. 提前退休　　B. 减少人员补充

C. 增加无薪假期　　D. 裁员

## 三、判断题

1. 人力资源需求预测都是围绕与企业当前及未来某种状态有关的具体工作类型和技能领域来进行的。（　　）

2. 管理人员替代法是一种专门对企业的中高层管理人员的供给进行有效预测的方法。（　　）

3. 马尔科夫预测法实际上是一种转换概率矩阵，使用统计技术预测未来的人力资源变化。（　　）

4. 求职者自荐是指在有任何人引荐的情况下，应聘者直接向招聘单位提出求职申请。（　　）

5. 参加内部应聘的员工不必像外部招聘的应聘者一样接受选拔、评价。（　　）

## 四、简答题

1. 简述人力资源需求的影响因素。
2. 简述人力资源需求预测各种方法的对比。
3. 简述人力资源供给的影响因素。
4. 简述企业内部人力资源供给预测方法的比较。
5. 简述人力资源需求与人力资源供给存在哪些关系。

## 五、案例题

**【案情】**

A 公司是一家大型炼钢企业。由于地理位置偏僻、薪酬水平低等原因，经常出现很多员工只工作了几个月就辞职而去。人力资源管理部门刚招聘来一名员工顶替前一位辞职人员的工作才几个月，就不得不再去招聘新的顶替者。人力资源管理部门把工作重点放在招聘工作上，为了招聘合适的人选，人力资源管理部门常常疲于奔命。

在专家的帮助下，公司建立了一个离职预测模型。该模型通过对过去离职人员的研究，推测将来的离职人数。然后，将上个月的实际离职人数与前两个月预测的离职人数进行比较，依此调整所做的预测。也就是说，该模型是根据近期所做的预测准确度来调整预测的。

该公司利用离职预测模型对 2018 年的离职人数做了初步预测，然后，根据这个预测来制订 2018 年前四个月的招聘计划。结果，预测值与实际情况相当吻合。至此，人力资源管理人员和经营管理人员对问题有了统一的认识。此外，公司领导开始重视人力资源管理问题，对人力资源部门给予了更大的信任，批准实施人力资源部门提出的降低离职率，但会增加劳动成本的实验方案——“稳定性奖金”实验。

根据“稳定性奖金”，员工若愿意留在企业中，一年后工资增加 2%，两年后增加 9%。“稳定性奖金”实验方案实施后，尽管 2018 年夏季的辞职率仍然较高，但低于实行“稳定性奖金”以前的预计水平。

公司在 2019 年 2 月对未辞员工发放了“稳定性奖金”，公司高层管理人员最关注的是“稳定性奖金”是否有效地降低了辞职率，其收益是否大于其成本。事实上，由于实行了“稳定性奖金”，减少了 170 名员工的辞职，节约了相当于“稳定性奖金”总额 50% 的辞职费用。

**【问题】**

1. A 公司是如何解决人才流动率高的问题的？
2. 假设你是该公司的一名员工，你对该公司的一系列措施有何想法？

扫二维码阅读更多案例

# 第 5 章

# 人力资源规划的编制与实施

## 本章重点掌握

人力资源规划的编制程序；人力资源规划评价与控制的要求和方法；人力资源管理信息系统的建立步骤。

## 学习导航

第 5 章

5.1　人力资源规划的编制
5.1.1　通过人力资源信息系统和职务分析收集信息
5.1.2　预测人力资源的需求
5.1.3　按规划需要招聘人力资源
5.1.4　与其他规划协调
5.1.5　评估人力资源规划

5.2　人力资源规划的实施
5.2.1　人力资源规划的实施者
5.2.2　人力资源规划的实施步骤

5.3　人力资源规划的评价与控制
5.3.1　人力资源规划的评价与控制要求
5.3.2　人力资源规划的评价方法和标准

5.4　人力资源管理信息系统
5.4.1　人力资源管理信息系统的作用
5.4.2　人力资源管理信息系统的内容和基本要求
5.4.3　人力资源管理信息系统的建立

# 5.1　人力资源规划的编制

**引导案例 5-1**

## 某公司的人力资源规划编制

某公司的人力资源规划编制一般按以下八个步骤进行。

1. 制订职务编制计划。根据公司发展规划，综合职务分析报告的内容，制订职务编制计划。编制计划陈述公司的组织结构、职务设置、职位描述和职务资格要求等内容。制订职务编制计划的目的是描述公司未来的组织职能规模和模式。

2. 根据公司发展规划，结合公司人力资源盘点报告制订人员配制计划。人员配置计划陈述了公司每个职务的人员数量、人员的职务变动和职务人员空缺数量等。制订人员配置计划的目的是描述公司未来的人员数量和人员素质构成。

3. 预测人员需求。根据职务编制计划和人员配置计划，使用预测方法来预测人员需求。人员需求中应陈述需求的职务名称、人员数量、希望到岗时间等，最好形成一个标明有员工需求数量、招聘成本、技能要求、工作类别及为完成公司目标所需的管理人员数量和层次的分列表。

4. 确定人员供给计划。人员供给计划是人员需求的对策性计划，主要陈述人员供给的方式、人员内外部流动政策、人员获取途径和获取实施计划等。通过分析人员过去的数量、组织结构和构成、人员流动、年龄变化和录用等资料，就可以预测出未来某个特定时期的供给情况。预测结果能勾画出公司现有人力资源状况及未来在流动、退休、淘汰、升职和其他相关方面的发展变化情况。

5. 制订培训计划。为了提升公司现有员工的素质，适应公司发展的需要，对员工进行培训是非常必要的。培训计划中包括培训政策、培训需求、培训内容、培训形式和培训考核等内容。

6. 制订人力资源管理政策调整计划。计划中应明确计划内的人力资源政策的调整原因、调整步骤和调整范围等，其中包括招聘政策、绩效政策、薪酬与福利政策、激励政策和职业生涯政策、员工管理政策等。

7. 编写人力资源部费用预算。费用预算中主要包括招聘费用、培训费用、福利费用等。

8. 关键任务的风险分析及对策。每个公司在人力资源管理中都可能遇到风险，如招聘失败、新政策引起员工不满等，这些事件很可能影响公司的正常运转，甚至会对公司造成致命的打击。风险分析就是通过风险识别、风险估计、风险驾驭、风险控制等一系列活动来防范风险的发生。

公司原有总经理 3 名，部门经理级人员 10 名，其他员工 90 名。一年后，总经理人员离职1名，退休1名；部门经理级人员离职3名，退休1名；其他人员离职6名，退休6名。

**思考题**：帮助该公司的人力资源部经理编制一份人力资源规划。

完成了人力资源的供求预测后，下一步要做的就是制定具体的人力资源规划。

人力资源规划的编制，主要包括组织机构图的绘制方法、企业组织信息的收集与汇总的方法与技巧、企业工作岗位变动情况的描述、企业人员需求预测的影响因素、企业人力资源需求预测的技术方法。

由于各企业的具体情况不同，所以人力资源规划的编制程序也不尽相同。图5-1是编制人力资源规划的基本程序，在实际操作中可根据企业的具体情况进行增删。

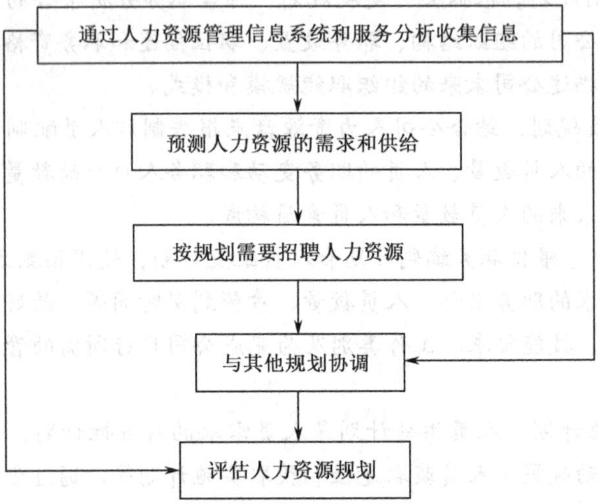


图5-1　人力资源规划编制程序

## 5.1.1　通过人力资源信息系统和职务分析收集信息

人力资源核查是人力资源规划编制程序的第一步，它的质量如何对整个规划工作影响很大，必须高度重视。核查现有人力资源的关键在于弄清现有人力资源的数量、质量、结构及分布状况。人力资源信息包括的内容十分广泛，主要有：人员调整情况，人员的经验、能力、知识、技能的要求，工资名单上的人员情况，员工的培训、教育等情况。这一部分工作需要结合人力资源管理信息系统和职务分析的有关信息来进行。如果企业尚未建立人力资源管理信息系统，这步工作最好与建立该信息系统同时进行。一个良好的人力资源管理信息系统，应尽量输入与员工个人和工作情况相关的资料，以备管理分析时用。企业可利用员工档案来收集员工的初步资料，表5-1说明了员工档案的主要内容。

在这一步中有一项重要的工作就是进行职务分析，为下一步工作打好基础。职务分析是搜集与工作岗位有关信息的过程，应以此来确定工作的任务和内容及可以胜任此工作的人选。工作分析包括的信息如表 5-2 所示。

表 5-1　员工档案（模板）

| | | | | | | |
|---|---|---|---|---|---|---|
| 基本情况 | 姓　　名 | | 性别 | | 民族 | |
| | 出生日期 | | 身份证号码 | | | |
| | 政治面貌 | | 婚姻状况 | （）已婚<br>（）未婚 | | |
| | 毕业学校 | | 最后学历 | | | |
| | 毕业时间 | | 参加工作时间 | | | |
| | 专　　业 | | 户口所在地 | | | |
| | 籍　　贯 | | 邮政编码 | | | |
| | 家庭住址 | | 联系电话 | | | |
| | 手　　机 | | 电子信箱 | | | |
| 备注 | | | | | | |
| 入公司情况 | 所属部门 | | 担任职务 | | | |
| | 入公司时间 | | 转正时间 | | | |
| | 合同到期时间 | | 续签时间 | | | |
| | 是否已调档 | | 聘用形式 | | | |
| | 如未调档，档案所在地 | | | | | |
| 备注 | | | | | | |
| | 文件名称 | | 文件名称 | | | |
| | 个人简历 | | 求职人员登记表 | | | |
| | 应聘人员面试结果表 | | 身份证复印件 | | | |
| | 学历证书复印件 | | 劳动合同书 | | | |
| | 员工报到派遣单 | | 员工转正审批表 | | | |
| | 员工职务变更审批表 | | 员工工资变更审批表 | | | |
| | 员工续签合同申报审批表 | | 其他资料 | | | |
| 备注 | | | | | | |

表 5-2 工作分析包括的信息

| |
|---|
| 工作行为：<br>（1）整体工作目标或任务<br>（2）工作/操作流程或步骤<br>（3）工作记录<br>（4）个人职责<br>（5）个人工作目标或任务<br>（6）任职人员必须进行的与工作有关的活动<br>（7）任职人员执行工作中每项活动的步骤<br>（8）执行这些活动的原因<br>（9）执行这些活动的具体时间安排 |
| 工作中人的行为：<br>（1）认知<br>（2）决策<br>（3）交流沟通 |
| 工作中相关的实体与非实体：<br>（1）使用的机器、工具、设备和其他辅助作用工具<br>（2）使用的原材料<br>（3）生产的产品<br>（4）提供的服务<br>（5）接触这些实体与非实体时需运用的知识 |
| 工作绩效的标准：<br>（1）工作质量标准<br>（2）工作数量标准<br>（3）工作所消耗原材料的标准<br>（4）工作所消耗时间的标准<br>（5）允许的工作误差标准<br>（6）其他方面的标准 |
| 工作背景：<br>（1）工作的物理环境（如工作场所的温度、噪声等）<br>（2）工作计划（如作息时间表和工作日程表等）<br>（3）组织情况（如组织背景、发展规划等）<br>（4）相关的社会情况（如组织内的人际关系）<br>（5）工作回报（包括经济的和非经济的激励） |

续表

| |
|---|
| 工作对人的要求：<br>（1）相关的认知要求<br>（2）相关的技能要求<br>（3）相关的能力要求<br>（4）相关的其他要求 |

## 5.1.2　预测人力资源的需求

这一步工作与人力资源核查可同时进行，主要是根据企业的发展战略规划和本企业的内外部条件选择预测方法，然后对员工需求的结构和数量、质量进行预测。在预测过程中，选择预测者是十分关键的，因为预测的准确与否和预测者及其判断力关系重大。一般来说，商业因素是影响员工需求类型、数量的重要变量，预测者要会分离这些因素，并且要会收集历史资料来作为预测的基础。例如，一个企业的产量和需要的员工数量之间常存在着直接的关系，产量增加时，一般劳动力会成比例地增长。如果实际情况都像这个例子一样，只有产量等少数几个有限的商业因素影响员工需求的话，那么进行人力资源需求的预测是很简单的事情。可实际情况往往不是如此，员工人数的增加并不单纯是由产量增加而引起的，改善技术、改进工作方法、改进管理等非商业因素都将增加效率，这时产量和劳动力之间的关系已经发生了变化。对此，预测者必须有清醒的认识。

从逻辑上讲，人力资源需求明显是产量、销售、税收等的函数，但对不同的企业或组织，每一因素的影响并不相同。预测者在选择影响因素、预测计算上都要小心谨慎。

## 5.1.3　按规划需要招聘人力资源

预测得出的全部人力资源减去企业或组织内部可提供的人力资源，就等于需要向外部求助的招聘需要。

在招聘过程中，一定要注意劳动力市场的信息，要统计劳动力的职业、年龄、受教育水平、种族、性别等数据。在比较了企业或组织的劳动力需求量和劳动力市场的供给量以后，如果表明可供人力资源短缺，企业和组织就必须加强人力资源的招聘。

在招聘中，我们的眼光不仅要盯住外部的劳动力市场，也应该建立并注意企业或组织的内部劳动力市场。因为内部的劳动力市场对人力资源规划的影响更直接，许多企业都优先考虑为自己的员工提供提升、工作调动和职业改善的机会。企业应该在组织内部实行公开招聘，任何人均可应聘。在内部招聘登广告数日后，再对外进行广告宣传。用这种方式给内部申请者以优惠，使员工增强对企业的认同感，提高他们的积极性。

### 5.1.4 与其他规划协调

人力资源规划如果不与组织或企业中的其他规划协调，则必定失败。因为其他规划往往制约着人力资源规划，这就要求我们尽可能地去规避风险。例如，其他部门的活动直接承担着员工需求的种类、数量、技能及工资水平等。人力资源规划的目的往往也是为其他规划服务的，只有和其他规划协调一致才会取得好的成效。如员工的工资往往取决于财务部门的预算；销售决定生产，生产决定员工的数量、种类和技能等。

### 5.1.5 评估人力资源规划

人力资源规划是一个动态的过程，必须关注影响人力资源规划的各种因素。人力资源规划的制定，一定要体现动态性的特点。评估人力资源规划既是对前期人力资源工作的总结，同时也对以后人力资源规划的实施不无裨益。在实际工作中评估人力资源规划一般采用与实际对比的方法。可以从企业人力资源饱和度、企业员工离失率、部门满意度等指标来评估人力资源规划。

## 5.2 人力资源规划的实施

**引导案例 5-2**

**惠普的留才规划**

惠普与康柏合并之后，为使这项被称为全球最成功的合并案例发挥更大的效益，惠普展开了一项“留住优秀人才”（Talent Management System，TMS）方案，希望通过这项有计划、量身打造的方案，留住优秀员工。

企业都知道留住人才的重要性，但究竟谁是人才？人才最想要的又是什么？企业对比可能并没有很清楚地去定义及了解。因此，虽然有很多企业口口声声要留住人才，却发现人才仍不断流失，也未能有计划地去培养。

事实上经过重重甄选，惠普的员工几乎都是公司所珍惜的人才。因此，惠普通过其所推动的“TMS”方案，就是希望能够更有计划地留住优秀员工，为其量身打造留才方案。“对惠普而言，推动‘TMS’之前，首要是要把‘优秀员工’定义出来。”

所谓优秀员工，即“清楚自己工作使命的人；沟通能力佳，具有积极地想赢的心态；可以在具有挑战和压力的环境中发挥工作能力，并且愿意承担合理的风险及完成所赋予的使命”。

由于对企业而言，优秀员工泛称“人才”显得太笼统，因此，惠普特地把“人才”分成几类，只要是符合这些特性的，都被视为人才。这些分类包括以下几个。

（1）专业人才。懂技术，如财务、研发，对专业领域很了解，所具备的职能集中于某一专业领域，或者对某一产业有很深入的了解；具有创新能力，乐意接受改变，具有开阔的思维及团队精神。

（2）管理人才。能为员工塑造未来，有能力启发员工，协助员工完成工作目标，能够激发员工工作士气。

（3）业务人才。能够为组织带来业务，能够了解复杂的产品，懂得促销及销售技巧。

（4）综合能力人才。即具备前述两项以上的能力。

对人才进行分类定义只是实施人才方案的第一步，要留住人才，关键在于了解人才的心里究竟在想什么及需要什么。只有针对他们的需要提出留才方案，才能真正留住优秀人才，并且使他们发挥应有的作用。

不要认为“重赏之下必有勇夫”，以为只要拿出高薪，不怕找不到人才。事实上，根据惠普及许多人力资源调查机构的统计，尽管高薪能够笼络到一批人才，然而许多人才除了要求合理的薪资福利外，心中还有许多“无形”的需求。例如，很多优秀的人才，他们希望自己所做的成绩能够得到主管的认可，希望清楚了解组织对他们的期待。此外，他们还希望有良好的工作环境、同事关系，工作本身的内容很有趣，有挑战性，并能够有表现的机会。

优秀的人才并不会“自以为是”，相反地，他们希望时时接受好的主管的指导。当然，他们更希望公司对个人的职业生涯能够提供更多的晋升机会。

根据惠普的调查，有一半以上人才离职，都是因为对直属上司的管理方式、策略方向不够认同或不满意。由此可见，员工将直属上司的领导能力、教导与指正作为自己是否留在一个公司的重要依据。

此外，调查也发现，现代员工相当重视平衡的“工作生活品质”，也就是说，企业在员工发挥工作效率的同时，也应保证员工有品质的工作生活。最后，惠普进行的员工满意度调查，发现薪资福利只是导致员工出现不满意感的因素之一，对工作品质难以提高、公司没有为自己提供更多培训及清楚的职业生涯规划等的不满意才是导致员工离职的更主要因素。惠普认为，这的确是现代员工较重视的方向。

一旦被认定是有潜力的优秀人才，惠普不惜为他量身打造留才发展方案，如强化销售技巧、简报技巧等。

（资料来源：赵光忠. 人力资源管理模板与操作流程[M]. 北京：中国经济出版社，2004）

**思考题：**你认为惠普公司在留才规划上有哪些成功之处？

### 5.2.1 人力资源规划的实施者

#### 1. 人力资源部门

人力资源部门在人力资源规划实施过程中的职责首先是对各个职能部门的人力资源主管进行培训，使他们明白人力资源规划的重要性、实施的方法及如何处理可能遇到的问题。然后监督各个职能部门对规划的实施情况，当需要不同的部门共同完成时，由人力资源部门来进行协调。人力资源部门还负责收集各个部门对规划的意见，对意见进行整理、分析以便及时对规划进行调整。

#### 2. 各个职能部门的主管

各个职能部门的主管应该根据人力资源规划的内容，结合本部门的实际情况，对本部门的员工的管理进行调整，如人员配置的调整、考核方法的调整等。同时将实施过程中遇到的问题及时记录下来，及时反馈到人力资源部门。主管还应该负责对本部门有疑问的员工解释企业人力资源规划的内容。

#### 3. 各个部门的员工

员工首先应该明白人力资源规划的内容、重要性，然后根据本部门的管理制度对自己进行调整，包括对自己的职业生涯规划的调整等。

### 5.2.2 人力资源规划的实施步骤

行百里而半九十，人力资源规划的实施是十分重要的一环。若规划在实施过程中出了问题，即使规划制定得再科学、再合理，也没有任何意义。

#### 1. 执行

人力资源规划的执行是最主要的步骤。在执行过程中要注意以下两点。

（1）在执行前要做好准备工作，主要包括资源准备、组织准备、思想准备及制度准备等。

（2）执行时要全力以赴。

#### 2. 检查

检查是不可缺少的步骤。许多企业在实施人力资源规划时由于缺少检查而产生不少问题。例如，实施流于形式，实施缺少必要的压力，组织不能掌握人力资源规划实施的情况，不能掌握第一手信息。

检查者最好是实施者的上级，至少是平级，切忌是实施者本人或实施者的下级。

检查前，检查者要列出检查提纲，明确检查目的与检查内容；检查者要根据提纲逐条检查，千万不要随心所欲或敷衍了事；检查后，检查者要及时地、真实地与实施者沟通检查结果。

3. 反馈

反馈是实施人力资源规划中的一个重要步骤。通过反馈，可以知道原来规划中的内容哪些是正确的，哪些是错误的，哪些不够全面，哪些不符合实际情况，哪些需要加强，哪些需要引起注意等。

反馈中最主要的一点是保持信息的真实性。由于环境和个体的不同，有许多信息不一定真实，因而去伪存真、去粗取精显得格外重要。

反馈应该由实施者和检查者共同进行。

4. 修正

修正是最后一个步骤。谁也不能保证人力资源规划一经制定后就完全正确，因此根据环境的变化，根据实际情况的变化，根据实施中的反馈信息，及时修正原计划中的一些项目将会显得十分必要。

一般来说，修正一些小的项目，或者修正一些项目中的局部内容，涉及面不会很大。但如果要修正一些大的项目，或者对原规划中的许多项目进行修正，或者对预算做较大的修正，往往要经过最高管理层的首肯。

# 5.3 人力资源规划的评价与控制

## 5.3.1 人力资源规划的评价与控制要求

1. 人力资源规划评价的要求

在对人力资源规划进行评价时，首先要考虑人力资源规划本身的合理性。评价时要注意以下问题。

（1）熟悉人力资源规划工作及其被重视程度。

（2）处理好与提供数据及使用人力资源规划的管理人员之间的工作关系。

（3）把握与相关部门进行信息交流的难易程度。

（4）考虑管理人员对人力资源规划提出的预测结果、行动方案和建议的重视与利用程度。

（5）关注人力资源规划在企业高层管理者心目中的地位和价值。

在评价人力资源规划的时候，还要将行动的结果与规划本身进行比较，目的是通过发现规划和实际之间的差距，修正人力资源规划并指导以后的人力资源规划工作。其主要比较方面包括：实际人力资源招聘数量与预测人力资源净需求量的比较；生产率的实际水平和预测水平的比较；实际和预测的人员流动率的比较；实施人力资源的实际结果与预测目标的比较；人力费用的实际成本与人力费用的预算的比较；行动方案的实际成本与行动方案的预算的比较；人力资源规划的成本与收益的比较。以上项目之间的差距越小，表明人力资源规划越符合实际，也越有利于企业目标的实现。

最后注意，在评价时一定要征求部门经理等基层领导人的意见，因为他们是规划的直接受益者，只有多数人赞同的规划才是好规划。

### 2. 人力资源规划控制的要求

要使控制体系发挥作用、取得预期的成效，在进行具体的控制工作时要注意以下几个要求。

（1）控制应确立客观标准。管理难免有许多主观因素在内，但是企业对于下属工作的评价不应凭主观印象来决定。在需要凭主观来控制的地方，主管人员或下级的个性也许会影响对工作的准确判断。但是，如能定期地检查过去所拟订的标准和计量规范，并使之符合现时的要求，那么人们客观地去控制他们的实际执行情况也不会很难。因此，可以概括地说，有效控制工作要求有客观的、准确的和适当的标准。

客观标准可以是定量的，也可以是定性的。关键在于，在每种情况下，标准都应是可以测定和考核的。

（2）控制工作应具有灵活性。控制工作即使面临着计划发生了变动，出现了未预见的情况或计划全盘错误的情况，也应当能发挥它的作用。这就要求在制订计划时，要考虑到各种可能的情况而拟订各种备选的方案。一般说来，灵活的方案有利于灵活的控制。但要注意的是，这一要求仅仅应用于计划失常的情况，而不适用于正确计划指导下人们工作不当的情况。

（3）控制工作应讲究经济效益。控制支出的费用必须是合算的。经济效益是相对而言的，它随经营业务的重要性及其规模而不同，也随着缺乏控制时的耗费情况与一个控制系统能够做出贡献时的情况而不同。例如，为调查某种原因不明的流行病而花费大量的人力和时间去拟订调查表格，这被认为是合算的。但谁也不会说花费同样的费用去拟订一个旨在了解本单位医护人员技术状况的表格是合算的。

由于控制系统效果的一个限定因素是相对的经济效益，自然就在很大程度上决定了主管人员只能在他认为重要的方面选择一些关键问题来进行控制。

（4）控制工作应有纠正措施。一个正确有效的控制系统，除了能揭示出哪些环节出了差错，谁应当对此负责外，还应确保能采取适当的纠正措施，否则这个系统就等于名存实亡。应当记住，只有通过适当的计划工作、组织工作、人员配备、指导与领导工作等方法，来纠正那些已显示出的或所发生的偏离计划的情况，才能证明该控制系统是正确的。

此外，控制工作还要具有全局观点，应该面向未来。

## 5.3.2　人力资源规划的评价方法和标准

实践中有许多通用的人力资源评价方法和效果标准。关于这些评价的构成指标，有些分类并非专用的，它们可以适合多种范畴。

### 1. 人力资源规划的评价方法

（1）审计法。除了不同的评价焦点、标准和分析的层次外，在人力资源的评价中还有两个传统上一直被使用的普遍方法。第一种方法是审计法，它依赖于以下两点。

1）人事指标，如单人招聘成本、缺勤率或工人的报酬经验率。

2）服务/用户反应，如工作评价系统被感知到的公平。通常而言，与此有关的数据可以通过调查和面谈的途径获取。这些调查项目通常可以通过出版物得到。

审计法也可称为利益相关者方法，它确定人力资源服务的关键使用者或消费者的满意度。这些利益相关者可以是组织中的个体或单元，也可以是外部和利益相关者，如社区组织、工会或供应商。

（2）分析法。评价的第二种方法是分析法，它包括：① 实验性设计，如前测-后测控制组的设计，这在讨论对培训的评价时会描述到；② 成本-收益分析，如效用理论，虽然成本-收益分析法一直被成功地使用，但对收益的评估对人力资源的使用提出了一个主要的难题。效用分析是成本-收益分析法中的一种具体方法，适用于人力资源的评价。它的优点是可以用经济学的术语来表述评价，这对其他职能领域内的决策者而言或许更加容易理解。若干人力资源活动一直通过效用分析法进行评价，这些活动有评估系统、平等就业政策、招聘、甄选、培训和人员流动。虽然效用分析有很广泛的适用性，并且代表了一种量化人力资源活动的好方法，但该过程对一些使用者而言相当困难。由于这些困难和资源的数量及分析所需的努力是客观存在的，所以效用分析法的使用一直局限于应聘者的甄选工作中。人力资源实践一般会有更大的战略性影响，却常与量化的测量方法有抵触。

（3）标杆管理。最近几年人力资源的实践应用了另外一种通用的评价方法——标杆管理。在人力资源领域内实施标杆管理将涉及从许多企业的接受调查者处收集特定的人力资源实践的信息。许多数据涉及实践并反映了人们对人力资源职能在下述领域内的能力和知觉：招聘、培训及报酬方案的设计。这些数据还提供了其他职能领域（如财务、市场营销、研发）内被感知的能力的标杆，还允许对人力资源职能在诸如业务知识、变革管理等领域中的能力进行对比。

通过标杆管理，一个企业可以同其他企业的人力资源实践和能力方面进行对比。除了前面所提到的一些评价方法的优点外，标杆管理还能促使一个企业看到自己在人力资源实践方面的能力同那些全球性竞争者的差距，并且通过收集纵向数据来检验自己是否在不断地进步。同人力资源管理的战略性角色相关联的是：标杆管理使得企业更好地集中自己的资源以获取竞争优势。

## 2. 人力资源规划的评价标准

（1）定量标准和定性标准。人力资源的评价应采用定量标准还是定性标准存在争论。人们可以通过构建一些定量和定性的标准来衡量一个企业的人力资源或人力资源职能的效果。定量标准有时可以合并成复合指标的形式，并且如前所述，这些指标所需要的加权公式可以通过政策方法逐步开发，而且人力资源的职能也可以被视为成本中心来进行评估。另外，由人力资源管理方案（如降低人员流动率或提高优良雇用百分比）带来的收益有时能以货币来确定。在这种情形下，人力资源职能的效果就可以被视为利润中心来进行评估。值得注意的是，过度强调定量评估标准可能导致功能失调。当按这些标准进行操作时，即聚集于目的或目标对战略目标的完成毫无帮助的时候，这种情况就会发生。对待人力资源的态度变化也会在人力资源职能的效果上部分地显现出来。这些指标虽然本质上比许多其他企业特征更定性化，但也可以在标准上把握住——这些标准允许它们服从统计分析。

（2）结果标准和过程标准。另一个关于评价的争论是该标准涉及的是结果还是过程。这两种标准的区别是：结果是工作的成果或最终产品；而过程则涉及行为或活动是如何完成的。企业的劳动生产率就是结果的一个例子。尽管结果标准和过程标准要求与生产活动、量度的难易、目标特性相联系，但它们经常受那些和所评价的活动毫无关系的外部因素的影响。例如，高流动率更有可能代表了本地劳动力市场上的低失业率，而与企业在甄选和报酬系统的缺陷关系不大。

相反，有关过程标准的例子可能是一个单位是否符合根据日程表所确定的行动。例如，第一季度末前完成效用分析，下一个季度末前实施可用性分析，等等。许多管理者在按过程去界定目标的时候会遇到困难。当他们清楚说明各种活动应当如何进行才是理想过程的时候，有时候把该问题颠倒过来并且问一问自己：他们能否描述一下该活动应该如何进行才有帮助。他们几乎都能毫不例外地描述这项活动不应该这样进行，这有助于把他们的思想集中于所期望的和有效的过程上。

表5-3展示的是一个有关这种评价标准的两范畴的矩阵，分为对企业人力资源的整体效果和人力资源的职能效果的评价两个栏目。

表5-3　结果标准和过程标准

| | 人力资源的整体效果 | | 人力资源的职能效果 | |
|---|---|---|---|---|
| | 定　量 | 定　性 | 定　量 | 定　性 |
| 过程 | 方块1 | 方块2 | 方块5 | 方块6 |
| | 缺勤率<br>少数派员工的流动率 | 缺乏冲突<br>创新 | 平均的工作饱和时间<br>每名员工的成本 | 回复询问的时间<br>人力资源服务的质量 |

续表

| | 人力资源的整体效果 | | 人力资源的职能效果 | |
|---|---|---|---|---|
| | 定　量 | 定　性 | 定　量 | 定　性 |
| | 抱怨<br>工作接受率 | 团体关系<br>柔性 | 少数派应聘者的数目<br>单名员工的培训时数 | 人力资源员工的合作性<br>人力资源方案的质量 |
| 结果 | 方块 3 | 方块 4 | 方块 7 | 方块 8 |
| | 单个员工的创新发明<br>生产率<br>关键员工的流失 | 员工士气<br>利益相关者的赞同<br>公司在人力资源上的声誉 | 人力资源投资的附加值<br>每个员工的人力资源预算<br>新人力资源方案的数目<br>人事比率 | 执行官满意度<br>直线经理满意度<br>员工对人力资源的看法 |

# 5.4　人力资源管理信息系统

**引导案例 5-3**

## 东方公司的人力资源管理信息系统

东方公司是一个跨国经营的企业集团。该公司在国内有 8 个专业子企业、省市子企业，30 家独立法人单位，200 家合营企业；在海外有 4 个代表处，31 家独资、合资企业，员工 3 万人，集团总资产额达 100 亿元人民币。

### 1. 东方公司人力资源管理状况

在采用人力资源管理信息系统前，东方公司人力资源管理的主要职能包括员工基本信息收集、合同管理和薪酬保险管理等几大职能。在员工基本信息收集及合同管理方面，该集团总公司需要管理总公司员工及各个下级单位副总以上人员；各个下级单位单独管理本单位其他人员信息。在薪酬保险管理方面，该公司人力资源部制定标准（应发金额），由集团总公司财务部计算总公司员工薪酬（实发金额）并发放；各个下级单位依据集团总公司制定并审批的薪酬总额，单独管理本单位薪酬的计算与发放。集团总公司及各个下级单位曾经或正在分别使用一些不同的人事软件。目前，集团总公司与人力资源系统密切相关的其他系统主要有：考勤管理系统、传统的人事管理软件系统、护照签证管理系统及其他外部的数据处理系统。

### 2. 东方公司对系统选择的要求

在广泛建立现代企业管理制度的今天，东方公司意识到：仅仅靠原始的手工管理或简单的单机管理，总公司人力资源部面对大量的信息，无法有效率地将其中的重要信息提取出来，并做出相应的判断和处理。集团管理者的决策只能依据报表数据，在浪费大量人力、物力的同时无法做到实时监控，难以保证数据的准确性和及时性。因此，先进的管理思想在企业中能够顺利实现就成为一个可望而不可即的目标。该公司急需一套有先进管理功能的人力资源管理信息系统，作为实现上述目标和提高现有水平的一种重要手段。

东方公司在选择人力资源管理系统时提出了以下要求：具有先进的人力资源管理理念；可以满足多行业、多种性质企业不同的人力资源管理要求；实现集团化管理，实时监控各个专业、省市子企业的人力资源管理情况；进行多层次数据汇总，为各层次管理者的决策分析提供数据；具有完整的系统接口，满足灵活的数据导入与导出。

### 3. 解决方案

东方公司对国内外各主要人力资源管理系统产品进行充分比较、分析后，最终选择了国内某家企业的人力资源管理系统方案。

该方案的优点有3个。

（1）管理方便，各地分企业可以独立处理自己的业务；各层次管理者依据权限划分进行决策分析；总公司可以进行实时监控，保证数据的真实性、准确性和及时性。

（2）节约资源，只需安装一套人力资源管理系统，就可以节省系统运行成本和维护成本。

（3）该方案既立足于国内企业管理的实际状况，又借鉴了国外先进的管理思想，能有效地推动东方公司的人力资源管理水平的提升。

### 4. 实施效果评价

经过近一年的努力，东方公司的人力资源管理系统的安装、试用工作基本结束。与最初的设想相比较，无论是用户还是系统供应商，都留下了些许遗憾，但也积累了宝贵的经验。供应商认为："东方公司作为一个历史悠久、规模庞大的企业，它有着复杂性与特殊性，这种复杂性与特殊性使得这个项目二次开发的工作量比想象中的要大得多，而且很多二次开发的工作很困难。但为这类企业提供解决方案可以使我们加深对集团企业的认识和研究，这会在整体上提升我们的产品。"东方公司人力资源管理人士指出："我们之所以要提出建立一整套具有现代管理理念的人力资源管理系统，就是为了能够提高公司的竞争力，形成以绩效为核心的企业文化。我们肯定会面临很多挑战，但这是我们必须面对的现实，转型需要每个员工改变思考问题的角度，需要每个员工都能跟上企业前进的步伐。建立人力资源管理系统的初衷，就是让我们能从事务性工作中解脱出来，更关注人力资源管理的核心业务。这个目标目前是可以达到的，但我们觉得，系统本身对提升人力资源管理水平起到的促进作用很有限。"

**思考题**：试分析东方公司对人力资源管理信息系统是如何评价的？

在现代化经营活动中，信息已成为重要资源之一，谁获得了最新的信息，谁重视信息资源的开发与利用，谁就可能获得巨大的经济利益。

人力资源管理信息系统（Human Resources Management Information System，HRMIS）是对人力资源信息进行收集和加工，利用信息进行人力资源的规划和预测，辅助企业领导进行人力资源开发管理与人事决策的信息系统。人力资源信息系统不仅仅只是基于人力资源问题，而是建立在对经营战略、组织结构、文化价值观等的系统研究分析之上。

## 5.4.1　人力资源管理信息系统的作用

### 1．收集、处理信息

目前，企业人力资源方面的信息处理主要用自编程序或 Excel 来计算员工的薪酬，而员工的其他信息则存放于 Word 或 Excel 文件中或打印出来。由于这些信息具有分散的特点，使得对其采集、整理和更新时产生许多重复工作，浪费大量时间，同时保存和查找也不容易。人力资源管理信息系统则可以用集中的数据库将与人力资源管理相关的信息全面、有机地联系起来，有效地减少信息更新和查找中的重复劳动，保证信息的相容性，从而大大提高工作效率并能提供相关的分析报告。

### 2．建立易访问、易查询的信息库

在采用和实施人力资源管理信息系统之前，当企业人员要统计数字时，往往依赖于某个人或某些人来获取。这种依赖于人的过程往往会因为花费的时间或某个人不在办公室而不能及时完成。在采用和实施人力资源管理信息系统之后，可将依赖于人的过程改为依赖于计算机的过程。企业管理人员只要获取了相应的权限，就可以随时进入系统，直接查阅相应的信息。

### 3．有利于实现内部招聘的科学管理

人才流失提高了企业的运作成本。如果将员工的技能信息输入人力资源管理信息系统，在某个岗位需要人时，先搜索企业内部是否有适合人选，则可以提高内部招聘的效率。

### 4．提高管理水平

在实施人力资源管理信息系统后，经过整合、筛选的信息不仅可以使企业高层领导对企业人力资源现状有一个比较全面的认识，同时也可以生成综合的分析报表供企业领导在决策时参考。

## 5.4.2 人力资源管理信息系统的内容和基本要求

### 1. 人力资源管理信息系统的内容

人力资源管理信息系统由管理、信息和系统三个要素组成。

（1）管理要素。管理要素决定了管理信息系统的最优结构为分层的金字塔结构。管理信息系统必须深入研究不同管理级别活动的性质、内容及联系。管理级别可以用横向结构与纵向结构的三级管理模型来描述其管理功能。

1）横向结构。它是对不同管理层次的有关职能部门的数据进行综合。如企业组织可分为基层、中层和高层三个管理层次，根据各管理层次所需的信息不同，把有关职能所需的数据进行综合。通过数据的综合，设置共用数据库及各子系统用的数据文件，以满足不同管理职能的信息需求。

2）纵向结构。它是对不同管理层次的数据进行综合，这种结构是对基层作业管理的数据进行分析，综合及处理出中层战术管理所需的信息，再进一步从中层战术管理数据中综合处理出上层战术管理所需信息，从而使各级管理层次之间信息畅通。

（2）信息要素。信息系统中常用的信息定义如下：信息是经过加工后的数据，它对接收者的行为能产生影响，对接收者的决策具有价值。信息是一个社会概念，它是人类共享的一切知识、学问及客观现象加工提炼出来的各种消息的总和。

（3）系统要素。

1）系统的定义。系统是由一些相互联系、相互制约的若干组成部分结合而成的、具有特定功能的一个有机整体的集合。系统有一定的功能，或者说系统要有一定的目的性。系统的功能是指系统与外部环境相互联系和相互作用中表现出来的性质、能力和功能。例如，信息系统的功能是进行信息的收集、传递、储存、加工、维护和使用，辅助决策者进行决策，帮助企业实现目标。

2）系统环境。系统环境是指存在于系统外且与系统发生作用的各种因素的总称，即为系统提供输入或接受它的输出的各种因素的集合。

3）系统的层次性。系统的概念是相对的，有大有小，一个大系统是由若干个小系统组成的，每个小系统又可以包括若干个更小的系统。从高层分析可以了解一个系统的全貌，从低层分析则可以深入到一个系统的每一部分的细节。合理地、正确地划分系统的层次，在每一层次上集中精力解决该层次中的问题而不考虑低层次的细节是系统分析的一个重要方法。在设计管理信息系统时，要首先抓住系统的输入、处理和输出。

### 2. 人力资源管理信息系统的基本要求

一般来说，人力资源管理信息系统至少应包含下列具体信息。

（1）基本状况：性别、年龄、民族、籍贯、体重、健康状况等。

（2）知识状况：文化程度、专业、学位、所取得的各种证书、职称等。

（3）能力状况：表达能力、操作能力、管理能力、人际关系协调能力及其他特长的种类与等级。

（4）阅历及经验：做过何种工作，担任何种职务，以及任职时间、调动原因、总体评价。

（5）心理状况：兴趣、偏好、积极性水平、心理承受能力。

（6）工作状况：目前所属部门、岗位、职级、绩效及适应性。

（7）收入情况：工资、奖金、津贴及职务外收入。

（8）家庭背景及生活状况：爱人情况及偏好、家庭职业取向及个人对未来职业生涯的设计等。

（9）所在部门使用意图：提、留、调、降。

根据上述信息，可综合开发许多有用的二次信息，如人力资源分布、结构、积极性及冗员等。据国外有关经验，250 人以下的企业，工人的档案管理和索引卡系统十分有效，而对大型企业须采用计算机且须配备既有人力资源管理经验，又懂计算机的专业人员负责建立和管理人力资源管理信息系统。随着计算机应用的广泛普及和现代企业制度的逐步建立，与国际社会日益接轨，企业需要尽快建立人力资源管理信息系统，以利于制定精确的人力资源规划，准确及时地进行人力资源管理决策，取得人力资源的最优利用。

表 5-4 是国外某公司的人力资源管理信息系统所涉及的内容。

**表 5-4　×××公司人力资源管理信息系统内容**

| 人　员 | 工 作 经 历 |
|---|---|
| 姓名 | 生产线经验 |
| 工资号及社会保险号 | 管理/监督经验 |
| 性别 | 外语的说、写、读能力 |
| 出生日期 | 出版作品 |
| 员工身体概况（身高、体重等） | 对工作有潜在价值的独特技能或偏好 |
| 家属姓名、性别、出生日期 | 专利权 |
| 婚姻状况 | 可胜任的政府部门职位 |
| 组织类型 | 拥有的安全感 |
| 招聘 | 做学徒或其他专门训练的日期 |
| 招聘合同的签订日期 | 被排除做学徒或专门训练的原因 |
| 负有责任的招聘人或面谈者 | 受惩处的日期、类型、原因 |
| 候选人来源（报纸、雇用机构等） | 工作或解雇的持续时间 |
| 候选人申请感兴趣的管理职位日期 | 雇用日期 |
| 涉及的监督者或经理的姓名 | 成为资深人员的日期 |
| 面谈日期 | 解雇日期 |

续表

| 人　员 | 工 作 经 历 |
|---|---|
| 承诺雇用日期 | 解雇前的工资率 |
| 列入工资单日期 | 重新被招回情况 |
| 候选人被选中/招聘拒绝的日期 | 员工态度/士气 |
| 面谈得分 | 生产率/质量的大小 |
| 适合候选人的工作种数 | 缺勤记录 |
| 先前雇主的姓名及地址 | 怠工记录 |
| 以前雇用状况年序表 | 提供的建议（通常是正式的建议计划） |
| 服兵役情况 | 不满 |
| 拥有的工作技能 | 匿名请求/抱怨 |
| 对管理哲学正确性的接受度 | 对员工管理公正性的接受度 |
| 对管理的信用/诚实度的态度 | 受经理或监管者纪律处分的相对频率 |
| 对工作、报酬、监督者等的态度 | 经理或监管人员对员工严格或宽松的倾向 |
| 工会成员 | 补偿/工作分配 |
| 工会会员/代表情况 | 非工作与工作时间、小时工资及月薪制 |
| 正发生效用的工会合同 | 当前薪资水平的日期 |
| 工会官员情况 | 预计下一次薪水/报酬增加的日期和数量 |
| 正常查视情况 | 以前的工资率及持续时间 |
| 住址/联络 | 以前工资增加的绝对额和相对比例及增薪日期 |
| 家庭住址 | 组织的评价水平 |
| 所在城市 | 职位头衔 |
| 邮编 | 临管员/个人贡献 |
| 家庭电话 | 工作号 |
| 空缺工作/职位 | 工作时间 |
| 需控制名额的工作 | 加班工资额 |
| 工作名称 | 受教育程度 |
| 职位/工作代号 | 学位、高等学校毕业证书、受教育水平 |
| 要求的受教育程度 | 授予学位的专业 |
| 要求的经验 | 授予学位的日期 |
| 可能的薪资范围 | 曾就读的学校 |
| 需补充职位的日期 | 由雇主赞助完成的特殊课程 |
| 工作环境 | 拥有的专业技术证书 |
| 工友的平均受教育程度 | 工作评价/提升的可能性 |
| 工友的平均薪水 | 个人兴趣 |

续表

| 人　　员 | 工 作 经 历 |
| --- | --- |
| 本单位的空缺职数 | 工作偏好 |
| 解雇比例（在一个代表性日期） | 地域偏好（有多家工厂可选择时） |
| 在当前工作组中依贡献价值排列的名次 | 理想层次 |
| 相关工作的交换频率 | 在目前工作群体中贡献大小的排序 |
| 经理或监督人员的年龄 | 工作中有害或化学物品的暴露情况 |
| 经理或监督人员的监管经历 | 受伤害记录（事故日期、报告日期、医疗记录、医疗名称） |
| 被现任经理挑选或继承 | 受伤害类型（伤残或非伤残、工作耽误天数、登记的耽误时间） |
| 特殊推荐与奖励 | 伤害所造成的生理限制 |
| 签订报告 | 员工的补偿要求 |
| 签订日期 | 在单位的加班时数 |
| 在经理看来逐渐增长的潜能 | 职务/工作历史 |
| 前一次被考虑提升日期 | 职务或工作的识别代码 |
| 降职日期 | 职务或工作号码 |
| 降职原因 | 职务或工作设置日期 |
| 最后一次内部流动的日期 | 固定/临时的工作分类 |
| 现在的工作安排 | 过去工作的性质 |
| 工作安排的地理位置 | 工作变化的日期 |
| 办公室电话 | 职位空缺的日期 |
| 紧急通知 | 个人离职的类型（新雇用、转移、升迁等） |
| 福利计划 | 如果是升迁，提升前的工作性质 |
| 医疗/人身保险计划参加状况 | 在组织结构中工作的分量 |
| 养老金计划参加状况 | 检查工作报告的经理 |
| 储蓄计划参加状况（如美国的公债储蓄等） | 劳动力市场 |
| 非工作时间的报酬支付（休假、疾病、事故、家庭成员死亡、陪审、军事服务等） | 该地区人员可供量分析 |
| 离职 | 不同技能、职业、年龄、性别等的失业率 |
| 离职日期 | 未来人力资源预测 |
| 离职原因 | 鉴定人力资源稀缺或过剩 |
| 未来住址 | 工资、薪水、转移差额等 |
| 新雇主的姓名及地址 | |
| 在新雇主处报酬增加的数量 | |

续表

| 人　员 | 工 作 经 历 |
|---|---|
| 再雇用的适合条件 | |
| 安全/事故 | |
| 工作区的噪声程度 | |

### 5.4.3 人力资源管理信息系统的建立

#### 1. 人力资源管理工作层次分析

中国目前已经成为人才争夺的核心地带，企业对人力资源的重视程度也快速提高，资金投入比例加大，但往往缺少切实可行的操作办法。人力资源部门应能帮助企业在人力资源管理与开发水平上实现跨越式提升，使得人力资源服务领域成为一个非常有潜力的市场。而信息技术在人力资源管理中的应用，将有助于企业定义与优化人力资源管理的业务流程，提高工作效率，改善服务质量，并提供基于信息的决策支持。

通常，我们可以把企业人力资源管理工作分为四个层次：规章制度与业务流程（基础性工作）、基于标准化业务流程的操作（例行性工作）、人力资源战略（战略性工作）及战略人力资源管理（开拓性工作）。

（1）基础性工作。基础性工作主要指要建立起企业人力资源运作的基础设施平台，这个平台首先要包括一套完善的人力资源管理规章制度，这是企业内部的“法律依据”。但如果没有标准化的操作流程做支撑，管理的规章制度在具体操作上或多或少会存在因人而异的混乱现象。对人力资源管理者而言，如果解决不了操作层面的问题，人力资源管理就会陷于纸上谈兵。因此，建立一套有效的人力资源操作流程是人力资源管理迈向实务的重要保障。在理论上首要的一点就是建立和完善人力资源管理信息系统，如图 5-2。该系统以人力资源战略和人力资源管理为两个核心点，从战略核心点向外辐射出人力资源总体评价、人力资源标准及潜力、人力资源规划及决策支持三大模块。核心点与三大模块之间的关系是可逆的。从管理核心点向外辐射出人事业务支持、人事改革反馈两大模块。核心点与两大模块之间的关系是可逆的。两个核心点之间的关系也是可逆的。这个人力资源管理信息系统要随着社会的发展和人力资源管理实践的变化而发展变化，在实践中逐步调整和完善。

（2）例行性工作。例行性工作是在规章制度与标准操作流程这一基础设施平台之上进行操作的，主要包括人力资源规划、员工招聘、档案、合同、考勤、考核、培训、薪资、福利和离职等管理内容。由于这部分工作几乎无法从本质上对企业的核心价值产生影响，将它们外包给社会上的专业服务企业或顾问人员已经逐渐成为一种趋势。

（3）战略性工作。战略性工作要求人力资源管理者能站在企业发展战略的高度，主动分析、诊断人力资源现状，为企业决策者准确、及时地提供各种有价值的信息，支持企业战略目标的形成，并为目标的实现制订具体的人力资源行动计划。人力资源战略是企业人力资源部门一切工作的指导方针。

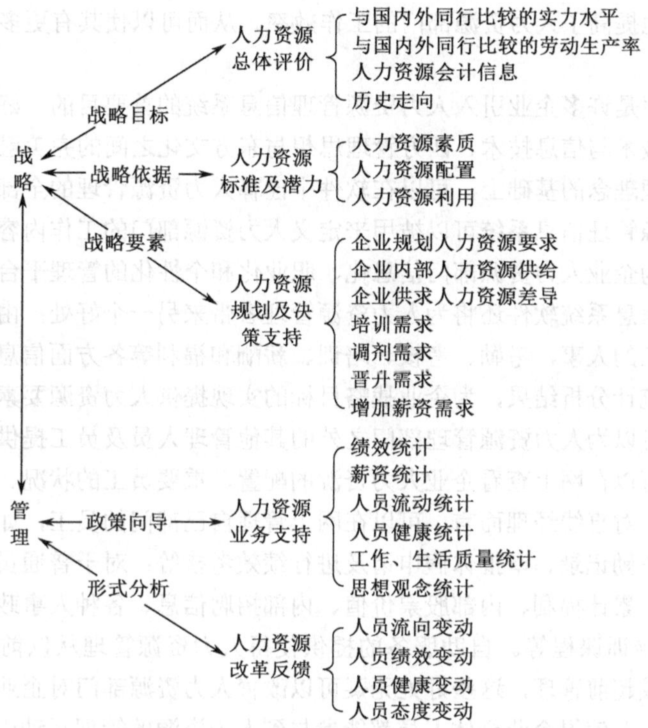


图 5-2 人力资源管理信息系统

（4）开拓性工作。开拓性工作则强调人力资源管理要为企业提供增值服务，为直接创造价值的部门提供达成目标的条件。人力资源管理部门的价值是通过提升员工的效率和企业的效率来实现的，而提升员工与组织绩效的手段，就是结合企业战略与人力资源战略，重点思考如何创建良好的企业文化、个性化的员工职业生涯规划、符合企业实际情况的薪酬体系与激励制度，并特别关注对企业人力资源的深入开发。实际上对人才的吸引、使用、保持及培养等工作的成败，关键不在于日常和管理工作是否到位，而在于是否营造了一个适于人才工作与发展的环境。这个环境的创造，就需要人力资源管理者在开拓性工作上花更多的时间与精力。

为了将信息技术引入人力资源管理，我们还可以把人力资源管理工作分为定性与定量两类。所谓定性的工作主要是指制度的制定、业务流程的设计、面试、员工沟通和人力资源分析报告等，这些工作的特点是具有很强的创造性，需要经过深入的主观思考与判断才能完成；所谓定量的工作主要是指根据既定制度与流程完成对客观事务的处理，如根据薪资制度计算本月员工薪酬等，这类工作一般缺乏创造性，但又是需要日常处理的重复性工作，往往占据了人力资源管理工作的大部分时间，降低了人力资源部门的整体工作效率。信息技术在人力资源管理中主要是作为工具来应用的，它可以处理所有定量的问题，如员工考勤、薪资计算等，较之手工管理，信息技术的应用将大大降低例行性工作占用人力资源管理人员时间的比例，这无疑极大地提高了人力资源部门的工作效率，从而可以使其有更多的时间思考战略层次的问题。

提高工作效率是许多企业引入人力资源管理信息系统的首要目的。好的人力资源管理软件还应该是管理技术与信息技术、西方管理思想与东方文化之间的完美融合，在消化吸收先进的人力资源管理理念的基础上，可以在软件中诠释人力资源管理的全部内容与业务流程，从而使得人力资源管理信息系统可以被用来定义人力资源部门的工作内容，优化和规范其业务流程，使其成为企业人力资源部门信息化、职业化和个性化的管理平台。一套合理而完善的人力资源管理信息系统软件还将为人力资源管理者带来另一个好处：由于数据库完整地记录了企业所有员工的人事、考勤、考核、培训、薪酬和福利等各方面信息，系统将能快捷、方便地获得各种统计分析结果，为企业战略目标的实现提供人力资源要素的决策支持。网络技术的应用，还可以为人力资源管理部门之外的其他管理人员及员工提供各种形式的自助服务，如高层经理可以在网上查看企业人力资源的配置、重要员工的状况、人力资源成本的分析及员工绩效等；对直线经理而言，可以在网上管理自己部门的员工，如可以在授权范围内修改属下员工的考勤记录、审批休假申请及进行绩效考核等；对于普通员工，可以在网上查看本月薪资明细、累计福利、内部股票价值、内部招聘信息、各种人事政策、个人考勤休假情况及注册内部培训课程等。自助服务的提供使得人力资源管理从以前的相对封闭变得开放，滞后管理变成超前管理，这些好处无疑可以改善人力资源部门对企业最高决策者及全体员工的服务质量，并使得企业全体人员都能参与到人力资源的管理活动中来。综上所述，信息技术在人力资源管理中的应用，可以帮助企业达成如下目标：提高工作效率，优化业务流程，改善服务质量，提供基于信息的决策支持。

### 2. 人力资源管理信息系统设计

人力资源管理信息系统作为管理信息系统的一个子系统，其本身也是一个较大的系统，还可细分为若干子系统。经过深入的调查研究和分析，可以把人力资源管理信息系统分为六个子系统，如图5-3所示。

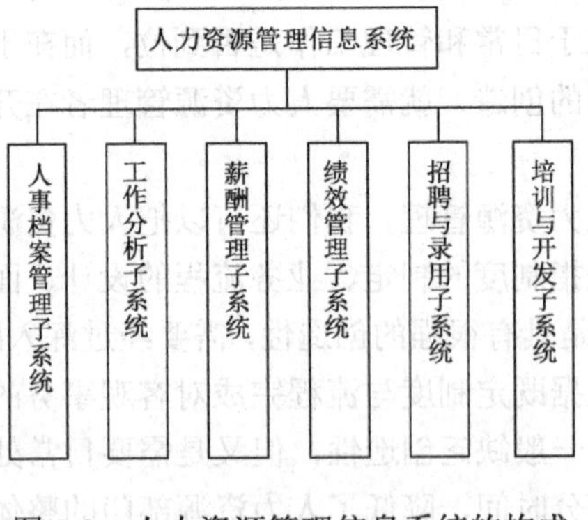


图5-3　人力资源管理信息系统的构成

现将各子系统说明如下。

（1）人事档案管理子系统。此子系统完成对员工基础档案的管理，是人力资源管理信息系统最基础的工作。人事档案包含的具体信息可参阅人力资源管理信息系统的基本要求。该子系统可完成对人事档案的输入、修改、删除、查询、分类统计和报表打印。

（2）工作分析子系统。此子系统完成工作分析信息的诸如工作分析问卷调查、工作分析描述和工作说明书等方面的分类与存储，可以方便查询与修改工作分析信息。该子系统可完成对工作分析的输入、修改、删除、查询、分类统计和报表打印。

（3）薪酬管理子系统。此子系统完成薪酬的核发和薪酬的调整，包括输入薪酬数据、查询个人薪酬、修改薪酬数据、统计部门薪酬及打印薪酬单。使用该子系统前应查询考勤与绩效考核子系统的数据，以便确定薪酬金额。

（4）绩效管理子系统。此子系统包括员工考勤与员工绩效考核两部分，员工考勤用于记录员工达标情况，可通过员工上下班打卡的方式实现，旷工、病事假也要及时记录。员工绩效考核用于定量考察员工的工作绩效，包括完成工作的数量、质量、经济效益和社会效益。该子系统可统计打印出报表，为确定薪酬、决定人员调配和职务升降提供依据。

（5）招聘与录用子系统。此子系统完成对员工的录用和调配功能。员工的录用包括新员工的录用和急需人才的招聘。员工的调配包括员工的平等调动和职务升降，它能处理由于员工调配而引起的各子系统数据的变化。

（6）培训与开发子系统。此子系统完成员工培训与开发的管理，可进行员工素质的统计评估、培训过程的控制、培训结果的评价及开发过程的评价。

### 3. 人力资源管理信息系统的性能要求

人力资源管理信息系统经过详细的系统分析和设计，确定为非实时性系统，至少应该满足以下系统性能要求。

（1）可操作性。为使系统有效地发挥作用，要求系统容易理解，操作简单方便，上机培训量少。

（2）安全性。人力资源管理信息系统所处理的数据都是十分重要的，不能随意存取和改变。因此，必须对系统数据的存取和改动进行严密的控制，对系统数据进行有效的保护，以杜绝对数据的非法操作和防止计算机病毒的破坏。当用户使用本系统时，系统先进行用户识别和鉴定，可让用户输入标志号或口令进入各子系统。对于获得上机权的用户要根据预定好的用户权限进行存取控制，保证用户只能存取其有权存取的数据。例如，对于人事档案管理子系统，一般用户只能查询，而不能修改，修改的权限只限于有关管理人员。为防止计算机病毒的破坏，要定期做好数据的存储工作。

（3）可维护性。系统的变更（因系统需求变化和弥补系统缺陷而引起）要简单易行。一个应用系统由于需求和环境的变化及自身暴露的问题，在交付用户使用后，对它进行维护是不可避免的，而软件维护的费用比较高。因此，在系统开发（指设计、编码和调试）的过程中，始终要注意软件的可维护性。

（4）可靠性。要求系统在发生故障或输入数据不合理的情况下，有较高的抗干扰能力和控制故障的能力，以免系统发生停顿或遭到破坏而影响工作。

### 4. 人力资源管理信息系统的开发

人力资源管理信息系统的开发是一项复杂的系统工程工作。它涉及的知识面广，不仅涉及技术，而且涉及管理业务、组织的行为。它不仅是科学，而且是艺术。至今还没有一种完全有效的方法来很好地完成系统的开发，但也有一些方法在系统开发的不同方面和不同阶段带来了有益的帮助。

（1）问题的识别。系统开发要搞清楚 5 个 W——What，Why，Who，Where，When，即要做什么，为什么做，由谁来做，在什么地方做和什么时候做。

（2）可行性研究。在系统开发过程中进行可行性研究，对于保证资源的合理利用、避免浪费和一些不必要的失败，都是十分重要的。

1）目标和方案的可行性。目标和方案的可行性是指目标是否明确，方案是否切实可行，是否满足企业进一步发展的要求。

2）技术方面的可行性。技术方面的可行性就是根据现有的技术条件，考虑提出的要求能否达到，如计算机速度、容量等能否达到要求。技术方面的可行性包括以下几个方面：人员的技术力量的可行性；基础管理的可行性；企业系统开发方案的可行性；计算机软、硬件的可行性；环境条件及运行技术方面的可行性。

3）经济方面的可行性。经济方面的可行性主要是从企业的人力、财力、物力三方面来考察系统开发的可行性。例如，有多少资源可以利用，有多少资金可以投入，应该建立什么样规模的系统，等等。另外，还要研究系统开发后可能带来的经济效益，信息系统的经济效益有两个方面：一是直接效益，二是间接收益。

4）社会方面的可行性。社会方面的可行性主要是指一些社会或人为的因素对系统的影响。如由于某些特殊的原因，不能向系统提供运行所必需的条件。

（3）系统开发原则。

1）领导参与原则。人力资源管理信息系统的开发是一项系统工程，涉及管理工作的各个方面，只有领导重视和参与，才能较好地协调各个方面的关系，使开发得以顺利进行。

2）优化与创新原则。人力资源管理信息系统的开发必须摆脱旧的管理模式和处理过程的束缚，充分考虑实际情况和科学管理的要求，这样才能使系统得以优化和创新。

3）充分利用信息的原则。要充分利用数据，尽可能共享，对已有数据进行分析、挖掘。

4）实用和时效的原则。要求从制定系统开发方案到最终的信息系统都必须是实用的、及时的和有效的。

（4）人力资源管理信息系统的生命周期。任何一个系统都有其生命周期，从开发出来直至被使用者淘汰的过程，这个过程就叫信息系统的生命周期。人力资源管理信息系统生命周期如图 5-4 所示。

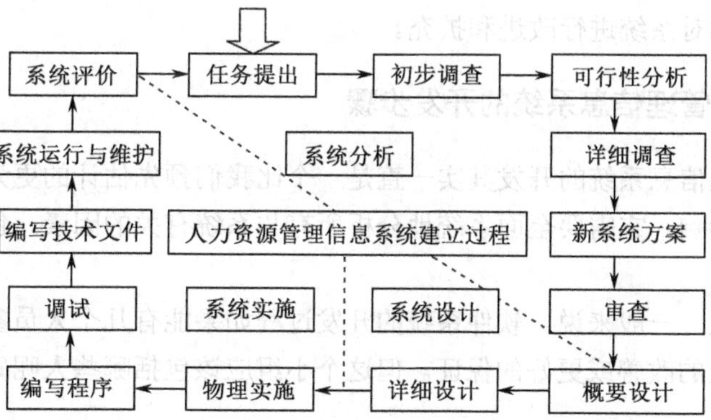


图 5-4　人力资源管理信息系统生命周期

（5）人力资源管理信息系统建设的财务预算。人力资源管理信息系统建设的财务预算包括系统开发财务预算和系统运行财务预算两部分。

（6）建立软、硬件系统选择。

（7）采用客户机/服务器（C/S）网络模式。C/S 模式是与资源共享模式不同的新的网络模式，它的最大技术特点是使用了客户机和服务器两方面的智能资源和计算机能力来执行一个特定的任务。

C/S 模式的特点如下。

1）减少网络的流量，只传输必要的信息，缩短响应的时间。

2）可以充分利用客户机和服务器双方的能力，组成一个分布式应用环境。

3）通过把应用程序同它们处理的数据隔离，可以使数据具有独立性。

4）用户可以选择最适宜的硬件和软件环境，组成一个强大的服务器系统。

（8）详细设计的主要内容。详细设计的主要内容有代码设计、输入/输出设计、文件设计和数据库设计。

1）代码设计应符合的原则如下：唯一确定性；标准化与通用性；持久性与稳定性；可扩充性与灵活性；便于识别和记忆；简洁性。

2）输入/输出设计。除了完成必要的输入/输出功能外，还应具有友好的用户界面。

3）文件设计主要是设计文件的组织方式、存取方式、文件的保护与故障清除对策及编制文件设计说明书。

4）数据库设计的步骤如下：① 分析用户需求；② 概念设计；③ 逻辑结构设计；④ 物理结构设计。

（9）编制程序、系统调试、数据录入或转载及信息系统评价。应该从四个方面对系统进行评价：功能评价、现有硬件和软件评价、人力资源管理信息系统应用评价及人力资源经济资产评价，最后撰写人力资源管理信息系统评价报告。

在人力资源管理信息系统建立以后，需要进行人力资源管理信息系统的日常运行管理与系统维护，这些都是长期的工作，应该由专门技术人员负责。当建立的信息系统不能再满足现实要求时，需要对系统进行改进和扩充。

## 5. 人力资源管理信息系统的开发步骤

人力资源管理信息系统的开发其实一直是一个比我们预先估计的更为复杂的过程，而且对企业具有长期影响。它需要全面系统地分析所有与系统有关的因素，包括技术、人及企业的发展政策等。

（1）组建小组。一般来说，软件系统的开发过程如果能有几个人员参与，那么项目的质量绝对能得到更大的改善或更好的保证。但这个小组应该包括哪些人呢？看看谁是主要使用者就能确定了。

此外，要有一个拥有丰富IT技术知识的队员，并且科学管理，以防因为成本失控而导致项目的失败。

一些大企业可能有一个独立于项目小组的系统推进委员会。系统推进委员会一般由企业的一些决策者组成，他们负责成本或费用的审核，参与合同的谈判，并且给予项目小组企业高层支持。

（2）制定目标。小组的会议应该从识别和制定人力资源管理信息系统项目的目标开始。如果在一开始没有设立一套项目目标，就会在评估错误的产品上浪费重要的时间，或者甚至更坏，以致最后开发了错误的软件系统。

项目小组必须回答以下问题。

1）你的人力资源管理系统的IT技术战略是什么？

2）你需要什么而且你为什么需要它？你需要系统具有什么功能？

3）你希望通过努力达到什么样的结果？

4）你希望通过这个系统改变什么业务流程？新的业务流程应该是什么样的？

5）业务流程对系统有什么样的要求？新的系统对整个业务流程有什么样的支持作用？

识别这些目标，可能需要访问包括高级管理人员和人力资源部门的其他人员，以及各种可能会使用系统的用户，来识别企业对人力资源管理信息系统的真正需要。

（3）设计系统全景。确定了目标之后，就对系统有了一个全景式的认识。如果你正在选择新的全面解决方案的人力资源管理信息系统，它是否能满足所有的特殊化需要呢？如培训记录管理、绩效管理等。考虑单独的解决方案时，应该考虑它是否符合公司的人力资源的IT技术战略。

（4）预测未来需要。为了保证系统的发展性，必须考虑几年后需要什么样的信息系统。此外，还要考虑几年后可能会有什么特殊的需要，以及这种可能会在什么时候发生。未来还需要这些信息吗？如员工的身份证明、出生日期、社会保障号码、住址等。如果真是这样，就必须考虑如何避免重复录入申请信息。

（5）确定技术环境。在开发任何一个系统之前，都必须识别和确定新系统的技术环境。这个工作将由IT专家来负责。一般而言，需要回答的问题如下。

1）你寻找的系统是独立的计算机、局域网，还是互联网？

2）这个系统需要在什么样的操作系统上运行？Windows NT 还是 Unix 等？

3）如果它是一个数据库应用系统，那么数据库系统是 SQL，Oracle，还是 DB2？

4）如何解决远距离的数据录入和传输？

5）需要不需要 Web 支持？如果系统编制语言工具不同，如用 C++或 Visual Basic 会造成什么不同吗？IT 部门有没有计划在未来几年里在技术平台方面实施较大的改变？

（6）做系统开发预算。虽然在和供应商正式洽谈前做预算是很困难的，但在与供应商接触之前还是应该先预估公司愿意支付的价格。做预算时，非常重要的是把这些成本分做三个部分：软件、（电脑）硬件和实施。

1）软件费用主要包括系统软件的使用权费用、有关数据库的使用权费用，以及软件的升级和维护费用。

2）硬件费用主要包括服务器费用、计算机设备和网络设备费用。

3）实施费用则包括软件安装和调试费用、教育培训费用、数据转换费用，以及供应商或第三方提供给我们需要的咨询费用。

（7）编制说明书。完成前面的 6 个步骤后，就应该为这个新的软件系统编制一个说明书。这个说明文件应该以人力资源整体 IT 技术战略开始，列出项目实施的目标，定义需要的基本系统的功能，说明本系统如何与其他系统相互整合和接口，并列出第五步中所提出来的技术问题。

这一步是整个开发过程的关键一环。如果说明书非常清晰、准确和定义明确，开发过程就会非常顺利；否则就不要开始这一步，应该从头开始再来。

（8）企业自己开发或购买。在这一过程中，很多公司还要考虑是组织力量由企业自己开发一个系统，还是在市场上购买一套成熟的系统。

这种考虑也许在第 2 步或第 3 步的时候就早早开始了，或者到第 15 步或第 16 步才开始考虑。但最晚不能超过第 8 步，因为这是一个典型的夹杂着情绪的公说公有理婆说婆有理的问题，而且有可能让人牵扯太多精力，甚至使过程失败。

（9）发布需求信息。准备好识别与甄选哪个供应商或它们的产品来满足需要，如何把这种信息传递到供应商那里呢？最简单的是，询问其他企业的同行们，看其是否能够推荐一些能够满足一般的功能需求的供应商。还有一个途径就是通过互联网发布需求信息。

（10）资料初审。通过发布需求信息，可以得到若干个候选供应商的名单。接下来就是同他们接洽，并研究他们提供的产品介绍。一般而言，供应商提供的产品手册深度并不一样，有的手册只是对自己的产品做一些概念性和理念性的描述，有的则非常详尽，包含很多信息。

因此，必须保证获得了足够的供应商和产品的资料，以确保开发和甄选系统的需要。这也是一个非常重要的步骤，不应该被忽视或忽略，因为这是一个缩小开发范围、逼近目标的重要工作。

（11）发布项目招标书。准备一份项目招标书，发给目前已经缩小了范围的供应商名单中的所有“幸存者”。项目招标书也许只有一页，也可能有十页长，具体取决于希望供应商们提供有关其产品的细节的多少。

在一个人力资源管理信息系统的要求中，项目招标书包括的通用要素有以下几个方面。

1）企业概况介绍。

2）介绍软件的硬件配置，以及能够支持的员工总数。

3）系统的功能介绍。

4）所需要的软件环境与规格。

5）报价（使用权费、培训费和实施费用，以及以后的年度维护费和热线支持费用）。

6）实施案例。

7）供应商所提供的产品、服务和支持目录表。

8）合同样本。

做好项目招标书后，把招标书送给候选供应商，给它们一个合理的准备期，如 3～6 周来准备投标。招标书中还应该包括一个标书指导，具体指出供应商们必须说明的一些问题：对于招标书中的每个要求，它们的系统是否都能满足；系统的升级版本中是否会仍然包括这些特征；有没有需要系统进行再设计的，如果是这样的话，成本会是多少，会引起其他什么问题。

（12）评估。当所有标书返回的时候，就需要有一套评价所有系统的基本标准。一个典型的做法是编制一个评价表。评价表中的列是对系统要求的每条目的，行是提供产品的各供应商。

然后，为招标书中的每个条目进行打分（是/否，1，或其他类似的序列数值）。为各个供应商在每个要求上进行评分，这样就可以找到那些最能够满足条件的供应商了。接下来就是与供应商联系，并索取系统的测试版本，进行演示评估。

（13）测试版本的控制。系统的测试版本一般来说是专门设计的，用来显示正式版本系统所具有的功能与特征及操作方式等，通常都有某方面限制的非正式系统。所以，必须注意系统商提供的测试版，并加以控制。这是非常重要的一项工作。

在与供应商会谈之前，应该提供给他们一份详细的对测试版系统的要求文件。

这样，供应商就能提供一个满足要求的测试版，在测试版演示评估过程中，所有小组成员都应参加。

（14）第二次评估。完成所有系统测试版的演示评估工作后，所有小组成员对每个测试系统都写出他们满意与不满意的地方。

此时，需要一个或更多的供应商提供更多的补充信息，以便下一步工作的进行。当然，还需要考虑价格因素，但需要明白的是这个价格肯定不是最终价格。当供应商对企业的需求了解越多，它们的标价也会越来越准确，可能更高也可能更低。最后，确定两个但不要超过三个供应商来做最后的甄选。

（15）决策因素。在软件系统的选型中，价格是其中一个但不是唯一的决策因素。其他比较显而易见的决策因素还有，对现有系统的兼容性及系统本身的功能性。对很多企业而言，实施成本和时间进度也是决策因素。这里需要注意的是，因为管理团队代表握有最终的投票权，所以必须确保管理团队代表能够参与编制过程。

（16）考察案例。现在可以去听取和考察一些实际案例。在这之前，小组应该编制一份需要在考察中解决的问卷。问卷中的问题包括从系统功能性到后续支持等所有关心的问题。考察中一定要注意案例中的系统所运行的环境是什么，如 Windows NT, UNIX 或 AS/400。这将决定该人力资源管理信息系统是否适合企业的系统环境。

（17）第二次演示测试版。做第一次演示时，就要告知供应商，项目小组可能将就某些特殊的问题要求进行第二次演示。这些特殊问题是在第一次演示没有解决或在案例考察中发现的问题。同样，要确保管理团队代表参与这个过程。IT 技术代表应该保证所有的技术问题都能在这次演示中解决。复查系统的核心功能性、报告系统、运行速度、实施进度计划和成本、客户服务情况，以及项目小组关心的其他问题。

还需要和供应商们讨论它们报价的每个项目。这是供应商一次澄清报价中的有关问题和调整的机会。

（18）再次评估和修改。所有演示都完成了，所有问题也都得到了回答，于是到了最后的选择时刻了。在投票之前，再回顾一次第二轮演示中所得到的信息。把这些所有信息与最初的目标和需求做一个比较。

可以做一个评估表来进行辅助决策，横向显示的是决策因素，纵向显示的是每个系统产品。如果前面的步骤都很切实地完成了，小组将很容易做出选择。在此情况下，如果有两个系统都能满足需要，那么就可以同这几个供应商谈判，选择最有利于企业的方案——价格、培训和实施等。

## 本章习题

### 一、名词解释

1. 人力资源规划的编制　　2. 纵向结构　　3. 系统　　4. 工作分析子系统

5. 人力资源管理定性的工作

### 二、选择题

1. 可以从企业人力资源饱和度、企业员工离失率、(　　)等指标来评估人力资源规划。

A. 部门满意度　　　　B. 领导满意度

C. 群众满意度　　　　D. 社会满意度

2. 系统的功能是指系统与外部环境相互联系和相互作用中表现出来的性质、(　　)和功能。

A. 差别　　　　B. 数据

C. 能力　　　　D. 存储

3. 人力资源信息包括的内容十分广泛，主要有：人员调整情况、(　　)等。

A. 公司领导班子的情况　　　　B. 人员的经验、能力、知识、技能的要求

C．工资名单上的人员情况　　　　D．员工的培训、教育

4．人力资源规划的实施步骤主要有（　　）。

A．执行　　　　B．检查

C．反馈　　　　D．修正

5．人力资源管理信息系统的作用主要有（　　）。

A．收集、处理信息　　　　B．建立易访问、易查询的信息库

C．有利于实现内部招聘的科学管理　　　　D．提高管理水平

## 三、判断题

1．预测得出的全部人力资源减去企业或组织内部可提供的人力资源，就等于需要向外部求助的招聘需要。（　　）

2．反馈是实施人力资源规划中的一个重要步骤，反馈中最主要的一点是保持信息的正面效应。（　　）

3．人力资源管理信息系统由管理、信息和系统三个要素组成。（　　）

4．系统环境是指存在于系统外且与系统发生作用的各种因素的总称，亦即为系统提供输入或接受它的输出的各种因素的集合。（　　）

5．任何一个系统都有其生命周期，从开发出来直至被使用者淘汰，这个过程就叫信息系统的生命周期。（　　）

## 四、简答题

1．简述人力资源规划的实施步骤。

2．简述人力资源规划控制的要求。

3．简述人力资源规划的评价方法。

4．图示人力资源管理信息系统。

5．简述人力资源管理信息系统的性能要求。

## 五、案例题

**【案情】**

### ×××公司人力资源规划流程

1．预测

预测是规划的前提和依据。主要包括以下内容。

（1）组织机构变化预测。随着企业的经营环境（内部和外部环境）的变化，其组织结构也必然发生变化，应该对其进行预测。预测内容主要包括以下几项。

1）组织目标是否会改变，如何改变。

2）职务层次序列是否可能改变，如何改变。

3）意见沟通路线是否会改变，如何改变。

4）有效的协调与合作关系是否会改变，如何改变。

5）职能机构、直线机构的增减，如何增减。

6）劳动组织是否会改变，如何改变。

（2）产品规划对人力资源需求的预测。按照产品规划所列的产品品种与数量，参考编制定员的五种办法进行预测。

（3）新产品发展对人力资源结构的影响预测。产品的更新换代将打乱原有的生产秩序和加工工艺过程，使各个环节上的劳动量发生重大改变，相应地将改变岗位和职位的数量和结构，对此必须加以预测。

（4）设备的技术改造与更新对人力资源结构的影响预测。

设备的技术改造与更新会从根本上改变现有的人力资源结构和职位序列，需要重新组合。

要依据设备技术改造计划，预测人力资源结构、职位序列、人员数量与素质的新变化。

2. 决策

决策是规划的核心步骤。人力资源规划的决策过程就是人力发展规划的编制过程。需要决策的主要问题如下。

（1）确定人力资源规划的目标。目标是规划的出发点和归宿，是人力资源规划的首要问题。应根据企业整体计划目标和各项职能计划对人力资源的要求，紧紧围绕着提高劳动生产率这个中心来确定。

（2）人员征补的决策。包括各类人员征补数量、征补时机、征补方式，以及对征补人员素质上的要求等。

（3）职业转移的决策。包括职业转移的规模、类别、时机、政策和去向等。

（4）企业发展的人力增加决策。因企业规模扩大、技术设备更新所需新增人员的数量、素质及来源的决策。

（5）员工培训决策。包括培训目标、培训内容、培训方式、培训对象、培训时机及培训经费预算。

（6）劳动力维持决策。为了维持劳动力的正常状态，需要在劳动保护、员工福利等方面确定的目标、采取的措施及经费预算。

【问题】

1. 你认为该公司的人力资源规划有什么特色？

2. 试用该规划流程编制某一大型商场的人力资源规划。

扫二维码阅读更多案例

# 第 6 章

# 人力资源战略规划

## 本章重点掌握

人力资源战略规划与企业核心竞争力之间的关系；人力资源战略规划的目的、内容、功能和作用；人力资源战略规划的制定程序。

## 学习导航

第 6 章

- 6.1 人力资源战略规划概述
  - 6.1.1 人力资源战略规划的有关概念及对人力资源开发与管理的指导意义
  - 6.1.2 人力资源战略规划与企业核心竞争力
- 6.2 人力资源战略规划的目的、内容、功能和作用
  - 6.2.1 人力资源战略规划的目的和内容
  - 6.2.2 人力资源战略规划的功能和作用
- 6.3 人力资源战略规划的制定
  - 6.3.1 人力资源战略规划的制定程序
  - 6.3.2 人力资源战略规划制定的基本方法

# 6.1　人力资源战略规划概述

**引导案例 6-1**

## M 集团公司人力资源 5 年战略规划

### 一、总体目标

根据集团总体战略经营目标，利用 5 年时间，围绕公司核心产业，以积蓄人力资本、构建企业文化为目标，整合组织流程，规范人事体系，建立素质模型，优化薪酬激励，通过人力资源的最大化发展，有力地推动集团向现代化新型企业发展。

### 二、目标解读

1. 积蓄人力资本

利用 5 年时间，以培养为主、挖掘为辅、引进为补充，造就一支有操守、懂专业、善经营、能管理的人才队伍，包括房地产相关专业人才队伍、营销策划人才队伍、经营管理人才队伍和资本运作人才队伍；并将这支人才队伍锻炼和凝聚成一个上下目标一致、内外价值一致、内部沟通协调、专业能力互补和共担风险成果的高效能团队。

2. 构建企业文化

公司成立和运作多年来，已经形成一定的文化，但是这种“文化”与总经理倡导的文化还有差异，还存在一些消极面。因此，需要花一段时间来逐渐总结、提炼企业的文化精髓；并通过制度建设和人员培训把这种文化逐渐固化下来，从而影响人的最终行为。

3. 整合组织流程

组织机构和部门间的权限流程是企业管理的基础。通过整合组织流程，规范各部门职责和相互间的配合关系，理顺分工合作和业务流程，实现高效管理，整合各部门的人力资源，实现人力资源配置的科学合理，也为整个集团与各控股公司之间理顺关系打下基础。

4. 规范人事体系

作为一家集团公司，一个合理规范的人事体系是非常有必要的，这为选、用、育、留人才提供了最基本的依据，也是集团内部人力资源合理配置与流动的基础。因此需要建立科学规范的集团职位体系、组织架构流程、招聘录用流程、培训发展规范、绩效管理制度和淘汰选拔机制。这一整套人事体系有助于将整个公司对人的管理都纳入制度化的轨道。

5. 建立素质模型

员工对企业的贡献主要取决于两个因素：业务能力和工作动力，其中业务能力是基础和前提。企业在不同的发展阶段，对于不同的职位，业务能力的要求是不同的，也就是要求员工具备不同种类和程度的能力。这些能力的种类和程度要求的组合就是能力素质模型。协助员工建立素质模型一方面有利于员工的职业生涯发展，另一方面有利于员工根据公司的实际情况实现终身学习，为打造学习型企业打基础。

6. 优化薪酬激励

薪酬是激励员工的重要手段，但不是主要手段，更不是唯一手段。因此，一方面需要设计带有业绩激励导向的薪酬，另一方面，要不断完善包括期权、补充保险等在内的员工保障机制，建立包括内部培训、外派培训、国内外培训基地等在内的员工发展机制。通过这些机制的建立来维护员工关系，实现激励。

## 三、实施方案

1. 建立公司职位体系

由于目前整个集团有总部、子公司、全资子公司、控股公司等，各个公司虽然都有职务名称，但职位体系相对比较混乱，需进行统一的规范，便于以后子公司管理人员的流动与任命。

（1）规范职位名称。建议整个集团职位后缀统一为7个：总经理、总监、部经理、经理、主管、专员、助理。统一后，公司的职位一共分为九级：总经理、副总经理、总监、部门经理、部门副经理、专业经理、主管、专员、助理。

（2）划分职等。职等是薪资核定的重要依据，是员工发展的通道展示，同时也是集团人力资源调配的参照比较。职等与职位有一定的联系，一个职位可涵盖数个职等。

2. 规范录用流程

建议将整个集团的进口关统一归在集团人事行政部，即人员的招聘信息和应聘资料需由人力资源部统一归口。通过社会公开招聘、内部举荐（含自荐）、猎头公司等途径录用选拔人才。

3. 薪资改善计划

应该说目前公司的薪资水平相对来说还是比较具备竞争力的，但是由于薪资没有进行全面系统的科学设计，因此没有充分体现激励因素，需要进行改善。企业给员工发薪资主要应该从下面几个方面去考虑。

首先是生存需要。工资收入是员工及其家庭物质生存的基础，因此薪资的基础水平应该根据社会平均薪资进行确认，调薪的幅度应该根据社会物价水平进行考虑，这一部分可以确定的是员工的基础薪资，确定这一部分薪资时不必考虑竞争对手或同行业的其他工资，也不具备激励作用。

其次是发展需要。工资收入是员工对前期教育投资的回报，同时也是其自身继续发展的需要。因此，确定薪资应该考虑员工所从事专业的学习投入成本和其以后知识更新的成本，确定这一部分薪资时，需要考虑的是该专业人才的社会紧缺程度，有时也会根据公司内的紧缺程度来进行调整。这一部分薪资是激励员工自我学习发展，特别是激励员工学习其具体工作中需要的技能的重要因素。

第三是实现需要。工资收入是员工在企业内工作表现程度的体现，一般来讲，绩效越好，期望得到的薪酬也会越高，同样，如果绩效越高，得到的奖励越多，就会鼓励员工不断创造较高的绩效。这一部分薪资是激励员工提高工作绩效的重要因素。

第四是社会责任需要。一般来讲员工的年龄越大，社会责任越重，因此，在确定薪资时，需要在一定程度上考虑员工的工龄、在公司的工作时间等因素进行一些微调。这一部分薪资是给员工职业安全感的重要因素。

4. 培训发展规划

（1）现有人才培养。与专业公司合作或独立研究，迅速开发建立员工能力素质模型，确定针对素质模型的培训课程大纲，采取内部培训与外派培训相结合、课堂培训与实践培训相结合的方式，再加上能力津贴的评定与发放，重点选拔和培养一批年富力强、有发展前景的员工。

（2）百名大学生计划。在 3～5 年内，招收 100～150 名应届大学毕业生，其中每年引进 1～2 名硕士生，引进本科生的比例不低于 40%。对这百名大学生实行定向强化培养，进入公司前全部进行职业规划与发展计划，全部纳入绩效考核系统。

（3）全面培训提升计划。每年了解和制定一个培训重点，全面培养和提升老员工的文化、技能等素养，对法律基础、电脑基础等基本知识和技能，利用 1～2 年时间进行全面的梳理和培养，以使整个公司的人力资源水平达到一定层次。

5. 企业文化建设

现在企业文化主要解决三个经理价值观上的问题。

（1）倡导良性竞争。一个良性竞争的内部环境是企业需要的。职业经理人的成长应该来自于自己的发展、自己能力的提升和贡献的大小，而不是整垮谁。

（2）倡导正面沟通。目前公司内部当面不说、背后乱说的现象非常严重。有许多问题，特别是如果对谁做的工作、办的事有意见，应当先采取合适的方法进行反馈和解决，而不是动不动就用来信来函的方式。

（3）倡导宽以待人，严于律己。这其实是董事长一直强调的。但在实际操作过程中，这一观念和行为没有得到贯彻。相当一部分员工是宽以待己，严以律人，自己身上有问题，还在批评和攻击别人。

## 四、时间安排

1. 2018 年下半年：夯实基础、制定标准。完成公司职位体系的梳理与安排；进行企业培训体系的整理和规划，建立集团的经理人能力素质模型，形成集团的培训体系。

2. 2018—2019 年：稳步推行、促进发展。全面实施部门绩效考核；深入开展培训，进一步完善培训体系，培训 2 名左右内部培训讲师，形成集团培训体系；“百名大学生计划”全面展开。

3. 2020—2022 年：完善整合、巩固效果。规划并推行全员绩效管理体系；企业培训形成规模，80%以上的课程实现内训；“百名大学生计划”成果显现，公司员工年平均培训课时不少于 40 小时；经理人持股计划全面完善；企业文化提炼基本形成，并进行初步推行；全面完善集团的人力资源管理体系，人力资本初具规模。

由于集团的人力资源管理本身是一个完整的体系，同时人力资源管理战略的规划与实施又要与企业的战略与发展阶段密切配合，所以上述的时间安排为计划，具体需要稳扎稳打，根据各阶段的具体措施的实施效果进行整体安排。如果战略获得同意并实施，将按月、季度和半年度分别进行计划、实施、反馈和总结。

**思考题**：该公司的人力资源战略规划是否合理？

## 6.1.1 人力资源战略规划的有关概念及对人力资源开发与管理的指导意义

### 1. 人力资源战略规划的有关概念

（1）人力资源战略。人力资源作为与市场营销、财务会计、生产制造并列的子系统，对企业总体战略的实现具有重要的意义。然而在现实中，企业战略与人力资源战略之间存在很大的不一致性。例如，企业在实行成本领先的整体战略时，可能会采取降低劳动力成本的措施来达到成本最小化的目标，而企业为了降低成本进行裁员的时候，又会与人力资源管理强调对员工的收入稳定、个人发展及为社会就业负责的承诺相悖。

什么是人力资源战略？其可以有两种理解。

1）将人力资源战略理解为市场定位。按照这种理解，有人根据波特对企业战略分类的思路，将人力资源战略划分为成本领先、质量领先和差异化三种战略。

2）将人力资源战略理解为一种管理过程，即企业通过人力资源管理实现战略目标的过程，这也可以称为“战略性人力资源管理”。

其实，这两种理解在实践中没有本质的区别。如果一定要从字面上将它们区别开来，没有任何意义。人力资源战略是指企业为实现其战略目标而制定的一系列有关人力资源开发与管理的总体规划，是企业发展战略的重要组成部分，是抓住企业的战略目标和目的，并将它们转化为前后一致的、整体化的、完善的员工管理计划和政策，是从人力资源的“质”和“量”入手，评估目前人力资源的质量与企业目前及未来发展变化所需之间的差距，并能够满足这些要求的过程。

（2）人力资源战略规划。人力资源战略规划有广义和狭义之分。广义的人力资源战略规划是指根据企业的发展战略、目标及企业内外部环境的变化，预测未来的企业任务和环境对企业的要求，以及为完成这些任务和满足这些要求而提供人力资源的过程。广义的人力资源战略规划强调其对企业战略目标的支撑作用，从战略层面考虑人力资源战略规划的内容和作用。因此它既包括人力资源数量、质量与结构的系统规划，也包括实现人力资源战略目标的策略与相应职能的系统，它是企业竞争战略的有机组成部分。而狭义的人力资源战略规划是指对人员需求、供给情况做出预测，并据此储备和减少相应的人力资源。可见，狭义的人力资源战略规划是以追求人力资源的平衡为根本目的的，它主要关注的是人力资源供求之间的数量、质量与结构的匹配。

依据人力资源战略规划的着眼点不同，可以将其分为仅考虑企业利益的人力资源战略规划和兼顾企业与个人利益的人力资源战略规划。前一种观点认为，人力资源战略规划就是将必要质量和数量的人力资源安排到通常为金字塔结构的各级工作岗位上。从企业的目标、发展和利益要求出发，在适当的时间，向各个工作岗位提供合乎要求的劳动力，以满足生产资料对人力资源的数量、质量和结构的要求。显然，这是古典管理思想影响的结果。后一种观点认为，人力资源战略规划是在有效设定企业目标和满足个人目标之间保持平衡的条件下使企业拥有与工作任务要求相适应的必要数量和质量的人力资源；人力资源战略规划所要实现的企业目标是包括实现个人利益在内的、其规划的过程就是力求使企业发展与个人成长发展协调一致、最终实现企业与个人的同步成长的目的。

无论哪种人力资源战略规划定义，都包括如下四种含义。

1）由于企业外部的政治、经济、技术、文化等环境处于不断的变化之中，这就使得企业内部和外部的人力资源供给与需求也在不断地变化、不断地调整。人力资源规划的基点就是寻求人力资源供给与需求的动态平衡，这也是人力资源战略规划存在的必要条件。

2）人力资源战略规划是以企业战略目标为基础的，当企业战略目标与经营方式发生变化时，人力资源战略规划也随之发生变化。因此，其规划的过程也是一个不断调整的动态过程。

3）人力资源战略规划是一个依据人力资源战略对企业所需人力资源进行调整、配置、补充的过程，而不单单是预测人力资源供给与需求的变化。在此过程中，必须有人力资源管理其他系统的支持和配合，才能保证适时、适人、适岗。

4）人力资源战略规划是要保障企业和个体都得到长期的利益。其侧重点应放到保障企业的利益得以实现方面，而个体利益的实现主要通过其他人力资源管理信息系统来保障，仅一个规划系统是不能解决问题的。

因此，人力资源战略规划着眼于企业未来的生产经营活动，其实质是一种人力资源管理的策略，它的制定为企业的人力资源管理活动提供了指导。

（3）人力资源战略与人力资源战略规划的关系。人力资源战略规划的应用范围很广，其本身可以是战略性的，也可以是战术性的；可以是整个企业范围的，也可以是某个具体部门的；可以周期性地制定，也可以在需要时独立地制定。要使人力资源战略规划发生效力，就应该将它与不同层次的企业战略联系起来。人力资源战略规划过程包括人力资源战略、人力资源规划和行动方案的制定。所谓人力资源战略主要是研究社会和法律环境的可能变动及对企业人力资源管理的影响等问题。人力资源规划主要是对企业未来面临的人力资源供求形势进行预测，它包括对企业未来员工的需求量、企业内部和外部的人力资源供给状况的详细预测。所谓的行动方案是根据预测结果制定的具体行动方案，包括招聘、辞退、晋升、培训与开发、工作调动、绩效管理与评估、工资、福利政策和企业变革等。

## 2. 人力资源战略规划对人力资源开发与管理的指导意义

人力资源开发与管理的一个重要任务是如何将企业与个人的利益结合起来，这也正是人力资源战略规划要解决的一个重要问题。人力资源战略规划将个人期望与企业战略目标结合起来，从双方的长远利益出发，确定需要解决的主要问题，合异求同，以达到共同发展、共同获得利益的目的。

（1）人力资源战略规划可以帮助企业根据市场环境的变化及人力资源开发与管理自身的发展，建立适合本企业特征的人力资源开发与管理的方法，如根据市场变化趋势，确定人力资源的长远供需计划；根据员工期望，建立与时代相适应的激励机制；用更为合理、先进的方法来降低人力资源开发与管理成本；根据科学技术的发展趋势、有针对性地对员工进行开发与培训，提高员工的素质与能力，适应技术发展的要求。

（2）人力资源战略规划可以帮助企业改进人力资源开发与管理的方法，使其更加合理且更具激励作用。任何一种方法都有其适用的条件与时间限制，当今世界处于不断的发展变化之中，有些方法必然要落后甚至被淘汰。由于人力资源战略规划充分考虑到环境的不断变化这个因素，企业可根据人力资源战略规划和时代的要求、环境的特征而采用不同的方法。

（3）人力资源战略规划有助于企业适应环境的变化。任何一个企业，不管它是公有的还是私有的，也不管它的规模和战略如何，都要经受环境变化的考验，对人力资源的数量和质量做出相应的调整。

（4）人力资源战略规划确保企业生存发展过程中对人力资源的需求。企业中经常会出现职位空缺的现象。对规模比较小的企业来说，可以在空缺实际出现后再设法补上。但是，对规模较大的企业来说，就应该事先进行人力资源规划和预测。其原因首先是员工分工明细，工作的专业化程度比较高，新进员工的适应期比较长；其次是大企业的职位空缺数额也比较大，要做到及时填补，必须提早准备。

（5）人力资源战略规划有助于减少未来的不确定性。如果没有变化就不需要规划，规划可以帮助企业更好地应对变化。企业面临的市场竞争环境的变化给企业的决策带来了不确定性。为了克服这些不确定性可能给企业未来的经营带来的消极影响，企业的人力资源管理部门就必须建立相应的招聘政策、培训政策和员工生涯发展政策。

（6）人力资源战略规划有利于控制人力资源成本。人力资源战略规划有助于检查和测算出人力资源战略规划方案的实施成本及其带来的效益。要通过人力资源战略规划预测企业人员的变化，调整企业的人员结构，把人工成本控制在合理的水平上，这是企业持续发展不可缺少的环节。

如果没有人力资源战略规划，就无法正确地评价结果，无法知道努力的方向是否正确，人力资源管理活动就会变成相互之间不存在有机联系的活动的大杂烩。所以，人力资源战略规划可以把企业的人力资源管理活动与整个企业联系起来，使其成为企业的一个有机组成部分。

## 6.1.2 人力资源战略规划与企业核心竞争力

### 1. 企业的核心竞争力

核心竞争力，又称核心（竞争）能力、核心竞争优势，指的是企业具备的应对变革与激烈的外部竞争，并且取胜于竞争对手的能力的集合。

**相关链接**

核心竞争力的概念是 1990 年美国密西根大学商学院教授普拉哈拉德（C. K. Prahalad）和伦敦商学院教授加里·哈默尔（Gary Hamel）在其合著的《公司核心竞争力》（*The Core Competence of the Corporation*）一文（发表在 1990 年的 5—6 月哈佛商业评论（*The Havord Business Review*）上）中首先提出来的。

总的来说，核心竞争力的概念必然围绕着以下四个特征来展开，这四个特征也是识别某项因素是否构成企业核心竞争力的重要标志。

（1）价值性。价值＝收益/成本，即企业获取并持续拥有这项因素的收益与成本之比必须大于 1，否则企业得不偿失。收益成本之比越高，它对企业核心竞争力的贡献也就越高。因此，价值标准位列四个标准之首。

（2）独特性。一个企业拥有的核心竞争力应该是独一无二的，即其他企业所不具备的（至少暂时不具备），是企业成功的关键因素。核心竞争力的独特性决定了企业之间的异质性和效率差异性，是解释一个企业竞争优势的重要原因。

（3）难模仿性。核心竞争力是在企业长期的生产经营活动过程中积累形成的，深深地打上了企业特殊经历的烙印，是其他企业难以模仿，至少在短期内难以模仿的。

（4）组织化。核心竞争力不是企业拥有的某一单一要素、资源或技术，而是多种能力相互整合而形成的组织化的系统能力。任何一项要素要成为企业核心竞争力的源泉，除了要具备前面的几个特征之外，还必须深度融入到企业之中，通过与其他要素的系统整合来发挥作用。

综上所述并结合核心竞争力的四个关键特征，可将企业核心竞争力界定为：企业自主拥有的、能够为客户提供独特价值的、竞争对手在短时间内无法模仿的各种知识、技能、技术、管理等要素的集合。

### 2. 人力资源战略规划与企业核心竞争力的关系

企业的核心竞争力来源于企业内部所拥有的知识、技术、关系和流程，而这四个要素同时存在于企业内部的人员和系统之中。

人力资源是企业核心能力与竞争优势的源泉，因此，人力资源管理必然成为支撑企业核心能力与竞争优势的重要力量。

美国康奈尔大学的斯科特·斯内尔（Scott Snell）教授在对知识经济时代的人力资源管理战略进行研究的过程中，基于企业核心能力的理论提出了“战略—核心竞争力—核心人力资本”模型。该模型以全球化和知识经济浪潮两大时代主旋律为研究背景，系统分析了企业如何通过有效的人力资本管理，在激烈的市场竞争中获取和保持自身的竞争优势，如图 6-1 所示。

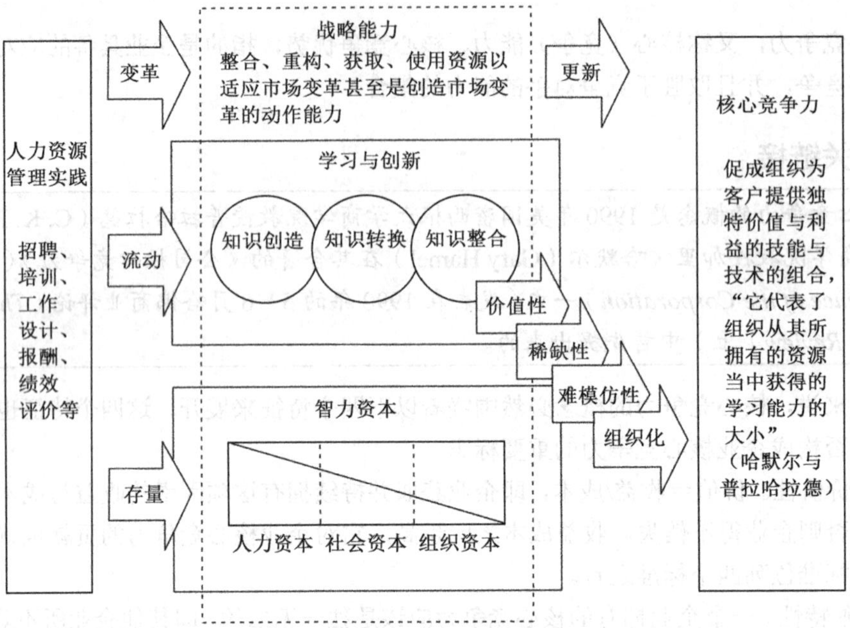

图 6-1　斯内尔模型中关于人力资源战略规划的整体框架

从这个模型中可以看出，企业的核心竞争力是能给消费者带来特殊利益和价值的一系列知识、技术和技能的组合。因此，核心竞争力的培育是要求整合企业内部的资源，同时提高企业为客户创造价值的能力两个相互结合的方面来实现。在此基础上，针对不同类型的人力资源，开发分层分类的人力资源管理战略规划系统（具体包括招聘、培训、工作设计、报酬和绩效评价等），并通过以下三种机制来实现对企业核心竞争力的支撑。

（1）通过形成人力资本、社会资本和组织资本的存量来支撑企业的核心竞争力。通过人力资源管理战略规划实践，可以获得企业内部人员与系统的有机整合，从而促成企业内部核心人力资本的形成，并结合企业的社会资本和组织资本，共同形成有价值的、稀缺的、难以被对手模仿和具有组织化特征的智力资本，最终支撑企业的核心竞争力和竞争优势。

（2）通过促进企业内部的知识管理来支撑企业的核心竞争力。通过分层分类的人力资源管理战略规划实践，促进企业内部的知识管理，使知识得以有效地整合、转化和创新，从而帮助组织尤其是知识创新组织，提高其核心竞争力。

（3）通过战略能力的变革来支撑企业的核心竞争力。通过人力资源管理战略规划实践提升企业适应和创造市场变革的运作能力，进而提升企业把握市场机会、为消费者创造价值的能力，从而完成对企业核心竞争力的支持。

从图 6-1 中还可以看到上述三个方面所存在的内在关系：学习与创新、战略能力是形成企业核心竞争力的两个支柱，而这两个支柱是通过人力资本、社会资本和组织资本的整合来形成的。因此，通过人力资源管理战略规划实践形成企业的核心人力资本，是支撑企业核心竞争力的关键所在。

## 6.2　人力资源战略规划的目的、内容、功能和作用

### 6.2.1　人力资源战略规划的目的和内容

#### 1. 人力资源战略规划的目的

简单地说，人力资源战略规划的目的就是确保在适当的时间和不同的岗位获得适当的人选，包括数量、质量、层次和结构等。

（1）促进人力资源开发。人力资源开发包括人员预测、人员增补及人员培训，这三者紧密联系，不可分割。人力资源规划一方面对目前人员的现状予以分析，以了解人力资源动态；另一方面，对未来人力资源需求做一些预测，以便对企业人员的增减进行通盘考虑，再据以制订人员增补和培训计划。所以，人力资源战略规划是人力开发的基础。

（2）促使人力资源的合理运用。只有少数企业人力资源的配置完全符合理想的状况。在相当多的企业中，一些人的工作负荷过重，而另一些人则过于轻松；有一些人的能力有限，而另一些人则感到能力有余，未能充分利用。人力资源战略规划可改善人力资源分配的不平衡状况，谋求合理化。

（3）配合企业发展的需要。任何企业的生存和发展，最重要的影响因素是人力资源的获得与运用。现代科学技术日新月异，社会环境激烈变化，如何针对这些多变的因素，达成企业发展目标，对人力资源恰当规划甚为重要。

（4）降低用人成本。影响企业用人成本的因素很多，如业务、技术革新、机器设备、企业工作制度、工作人员的能力等。有效的人力资源战略规划可对现有的人员结构进行分析，并找出影响人力资源有效使用的瓶颈，使其潜能充分发挥，从而降低人力资源的使用成本。

#### 2. 人力资源战略规划的内容

人力资源战略规划是运作人力资源管理系统的前提。它主要包括三方面内容：人力资源数量规划、人力资源结构规划和人力资源素质规划如图 6-2 所示。这三方面内容为企业人力资源管理提供了指导方针和政策。

（1）人力资源数量规划。人力资源数量规划是依据企业业务模式、业务流程和组织结构等因素，确定企业各级组织人力资源编制及各职类职种人员配比关系或比例，并在此基础上制订企业未来人力资源需求计划和供给计划。人力资源需求计划和供给计划需要细化到企业

各职类职种人员的需求与供给上。

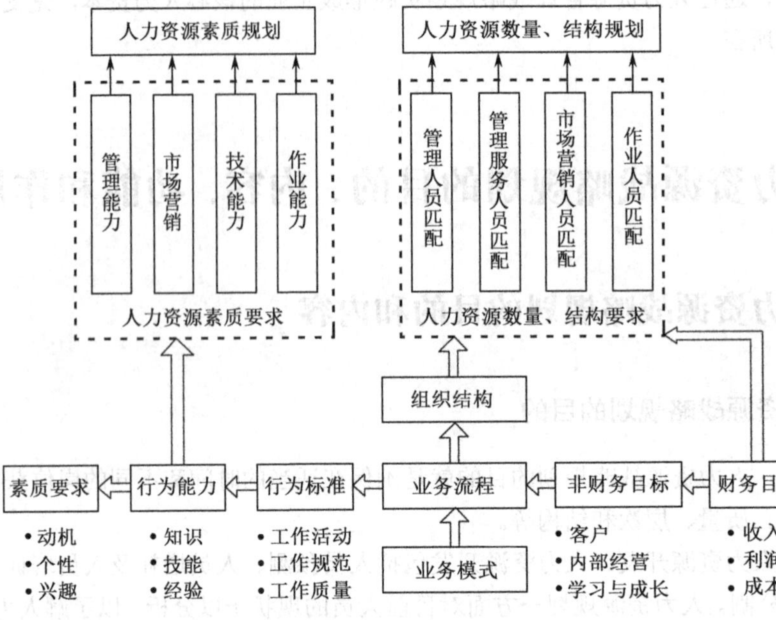


图 6-2　人力资源素质、数量、结构规划

人力资源数量规划主要解决企业人力资源配置标准的问题，它为未来的人力资源配置和开发提供了依据，指明了方向。但是在具体操作时，企业人力资源现状与人力资源数量规划所提供的标准会有一定的、甚至很大的差距，因为理论和现实总是会有差距的，而如何缩小差距正是企业人力资源部门进一步要解决的问题。

（2）人力资源结构规划。人力资源结构规划是依据行业特点、企业规模、未来战略重点发展的业务模式、对企业人力资源进行分层分类，同时设计企业的职类职种职层功能、职责及权限等，从而理顺人力资源在企业发展中的地位、作用和相互关系。人力资源结构规划的目的是要打破企业壁垒（如部门）对人力资源管理造成的障碍，按业务系统要求对人力资源开发与管理提供条件，同时，人力资源结构规划也为建立或修订企业人力资源管理系统打下了基础。

人力资源数量规划与人力资源结构规划及素质规划是同时进行的。数量规划和素质规划都是依据结构规划的确定来进行的，因此，人力资源结构规划是关键，也是一个重点。

（3）人力资源素质规划。人力资源素质规划是依据企业战略、业务模式、业务流程和企业对员工的行为要求，设计各职类职种职层人员的任职资格要求，包括素质要求、行为能力及行为标准等。人力资源素质规划是企业开展选人、用人、育人和留人活动的基础与前提条件。

1）人力资源素质规划的内容。人力资源素质规划有两种表现形式——任职资格标准和素质模型，如图 6-3 所示。任职资格标准要反映企业战略及组织运行方式对各类人员的任职行为能力要求；素质模型则反映各职类职种职层需要何种行为特征的人才能满足任职所需的行为能力要求。

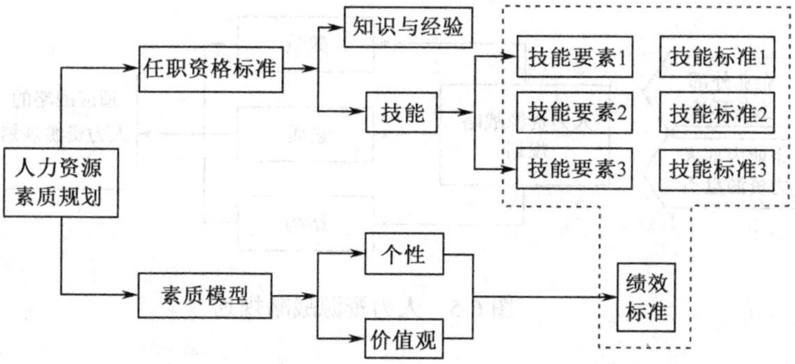


图 6-3　人力资源素质规划

2）人力资源素质规划的主要步骤。人力资源素质规划的主要步骤如图 6-4 所示。① 分析外部环境。② 企业内部人力资源盘点。任何一种人力资源规划都是与企业内外部环境密切相关的，无论是数量规划或是结构规划、素质规划，都需要经历这两步（见图 6-5）。③ 制定人力资源素质规划。④ 制订具体的素质提升计划。

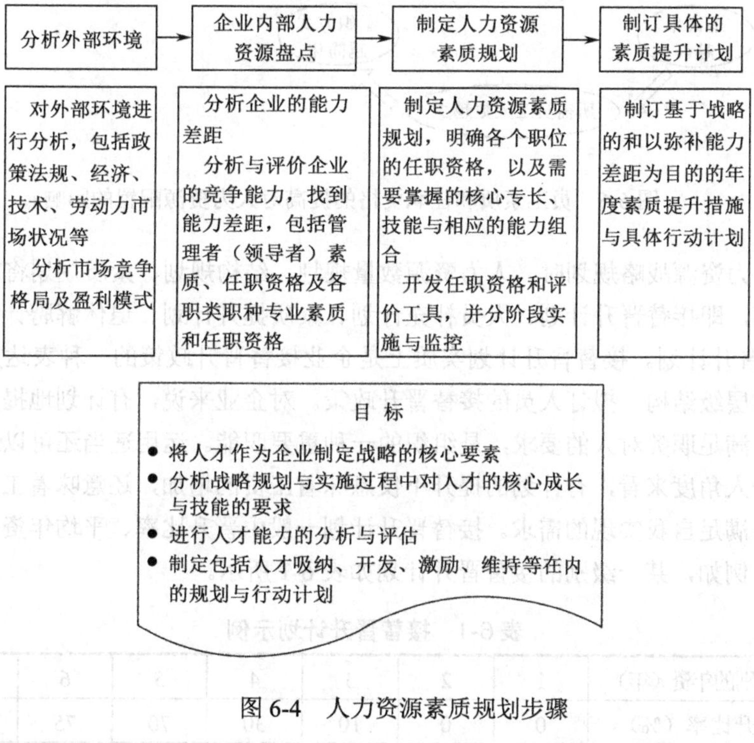


图 6-4　人力资源素质规划步骤

当员工整体任职能力和素质不断提高时，其适岗率也将提高，这表明企业员工的职业化程度也在提高。当企业员工整体素质、任职能力和适岗率提高到一定程度时，在工作条件不变的情况下，企业所需员工人数可以相对减少，组织结构、业务流程也可做相应简化

（见图 6-6）。

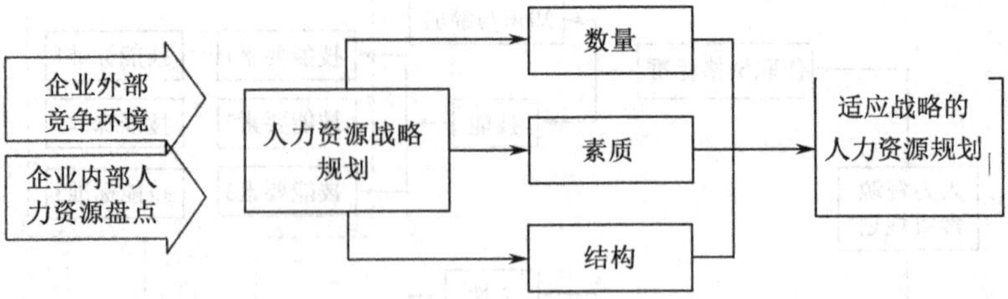


图 6-5　人力资源战略规划

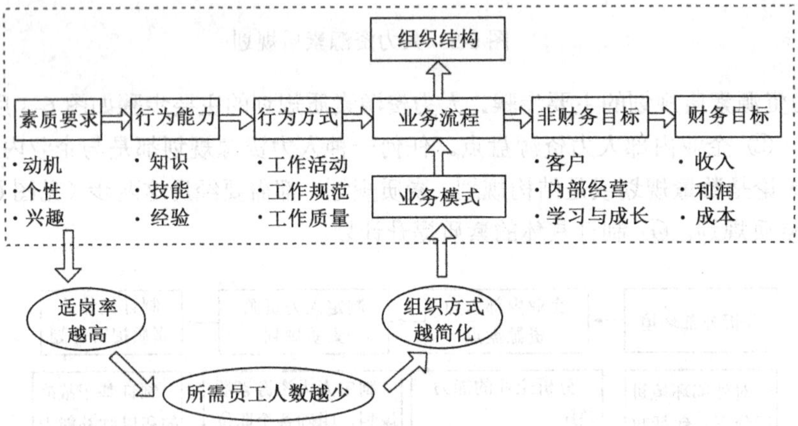


图 6-6　员工素质和任职资格的提高对人力资源配置的影响

在执行人力资源战略规划时，人力资源数量规划、结构规划、素质规划将转化为具体的人力资源计划，即接替晋升计划、人员补充计划、素质提升计划、退休解聘计划等。

① 接替晋升计划。接替晋升计划实质上是企业接替晋升政策的一种表达方式，根据人员分布状况和层级结构，拟订人员的接替晋升政策。对企业来说，有计划地提升能力强、业务精的人员以满足职务对人的要求，是组织的一种重要职能。运用适当还可以达到激励的目的。从员工个人角度来看，有计划的提升不仅意味着工资的增加，还意味着工作的挑战性、尊重的增加与满足自我实现的需求。接替晋升计划一般由晋升比率、平均年资、晋升时间等指标来表达。例如，某一级别的接替晋升计划如表 6-1 所示。

**表 6-1　接替晋升计划示例**

| 接替晋升某级别的年资（年） | 1 | 2 | 3 | 4 | 5 | 6 | 7 | 8 |
|---|---|---|---|---|---|---|---|---|
| 累计接替晋升比率（%） | 0 | 0 | 10 | 30 | 70 | 75 | 75 | 75 |
| 接替晋升比率（%） | 0 | 0 | 10 | 20 | 40 | 5 | 0 | 0 |

从表 6-1 可以看出，接替晋升到此级别所需要的最低年资为 3 年，且 3 年的接替晋升比

率为 10%，4 年的接替晋升比率为 20%，5 年的接替晋升比率为 40%，而其他年资获得接替晋升的比率很小或为 0。因此，调整各种指标会使接替晋升计划发生改变，对员工的心理产生不同强度的影响。例如，向上接替晋升的年资延长，就意味着员工将在目前的级别上待更长的时间；降低接替晋升比率则表明永远不能获得接替晋升机会的人数增加。

② 人员补充计划。人员补充计划即拟订人员补充政策，目的是使企业能够合理地、有目标地填补企业中长期内可能产生的职位空缺。在劳动力市场供过于求或企业吸收能力与辞退员工受到限制的情况下，人员补充计划十分重要。其可以改变企业内人力资源结构不合理的状况，但这种改变必须与其他计划相配合才是最经济、实用的。补充计划与接替晋升计划是密切相关的，因为接替晋升也是一种补充，只不过补充源在企业内部。接替晋升表现为企业内低职位向高职位的补充运动，运动的结果使企业内的职位空缺逐级向下移动，最终积累在较低层次的人员需求上。此时，内部补充就转化为外部补充——员工招聘与录用。同时这也说明，低层次人员的吸收录用，必须考虑若干年后的使用问题。此外，人员补充计划与素质提升计划也有密切的联系。

③ 素质提升计划。素质提升计划的目的是为企业中长期发展所需要的职位事先准备人员。例如，美国 IBM 公司对逐级推荐的 5 000 名有发展潜力的员工分别制订素质提升计划，根据可能产生的职位空缺和出现的时间分阶段有目的地进行培养。当职位空缺时，人员就已经培养好了。在缺乏有目的、有计划的素质提升计划的情况下，员工自己也会培养自己，但是效果未必理想，也未必符合企业发展的要求。

④ 退休解聘计划。退休解聘计划的实质是为企业建立起淘汰退出机制。现在很多企业都已经不再实行"铁饭碗"或终身雇用制，但依然存在大量冗余人员。很多员工只要进了企业，就不会被企业辞退，除非是主动辞职或犯了重大错误。造成这种现象的一个重要原因就是企业只设计了向上的晋升通道，而忽略了向下的退出通道。而在人力资源战略规划中的退休解聘计划就是为了弥补这一漏洞而设计的。

素质提升计划、接替晋升计划、人员补充计划和退休解聘计划是相辅相成的，四种计划相互配合运用，其效果会非常明显。此外，根据企业的特殊情况或需求还可以制订各种其他的计划，如工资与奖金计划、继任者计划等。

## 6.2.2　人力资源战略规划的功能和作用

### 1. 人力资源战略规划的功能

（1）确保组织在生存发展过程中对人力资源的需求。组织的生存和发展与人力资源结构密切相关。在静态的组织条件下，人力资源的规划并非不必要。因为静态的组织意味着它的生产经营领域不变，所采用的技术不变，组织的规模不变，也就意味着对人力资源的数量、质量和结构均不发生变化，显然这是不可能的。对一个非静态的组织来说，人力资源的需求和供给的平衡可能自动实现，因此就要分析供求的差异，并采取适当的手段调整差异。由此可见，预测供求差异并调整差异是人力资源战略规划的基本职能。

（2）进行组织管理的重要依据。在大型和结构复杂的组织中，人力资源战略规划的作用是特别明显的。因为无论是确定人员的需求量、供给量，还是职务、人员及任务的调整，不通过一定的计划显然都是难以实现的。例如，什么时候需要补充人员，补充哪些层次的人员，如何避免各部门人员提升机会的不均等的情况，如何组织多种需求的培训等。这些管理工作在没有人力资源规划的情况下，就避免不了头痛医头、脚痛医脚的混乱状况。因此，人力资源战略规划是进行组织管理的重要依据，它会为组织的录用、晋升、培训、人员调整及人工成本的控制等活动，提供准确的信息和依据。

（3）控制人工成本。人力资源战略规划对预测中长期的人工成本有重要作用。人工成本中最大的支出是工资，而工资总额在很大程度上取决于组织中的人员分布状况即组织中的人员在不同职务、不同级别上的数量状况。当一个组织年轻的时候，处于低职务的人多，人工成本相对便宜；随着时间的推移，人员的职务等级水平上升，工资的成本也就增加。如果再考虑物价上升的因素，人工成本就可能超过企业所能承担的能力。在没有人力资源战略规划的情况下，人工成本是未知的，难免会发生成本上升、效益下降的情况。因此，在预测未来企业发展时，有计划地逐步调整人员的分布状况，把人工成本控制在合理的支付范围内是十分重要的。

（4）进行人事决策的基础。人力资源战略规划的信息往往是人事决策的基础，如采取什么样的晋升政策、制定什么样的报酬分配政策等。人事政策对管理的影响是非常大的，而且持续的时间长，调整起来也困难。为了避免人事决策的失误，准确的信息是至关重要的。例如，一个企业在未来某一时间缺乏某类有经验的员工，而这种经验的培养又不可能在短时间内实现，那么如何处理这一问题呢？如果从外部招聘，有可能找不到合适的人员或成本高，而且外部员工不可能在短时间内适应工作。如果企业自己培养，就需要提前进行培训，同时还要考虑培训过程中人员的流失可能性等问题。显然，在没有确切信息的情况下，决策是难以客观的，而且可能根本考虑不到这些方面的问题。

（5）有助于调动员工的积极性。人力资源战略规划对调动员工的积极性很重要。因为只有在人力资源战略规划的条件下，员工才能看到自己的发展前景，从而积极地努力争取。人力资源战略规划有助于引导员工职业生涯设计和职业生涯发展。

#### 2. 人力资源战略规划的作用

（1）人力资源战略规划是企业战略的核心。在目前的企业竞争中，人才是企业的核心资源，人力资源战略处于企业战略的核心地位。企业的发展取决于企业战略决策的制定，企业的战略决策基于企业的发展目标和行动方案的制定，而最终起决定作用的还是企业对高素质人才的拥有量。有效地利用与企业发展战略相适应的管理和专业技术人才，最大限度地发掘他们的才能，可以推动企业战略的实施，促进企业的飞跃发展。

（2）人力资源战略规划可提高企业的绩效。员工的工作绩效是企业效益的基本保障，企业绩效的实现是通过向客户有效地提供企业的产品和服务体现出来的。而人力资源战略规划的重要目标之一就是实施对提高企业绩效有益的活动，并通过这些活动来发挥其对企业成功所做出的贡献。过去，人力资源管理是以活动为宗旨的，主要考虑做什么，而不考虑成本和人力的需求；现在，经济发展正在从资源型经济向知识型经济过渡，企业人力资源管理也就必须实行战略性的转化。人力资源管理者必须把他们活动所产生的结果作为企业的成果，特别是作为人力资源投资的回报，使企业获得更多的利润。从企业战略上讲，人力资源管理作为一个战略杠杆能有效地影响公司的经营绩效。人力资源战略规划与企业经营战略结合，能有效推进企业的调整和优化，促进企业战略的成功实施。

（3）人力资源战略规划利于企业扩展人力资本，形成持续的竞争优势。随着企业间竞争的日益白热化和国际经济的全球一体化，很难有哪个企业可以拥有长久不变的竞争优势。往往是企业创造出某种竞争优势后，经过不长的时间被竞争对手所模仿，从而失去优势。而优秀的人力资源所形成的竞争优势很难被其他企业所模仿。所以，正确的人力资源战略规划对企业保持持续的竞争优势具有重要意义。人力资源战略规划的目标就是不断增强企业的人力资本总和。扩展人力资本，利用企业内部所有员工的才能吸引外部的优秀人才，是企业战略的一部分。人力资源工作就是要保证各个工作岗位所需人员的供给，保证这些人员具有其岗位所需的技能，即通过培训和开发来缩短及消除企业各职位所要求的技能和员工所具有的能力之间的差距。当然，还可以设计与企业的战略目标相一致的薪酬系统、福利计划，提供更多的培训，为员工设计职业生涯计划等，从而增强企业人力资本的竞争力，达到扩展人力资本、形成持续的竞争优势的目的。

（4）人力资源战略规划对企业管理工作具有指导作用。人力资源战略规划可以帮助企业根据市场环境变化与人力资源管理自身的发展，建立适合本企业特点的人力资源管理方法。例如，根据市场变化确定人力资源的长远供需计划；根据员工期望，建立与企业实际相适应的激励制度；用更科学、先进、合理的方法降低人力成本；根据科学技术的发展趋势，有针对性地对员工进行培训与开发，提高员工的适应能力，以适应未来科学技术发展的要求等。一个适合企业自身发展的人力资源战略规划可以提升企业人力资源管理水平，提高人力资源质量；可以指导企业的人才建设和人力资源配置，从而使人才效益最大化；将人力资源由社会性资源转变成企业性资源，最终转化为企业的现实劳动力。

# 6.3 人力资源战略规划的制定

## 6.3.1 人力资源战略规划的制定程序

当今世界的竞争归根到底是人才的竞争，因此，人力资源战略规划在企业发展过程中起着举足轻重的作用，对它的制定必须慎重、周全、切合实际，切不可单凭主观臆断、粗枝大叶。人力资源战略规划的制定程序如图 6-7 所示。

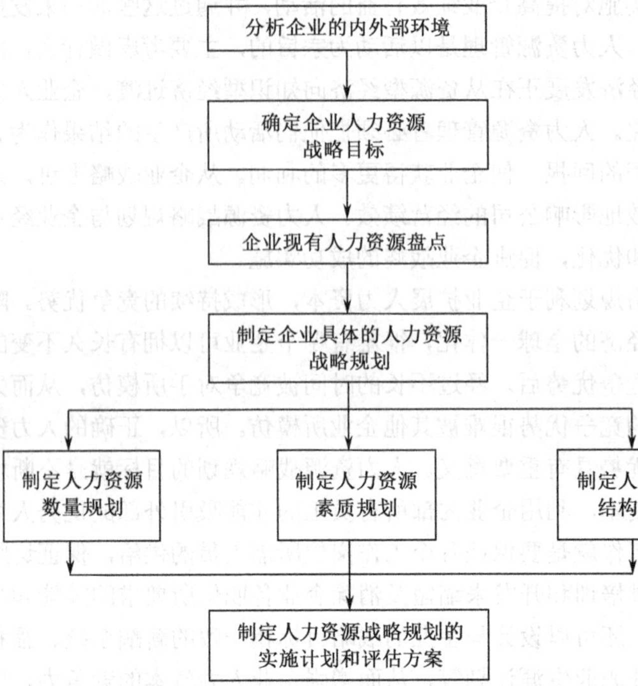


图 6-7　人力资源战略规划的制定程序

（1）分析企业的内外部环境。人力资源战略规划是根据企业内外部条件变化的需要而产生的，因此，在制定人力资源战略规划时首先要考虑的问题是企业内外部的环境。其主要因素包括经济、技术、社会文化、政治与法律环境等外部环境和企业文化、资源等内部环境因素。确认现阶段的企业经营战略，进行企业内外部环境分析，明确此战略决策对人力资源战略规划的要求，以及人力资源战略规划所能提供的支持。

（2）确定企业人力资源战略规划目标。人力资源战略规划目标是根据企业的发展战略目标、人力资源现状和趋势、员工的期望综合确定的。人力资源战略规划目标是对未来企业内人力资源所要达到的数量与结构、素质与能力、劳动生产率与绩效、员工士气与劳动态度、企业文化与价值观、人力资源政策、开发与管理成本、方法水平提出更高层次的具体要求。

人力资源战略规划总体目标确定后需要层层分解到子公司、部门和个人。分解总体目标——确定子目标时需要注意：① 要根据部门、员工的自身条件与能力，切不可做出不切实际的子目标；② 分解后的目标应为具体的任务，具有可操作性、可监控性。

（3）企业现有人力资源盘点。弄清企业现有人力资源的状况，是制定规划的基础工作。实现企业战略，首先要立足于开发现有的人力资源，因此必须采用科学的评价分析方法。人力资源主管要对本企业各类人员数量、质量、结构、利用及潜力状况、流动比率进行统计。这一部分工作需要结合人力资源管理信息系统和职务分析的有关信息来进行。如果企业尚未建立人力资源管理信息系统，这步工作最好与建立该信息系统同时进行。一个良好的人事管理信息系统，应尽量输入员工个人和工作情况的资料，以备管理分析时用。

（4）制定企业具体的人力资源战略规划。从人力资源数量、素质和结构三个方面制定具体的人力资源战略规划，具体内容参见 6.2 节。

（5）制定人力资源战略规划的实施计划和评估方案。人力资源战略规划的实施应包括执行和控制的责任，并建立一整套报告程序来保证对规划的监控，要包括对企业的员工总数（确认那些在岗的和正在上岗前期的）和为达到招聘目标而招聘的人员数量；同时应报告与预算相比员工的费用情况、损耗量和员工量的比率变化趋势如何。

人力资源战略规划评估是在实施过程中寻找战略与现实的差异，发现战略的不足之处，及时调整战略，使之更符合企业战略和实际的过程。评估同时还是对人力资源战略规划的经济效益进行评估的过程。人力资源战略规划经济效益评估主要是进行投入与产出（或节约的成本）比的分析。

## 6.3.2　人力资源战略规划制定的基本方法

### 1. 目标分解法

目标分解法是根据企业发展战略对人力资源开发与管理的要求，提出人力资源战略规划的总目标，然后将此目标层层分解到部门与个人，形成各部门与个人的目标与任务。这种方法的优点是：战略的系统性强，对重大事件与目标把握较为准确、全面，对未来的预测性较好。这种方法的缺点是：战略易与实际相脱离，易忽视员工的期望且过程非常烦琐，不易被一般管理人员所掌握。

### 2. 目标汇总法

目标汇总法是目标分解法的逆向过程。它首先是部门与每个员工讨论、制定个人工作目标，在制定目标时充分考虑员工的期望与企业对员工的素质、技能、绩效要求，提出工作改进方案与方法。规定目标实施的方案与步骤，然后由此形成部门的目标，由部门目标形成企业的人力资源战略规划目标。部门与个人目标的确定往往采用经验估计、趋势估计的方法。显然，这样的估计带有较多的主观臆断，缺少对未来的预测。但是，这样的估计非常简单，因而在现实中经常被使用。这种方法的优点是：目标与行动方案非常具体，可操作性强，并充分考虑员工的个人期望。这种方法的缺点是：全局性较差，对重大事件与目标、对未来的预见能力较弱。

两种方法的详细比较如表 6-2 所示。

表6-2　人力资源战略制定的方法比较

| 项目<br>方法 | 目的 | 时间 | 涉及范围 | 操作性 | 环境分析 | 信息要求 | 评估者 |
|---|---|---|---|---|---|---|---|
| 目标分解法 | 战略规划 | 长远 | 全局到局部 | 较差 | 要求较高 | 全面 | 人力资源部门 |
| 目标汇总法 | 行动规划 | 短期 | 局部到全局 | 较强 | 要求一般 | 局部 | 职能部门 |

## 本章习题

### 一、名词解释

1. 人力资源战略　　2. 人力资源战略规划　　3. 核心竞争力　　4. 目标分解法
5. 目标汇总法

### 二、选择题

1. 人力资源战略规划主要包括三方面内容：人力资源数量规划、人力资源结构规划和（　　）。

A. 人力资源素质规划　　B. 人力资源部门规划
C. 人力资源资金规划　　D. 人力资源质量规划

2. 人力资源素质规划有两种表现形式，即任职资格标准和（　　）。

A. 素质提升　　B. 素质模型
C. 素质培训　　D. 素质运作

3. 核心竞争力的概念必然会围绕着价值性、独特性、难模仿性和（　　）特征来展开。

A. 战斗化　　B. 制度化
C. 组织化　　D. 自动化

4. 人力资源战略规划的制定程序主要有分析企业的内外部环境、（　　）。

A. 确定企业人力资源战略规划目标　　B. 制定企业具体的人力资源战略规划
C. 企业现有人力资源盘点　　D. 制定人力资源战略规划的实施计划和评估方案

5. 人力资源战略规划的作用主要有（　　）。

A. 人力资源战略规划是企业战略的核心
B. 人力资源战略规划可提高企业的绩效
C. 人力资源战略规划利于企业扩展人力资本，形成持续的竞争优势
D. 人力资源战略规划对企业管理工作具有指导作用

### 三、判断题

1. 素质提升计划的目的是为企业中长期发展所需要的职位事先准备人员。（　　）

2. 接替晋升计划实质上是企业接替晋升政策的一种表达方式，根据人员分布状况和层级结构，拟订人员的接替晋升政策。(　　)

3. 通过人力资源管理战略规划实践形成企业的核心人力资本，是支撑企业核心竞争力的关键所在。(　　)

4. 人力资源战略规划是企业内部的工作，无助于企业适应环境的变化。(　　)

5. 人力资源战略规划所要实现的企业目标与个人利益是无关的。(　　)

## 四、简答题

1. 如何理解人力资源战略规划定义及人力资源战略与人力资源战略规划的关系?
2. 简述人力资源战略规划的目的。
3. 简述人力资源战略规划的内容。
4. 简述人力资源战略规划的功能。
5. 简述人力资源战略规划与企业核心竞争力的关系。

## 五、案例题

**【案情】**

海尔的前身是在 1984 年引进德国利勃海尔电冰箱生产技术基础上成立的青岛电冰箱总厂，经过十几年的发展，现已成为国家特大型企业集团。在“名牌战略”思想的指导下，海尔集团通过技术开发、精细化管理、资本运营、兼并控股及国际化，使一个曾亏损 147 万元的集体小厂迅速成长为中国家电第一名牌厂商。海尔现有员工 2 万多人，在海外拥有 62 个经销商、3 万多个营销点。到 1999 年，海尔产品包括 58 大门类 9 200 多个品种，企业销售收入以平均每年 81.6%的速度高速、持续、稳定地增长着，2002 年集团工业销售收入超过 700 亿元。海尔从引进冰箱技术起步，现在依靠成熟的技术和雄厚的实力在东南亚、欧洲等地设厂，实现了成套家电技术向欧洲发达国家出口的历史性突破。

海尔的发展和成功对尚处于转型期的中国企业界来说确实是个奇迹。从表面上看，这个奇迹是海尔根据内外部环境的变化，顺利地实现不同阶段上的战略转移而创造的。但实质上，在海尔成功的背后，“以人为本”的人力资源战略起着灵魂和统率的作用。长期以来，海尔一直把人力资源管理工作作为企业经营管理的重中之重，形成了一套富有成效的人力资源管理制度和激励约束机制。这对于充分调动广大员工的积极性和创造性，挖掘员工潜能，确保企业高速、稳定、健康发展起到了至关重要的作用。

下面就从海尔企业发展战略的三个阶段，看看人力资源战略管理是如何与之相契合而起作用的。

第一阶段：名牌战略阶段（1984—1991 年），与之相契合的人力资源战略是“OEC 管理”模式。

全面质量管理是 20 世纪 80 年代国际企业的经营管理主题，也是海尔名牌战略阶段的主导任务。与此相适应，人力资源战略和管理制度的核心也就以质量观念教育、敬业爱岗培训、质量考评和奖酬为主要内容。

1985 年 5 月，受命于危难之时的青岛电冰箱厂厂长张瑞敏，面临的市场形势是严峻的。当时海尔在规模、品牌方面都处于绝对的劣势，靠什么在市场上争得一席之地呢？只能靠质量。于是，张瑞敏提出了自己的质量理念："有缺陷的产品就是废品"，于是也就有了产品质量的"零缺陷、精细化"管理办法，以达到用户零抱怨、零投诉的要求。从理念的提出到员工接受、认同，最后变成自动遵循的原则和习惯，需要一个过程。正是由于过去许多员工不能真正理解，更难自觉接受质量理念，所以产品质量不稳定，客户投诉不断。张瑞敏强烈地意识到：理念问题解决不了，靠事后检验是不可能提高质量的。于是有了张瑞敏果断"砸冰箱"的事件。

当员工们含泪眼看着张瑞敏总裁亲自带头把有缺陷的76台电冰箱砸碎之后，内心受到的震撼是巨大的，人们对"有缺陷的产品就是废品"有了刻骨铭心的理解与记忆，对"品牌"与"饭碗"之间的关系有了更切身的感受。张瑞敏并没有就此而止，也没有把管理停留在"对责任人进行经济惩罚"这一传统手段上。他要充分利用这一事件，将管理理念渗透到每位员工的心里，再将理念外化为制度，构造成机制。在接下来的一个多月里，张瑞敏发动和主持了一个又一个会议，讨论的主题却非常集中："我这个岗位有质量隐患吗？我的工作会对质量造成什么影响？我的工作会影响谁？谁的工作会影响我？从我做起，从现在做起，应该如何提高质量？"在讨论中，大家相互启发，相互提醒，更多的则是深刻的内省与反思。于是，"产品质量零缺陷"的理念得到了广泛的认同。

随后他们走出了关键的第三步：构造"零缺陷"管理机制。在海尔每条流水线的最终端都有一个"特殊工人"，流水线上下来的产品，在经过各个工序时，工人检查出上一工序留下的缺陷后及时地记录在一张缺陷条上。这位特殊工人的任务，就是负责把这些缺陷维修好。他把维修每个缺陷所用的时间记录下来，作为向"缺陷的责任人"索赔的依据，他的工资就是索赔所得。当产品合格率超过规定标准时，他还有一份奖金，合格率越高，奖金越高。这就是著名的"零缺陷"机制。这个特殊工人的存在，使零缺陷有了机制与制度上的保证，这一制度的推出，使海尔的产品、服务、内部各项工作都有了更高的质量平台。

1989年起，海尔正式实施"OEC管理法"。所谓OEC即Overall（全方位）、Every（每人、每天、每件事）、Control & Clear（控制和清理），总结起来叫"日事日毕，日情日高"，"人人有事管，事事有人管"，即今天的事情今天一定要把它做完，今天的事情比昨天要有提高，每天都要有提高。举一个比较形象的例子，如果你每天把一块钱存到银行，银行给你的利息是复利而不是单利，而这个利率是1%，如果每天都是昨天的1%的话，那么，这大约70天后一块钱连本带利取出来的时候金额就是两倍，也就是说如果每天的工作都比昨天提高1%，70天就会提高一倍。当时，海尔建立了质量价值券考核制度，员工收入实行质量否决制，要求员工不但要生产出一台产品，而且要生产好一台产品；其次考核员工是否遵章守法，凡是企业的规章制度，不是摆样子，而是建立一项就执行一项，考核一项兑现一项；分配制度主要同质量挂钩，谁出质量问题，就按考核规定扣谁的工资。这种做法从人力资源管理层面有力地配合和推动了名牌战略的实施。

第二阶段：多元化战略发展阶段（1992—1998年），与之相契合的人力资源战略是"挑战自我”。

通过企业文化的延伸及“东方亮了再亮西方”的经营理念，海尔成功地实施了多元化战略扩张。所采取的策略就是通过所谓“吃休克鱼”的办法来扩展。当时许多企业属于那种硬件比较好但软件不行、管理不行的企业（即所谓“休克鱼”），海尔就积极地把这样的企业兼并过来，先后兼并了 18 家，这 18 家企业当时账面上亏损了 5.5 亿元，后来都扭亏为盈了。海尔的做法是：为每个企业约派 3 个人，一个全面负责，一个抓质量，一个抓财务；海尔不是靠再投资，只是把海尔企业文化管理模式移植过去，使这些企业起死回生。

在新经济时代，人力资源是保证创新的决定性因素，人人都应成为创新的主体。为配合实施多元化的企业发展战略，海尔提出“挑战满足感、经营自我、挑战自我”的人力资源战略管理理念，设计了把“外部市场竞争效应内部化”的市场链机制。其核心思想是，企业内外部有两个市场，内部市场就是怎样满足员工的需求以提高他们的积极性，外部市场就是怎样提高美誉度以满足用户的需求。在海尔内部，“下道工序就是用户”，每个人都有自己的市场，都有一个需要对自己的市场负责的主体；每位员工最主要的不是对他的上级负责，更重要的是对他的市场、他的客户（下道工序）负责。

每个人的工作都要或多或少地占用企业的资源，企业将相应的资源提供给相关的员工作为“负债”。将外部市场效应内部化后，每个员工都应该追求最好的效益，所以必须通过经营使资源增值。如果达不到，就等于浪费了企业给你提供的资源。你就应该自己掏钱赔付，这就是“经营自我、负债经营”的观念。通过“负债经营”，做到“人人万事管，事事有人管”。每个员工都通过“赛跑”来看是否有能力通过竞争上岗来追求自己的价值，这样才能达到经营自我、不断战胜自我、战胜满足感、超越自我的境界。如此，技术和管理工作天天坚持不懈，就会从量变到质变，在这个基础上企业和个人得到再发展。这就是把“外部市场竞争效应内部化”的市场链机制。

相应地，多元化阶段的薪酬制度由原来的 4 种模式完善规范到 13 种模式，实行分层、分类的多种薪酬制度和灵活的分配形式。科研人员实行科研承包制，营销人员实行年薪制和提成工资制，生产人员实行计件工资制，辅助人员则实行薪点工资制。海尔工资分档次发放，岗位工资标准不超过青岛市员工平均工资的 3 倍。岗位工资+国家补贴=工资总额。取消月奖金制，年终奖金不超过 2 个月的工资。科研和销售人员实行工效挂钩，科研人员按市场效益和科研成果进行奖励，销售人员如果是外聘的，其收入和推销成果完全挂钩。

在工资分配政策的制定和执行上，海尔一直坚持“公开、公平、公正”的原则，对每个岗位、每个动作都进行了科学的测评，计点到位和绩效联酬。每位员工都有一张“3E 卡”（Everyone，Everyday，Everything），劳动一天，员工就可根据当天的产量、质量、物耗、工艺等九大项指标的执行情况计算当日的工资，即所谓“员工自己能报价”。管理人员则将目标分解为年度目标、月度目标和日情目标，计算出当月的应得工资。每个人的工资都公开透明，只论效果，不论资历，由“同岗同酬”转变为“同效同酬”。在海尔，高素质、高技能获得高报酬，人才的价值在工资分配中得到了真正的体现，极大地调动了员工的生产积极性。

第三阶段：国际化战略阶段（1998 年以后），与之相契合的人力资源战略管理就是吸引、培养和造就“国际化的人才”。

在“走国际化道路，创世界名牌”的思想指导下，海尔集团通过实施名牌战略、多元化战略和国际化战略，取得了持续、稳定、高速的增长，其品牌价值不但稳居中国家电业榜首，在国际市场上的美誉度也越来越高。海尔是家电行业获得国优金牌、通过 ISO 9000H 认证和 ISO 14001 环保认证的第一家，并先后取得了 UI、CSA、VDE、SMARK、SAS、SAA 等国际认证，1997 年，国家经贸委确定海尔为重点扶持冲击世界 500 强的 6 家试点企业之一。目前，海尔的国际化经营已驶入快车道，成为世界级的供应商、跻身于世界冰箱生产十强行列，在国际市场上赢得了越来越多的美誉。

海尔清醒地认识到，在全球化的新经济环境下，要想成为国际化的品牌，每个员工首先应成为国际化的人才。因此，新时期海尔集团人力资源管理必须适应企业实施国际化战略这一大目标的要求，为企业提供和培养真正具备国际化素质和国际竞争力的人力资源。在人力资源管理与开发方面，海尔根据“赛马不相马”、“人人都是人才”的理念，推出“部长竞聘上岗”、“农民合同工当上车间主任”等大量案例，构造“人才自荐与储备系统”、“三工（优秀工人、合格工人、试用员工）并存，动态转换（干得好可以成为优秀工人，干得不好随时可能转变为合同工人甚至试用员工）”、“本位淘汰”、“四级动态考核”和“多元化的工资福利激励”等完善的人力资源管理体系。

海尔的市场链思路很超前，很多国际公司管理模式也是刚刚开始这么做，海尔集团利用信息技术辅助企业管理，可以迅速缩小与国际大公司的差距，乃至保持同步。海尔集团的物流管理在国内是一流的，在国际上也是一流的。海尔集团的市场链改变了企业直线职能式的结构。在国内无序竞争或适度竞争甚至恶性竞争中，企业要适应市场变化和国际化要求，每个人都与市场挂在一起就显得非常重要；否则组织结构制约了员工迅速解决问题的积极性，企业就会对市场变化适应不了，被竞争对手打倒。因此，只有树立“市场是每个人的上级”的观念，建立互相绞合的索赔、索酬、跳闸的“SST”，才能采用与国际接轨的供应链工程，顺利实施国际化战略。

为此，海尔在新时期力求做到：首先，使形式和目标相一致。SST 是市场链的形式，而市场链的目标是创建市场美誉度、赢得用户的心。市场链的形式要能够为目标服务。其次，把工作指标合理地分解到每个人的每一天，真正地落实下去。指标的合理性必须有基础工作，数据的真实性是关键，激励的公正性是保证；目标是合理的，数据也是真实的，但两者结合起来，到底应该奖多少、罚多少，事先应该有明确规定，这要做得非常详细。

张瑞敏认为，实行“市场链”重在员工参与、即时激励。要让员工非常愿意参与这个活动，感到对自己是一种自身价值的体现，不是被动地接受激励而是主动创新。要创造体现个人价值的氛围，让每个员工参与，包括改革方案讨论，必须在有方案的前提下广泛听取大家的意见：目标体系、考核体系、激励体系必须要与员工沟通，在沟通的前提下参与竞争。

相对于传统人事管理，现代人力资源管理的根本特性，总的来说是“战略性”的。如何与企业总体战略相契合，制定和实施相应的人力资源战略基本指导思想、总目标和阶段性策略，是在全球化国际竞争下每个企业生存和发展的关键问题。海尔集团能够在战略层次上把人力资源管理纳入到企业发展战略的总盘子中加以考虑、规划和实施，并取得可人的成效，这确实很难得。

【问题】

1. 海尔集团的人力资源战略规划有什么特点？
2. 你如何理解海尔集团的“OEC 管理法”模式？

扫二维码阅读更多案例

# 参 考 文 献

[1] 全国经济专业技术资格考试研究中心. 人力资源管理专业知识与实务(中级)[M]. 北京：人民邮电出版社，2017.
[2] 萧鸣政，刘追. 人力资源开发[M]. 北京：北京大学出版社，2017.
[3] 齐涛. Excel人力资源管理实操从入门到精通[M]. 北京：中国铁道出版社，2016.
[4] 张相林，吴新辉. 人力资源战略与规划[M]. 北京：科学出版社，2016.
[5] 王淑珍，王铜安. 现代人力资源培训与开发(第2版)[M]. 北京：清华大学出版社，2015.
[6] 吴强，阚雅玲，丁雯. 现代人力资源管理（第2版）[M]. 北京：中国人民大学出版社，2015.
[7] 李青，孙悦. 劳动关系管理（第3版）[M]. 北京：电子工业出版社，2016.
[8] 周永亮，李超. 现代企业岗位说明书全案[M]. 北京：机械工业出版社，2014.
[9] 吴忠培. 企业管理咨询与诊断[M]. 北京：科学出版社，2014.
[10] 刘善敏. 人力资源开发与管理同步综合练习[M]. 北京：科学出版社，2014.
[11] 孙悦，李浇. 人力资源管理基础（第3版）[M]. 北京：电子工业出版社，2015.
[12] 赵曙明. 人力资源战略与规划（第3版）[M]. 北京：中国人民大学出版社，2012.
[13] 吴冬梅. 人力资源管理案例分析（第2版）[M]. 北京：机械工业出版社，2011.
[14] 吴颖群，姜英来. 人力资源培训与开发[M]. 北京：中国人民大学出版社，2014.
[15] （美）加里·德斯勒. 人力资源管理（第 12 版）[M]. 刘昕，译. 北京：中国人民大学出版社，2012.
[16] 中国就业培训技术指导中心. 企业人力资源管理师·基础知识（第3版）[M]. 北京：中国劳动社会保障出版社，2016.
[17] 王东强，田书芹，王志华. 人力资源管理[M]. 北京：科学出版社，2015.
[18] 陈维政. 人力资源管理（第3版）[M]. 北京：高等教育出版社，2016.

# 反侵权盗版声明